有期労働契約の
法理と政策

法と経済・比較法の知見をいかして

大内伸哉 編

弘文堂

はしがき

　契約のなかには、1回の履行で終了する単発的な契約もあるが、一定の期間、履行が繰り返される継続的な契約もある。労働（雇用）契約は、後者の典型例である。継続的な契約においては、その存続期間についての定めがあるものとないものとがある。労働契約では、存続期間の定めのないものが無期労働（雇用）契約、定めのあるものが有期労働（雇用）契約と呼ばれる。本書で扱うのは、後者である。
　存続期間があるかないかということだけであれば、無期労働契約と有期労働契約との間に大きな違いはなさそうである。しかし、労働契約を、労働という苦役を労働者に履行させる契約であるとみると、その存続期間は拘束期間を意味するので、できるだけ短いほうがよいことになる。民法をみると、無期労働契約であっても、それは期間無制限で労働を義務づけるのではなく、一定の予告期間をおけば、労働からの解放が認められる（民法627条）。有期労働契約も、5年を超えれば、契約を解除できる（民法626条）し、現在では、3年を超える期間を定める契約そのものが原則として禁止されている（労基法14条）。
　ただ、労働契約を、労働という苦役の面からみているだけでは不十分である。労働契約は、労働者が生活を維持するうえで必要な賃金を得る契約でもある（労働者の労働義務と使用者の賃金支払義務は対価関係にある）。この面に着目すると、雇用はできるだけ安定しているほうがよく、有期労働契約のように存続期間が限定されるものは望ましくない。
　特に日本では、無期労働契約を結んだ労働者は、正社員と呼ばれて、その企業における中核的なメンバーの地位を得るのに対して、有期労働契約は、契約の存続期間が限定されているので、非正社員にとどまる。正社員は、企業の広範な人事権に服するなど拘束性の高い働き方が求められるが、その代償として雇用や処遇の安定を得ることができる。一方、非正社員は、拘束性の低い働き方が可能となるが、雇用の安定性は得られず、処遇は低い。
　このようなメリットとデメリットをそれぞれかかえる正社員の地位と非正社

員の地位は、家計の主たる担い手（breadwinner）が正社員になり、そうでない人が非正社員となるのがベストマッチングである。こうしたベストマッチングが実現しているかぎり、非正社員の雇用の不安定性や処遇の低さは特に問題とならない。しかし、家計の主たる担い手であるのに、非正社員のポストしか得られないとなると問題が出てくる。近年の格差問題は、こうしたミスマッチングが起きたところに起因したものといえる。

さらに、非正社員として納得して働き始めたが、契約更新が反復継続され、徐々に基幹的な仕事を任されるなど、拘束性が高くなってくると、雇用の不安定性や処遇に不満が出てくることもある。

そこで判例は、有期労働契約であっても、それが更新されて実質的に無期労働契約と同視できる場合、または、労働者のほうに雇用が継続されると期待することに合理性がある場合には、雇止めを解雇に準じたものとし、正当理由がなければ契約を終了させることができず、契約が強制的に更新されるという雇止め制限法理を創設した。さらに、労契法の2012年改正により、有期労働契約を更新して通算5年を経過すると、労働者からの申込みにより無期労働契約に転換するという規定が導入され（18条）、さらに、雇止め制限法理が成文化された（19条）。また処遇の格差についても、不合理な労働条件の禁止という規定を設けて、この問題に対処した（20条）。

こうした法の動きは、有期労働契約の濫用的な利用を防止し、有期契約労働者の保護を強化するものといえる。ただ、そこでいう「濫用」とは、どういうことを意味するのだろうか。2012年の「就業構造基本調査」（総務省）によると、有期契約労働者は約1200万人で、雇用労働者全体の約4分の1を占めている。これは、有期労働契約が、日本企業において、少なからぬ重要性をもつことを示している。そのすべてが「濫用」ではなかろう。どのような場合を「濫用」として、規制のターゲットとすべきなのか。この観点からみて、労契法の2012年改正の導入した規制は、はたして適切だったのだろうか。

本書は、以上のような問題状況をふまえ、有期労働契約に関する法理を根本的に整理し、かつ経済学の知見も紹介しながら、どのような政策が望ましいかの検討を試みるものである。具体的には、本書は、日本法、外国法、経済学、

考察の 4 章構成となっている。

　第 1 章の日本法の部分では、労契法の2012年改正で規制の対象となった雇止め、無期転換ルール、処遇の均等・均衡について、これまでの議論状況を整理しながら、労契法の新しい規定の法理論的な位置づけを確認する作業を行う。さらに、有期労働契約法制のあり方を考えるうえで、同時に視野に入れておく必要のある社会保障制度によるセーフティネットについて概観する。

　第 2 章の外国法の部分では、ヨーロッパ（EU 指令、ドイツ、フランス、イタリア、オランダ、イギリス）、アメリカ（アメリカ合衆国）、アジア（中国、韓国）に分けて、それぞれの有期労働契約法制について、入口規制、出口規制、内容規制に着目して概観した。この章では、多様な外国法の状況を整理するため小括を置いている（なお、巻末の事項索引は、第 2 章の範囲は、執筆項目がある程度定型化されているので対象としていない。その代わり、目次の部分を細かくすることによって、読者の参照の便宜を図っている）。

　第 3 章の経済学の検討の部分では、有期労働契約を理論と実証の両面から検討して、経済学の立場から一定の提言を行っている（なお、第 3 章は経済学の専門研究の業績なので、文献の引用方法その他の表記面については経済学での一般的な流儀を尊重し、あえて法学の章との統一をしていない）。

　第 4 章では、以上の検討結果を総括して、あるべき政策についての考察を行っている。第 4 章の内容は、事前の研究会で、複数回にわたり、大内が原案を提示して議論した内容に基づいている。とはいえ、最終的には大内の責任で執筆しており、実際にも、各執筆者が第 4 章の考察結果すべてに賛同しているわけではない。本書は共同研究であるとはいえ、各執筆部分は担当した研究者がそれぞれの立場で執筆しており、その内容について第 4 章の大内の執筆部分との調整は特に行っていないことを、あらかじめお断りしておく。

　有期労働契約法制をめぐっては、新たに制定された労契法の18条から20条をどのように解釈して適用していくかが、法実務上、重要な検討課題であることは言うまでもない。ただ、すでに労契法18条の見直し論議が進められていることからもわかるように、有期労働契約というテーマは、政策の方向性がまだ完全には固まっておらず、解雇や労働者派遣等も視野に入れながら、労働市場法

制をどう構築すべきかという広い視点から検討していく必要がある。本書は、このような政策論議をしていくうえでの、基礎理論的基盤となることを目指したものである。どこまでそれが実現できているかの判断は、読者諸賢に委ねることとしたい。

　最後になるが、出版状況の厳しいなか、このような専門書の出版を認めてくださった㈱弘文堂、ならびに、行き届いた編集作業に加えて、原稿の督促など編者の至らぬところをすべてカバーしてくださった同社の清水千香さんには、心からの感謝の言葉を捧げたい。

　　2014年2月

　　　　　　　　　　　　　　　執筆者を代表して　大内　伸哉

＊本書は、文部科学省の科学研究（科研）費（研究課題名「市場に対する経済的・社会的規制の手法に関する法律学的・経済学的研究」）の助成を受けて行った研究成果の一部である。本書には、この科研のメンバー以外の、神戸労働法研究会のメンバーも執筆者に加わっている。

有期労働契約の法理と政策●CONTENTS

はしがき i
凡　例 xii

序　章　問題の所在　〔大内 伸哉〕……2

1 はじめに(2)
　(1) 労契法の改正(2)
　(2) 有期労働契約に対する法規制のタイプ(5)
　(3) 2012年改正をめぐる議論(5)
2 若干の基礎的考察(8)
　(1) 有期労働契約の規制の方向性(8)
　(2) 労働契約に期間を設ける理由(11)
3 2012年改正までの法規制の流れ(13)
　(1) 民法(13)　(2) 労基法と判例(14)　(3) 労契法(18)
　(4) その他の関連する法律(19)　(5) 小括(20)
4 本書の構成(21)

第1章　日本法の状況
第1節　労働法
(1) 雇止め制限　〔篠原 信貴〕……24

1 はじめに(24)
2 判例法理の形成(25)
　(1) 形成期(25)　(2) 確立(28)　(3) 展開(31)
　(4) 判例の整理(36)　(5) 雇止めの濫用性に関する判断基準(38)
3 雇用継続に対する合理的な期待(41)
　(1) 合理的期待の存続期間と減殺(42)　(2) 不更新条項(45)
4 雇止め規制に対する学説の議論(49)
　(1) 判例法理確立以前の状況(49)　(2) 判例法理の確立期(51)
　(3) 雇止め規制のあり方(53)
5 判例法理の立法化(54)

(1)　立法化(54)　　(2)　適用範囲(55)
　　　(3)　19条1号・2号該当性(55)　　(4)　労働者による更新申込み(57)
　　　(5)　労働条件変更(59)
　6　おわりに(62)

(2)　無期契約への転換　　　　　　　　　　　　　　〔山川　和義〕……64
　1　はじめに(64)
　2　労契法18条の趣旨と内容(64)
　3　無期転換申込権に関する問題(66)
　　　(1)　無期転換申込権の法的性質(66)　　(2)　無期転換申込権の発生要件(67)
　　　(3)　無期転換申込権の放棄(68)
　4　無期転換後の労働条件、解雇(70)
　5　まとめにかえて(72)

(3)　均等・均衡処遇　　　　　　　　　　　　　　　〔大木　正俊〕……74
　1　はじめに(74)
　2　裁判例(75)
　3　学説(78)
　　　(1)　初期の議論(78)　　(2)　同一義務同一賃金原則説の登場(79)
　　　(3)　修正同一労働同一賃金原則説(80)　　(4)　均衡処遇説(81)
　　　(5)　平等取扱義務説(83)
　4　法政策論(84)
　　　(1)　合理的理由のない不利益取扱い禁止原則という視点(84)
　　　(2)　差別禁止(人権保障)と平等取扱いの峻別(86)
　5　まとめ(87)
　　　(1)　従来の議論のまとめ(87)　　(2)　労契法20条の位置づけ(89)

第2節　社会保障法　　　　　　　　　　　　　　　〔関根　由紀〕……91
　1　はじめに(91)
　2　有期労働と雇用保険(92)
　3　有期労働と社会保険(94)
　　　(1)　有期労働と医療保険(94)　　(2)　有期労働と年金(98)
　4　まとめにかえて(101)

第2章　外国法の状況
第1節　ヨーロッパの有期労働契約法制
(1) EU指令　　　　　　　　　　　　　　〔櫻庭 涼子〕……104
　1　はじめに(*104*)
　2　趣旨(*105*)
　　(1)　採択の経緯(*105*)
　　(2)　目的(*107*)
　　　(a)　濫用防止措置(*107*)　　(b)　不利益取扱いの禁止(*108*)
　3　国内法整備の要求(*108*)
　4　濫用防止措置(*110*)
　　(1)　指令の枠組みの意義(*110*)
　　　(a)　2回目以降の有期の利用に対する規制(*110*)
　　　(b)　初回の有期の利用に対する規制(*113*)
　　(2)　「継続」の意義(*114*)　　(3)　「客観的な」事由の意義(*115*)
　　(4)　履行確保(*117*)　　(5)　労働条件変更(*118*)
　5　均等待遇(*118*)
　　(1)　概要・趣旨(*118*)　　(2)　「労働条件」の意義(*119*)
　　(3)　「比較可能な常用労働者」との不利益な取扱い(*120*)
　　(4)　「客観的な」事由(*121*)
　6　その他の規制(*123*)
　7　おわりに(*123*)

(2) ドイツ　　　　　　　　　　　　　　〔本庄 淳志〕……126
　1　はじめに(*126*)
　2　規制の沿革(*128*)
　　(1)　民法典の規制(*128*)　　(2)　判例法理による規制(*128*)
　　(3)　立法による規制緩和(*130*)
　3　パートタイム・有期労働契約法(TzBfG)の規制内容(*132*)
　　(1)　適用範囲等(*132*)　　(2)　期間設定の合理性（入口規制）(*133*)
　　(3)　期間設定の正当事由を問われない場合（出口規制）(*135*)
　　　(a)　新規に労働契約を締結する場合(*135*)　　(b)　高年齢者雇用(*136*)
　　　(c)　新設企業の場合(*136*)
　　(4)　その他の規制(*137*)

4 まとめにかえて(138)

(3) フランス　　　　　　　　　　　　　　　　　　〔関根 由紀〕……140
1 はじめに(140)
2 有期労働契約の法規制の概要(141)
  (1) 入口規制(142)
    (a) 有期労働契約の利用事由の限定列挙(142)
    (b) 有期労働契約の利用の禁止(145)
  (2) 有期労働契約の手続的要件(146)
  (3) 内容規制(148)
  (4) 出口規制(150)
    (a) 有期労働契約の更新(renouvellement)(150)
    (b) 有期労働契約の再締結(succession de contrats)(151)
  (5) 労働契約の終了時の規制(151)
    (a) 契約期間満了前の契約解消(151)
    (b) 契約終了手当(indemnité de précarité)(152)
  (6) 違法な有期労働契約に対する制裁：民事・刑事(152)
    (a) 有期労働契約法違反に対する民事上の制裁(152)
    (b) 有期労働契約法違反に対する刑事制裁(罰金)(153)
  (7) 有期労働契約法制に対する批判・懸念(153)
    (a) 単一労働契約(contrat unique)の提案(153)
    (b) 有期労働契約の必要性と過度な締結制限の弊害(154)
3 まとめにかえて(155)

(4) イタリア　　　　　　　　　　　　　　　　　　〔大木 正俊〕……156
1 はじめに(156)
2 初期の有期労働契約法制(156)
  (1) 1962年法の制定(156)
  (2) 1962年法の実効性と入口規制の緩和(158)
3 2001年法の制定とその内容(159)
  (1) 2001年法の立法にいたる経緯(159)
  (2) 無期原則規定の削除(159)　　(3) 入口規制(160)
  (4) 更新等の上限の規制(161)　　(5) 差別禁止規制(162)
  (6) 優先権の付与(162)　　(7) 違反に対する制裁(162)
4 2012年労働市場改革法による有期労働契約法制の改正(163)

(1)　2012年労働市場改革法成立にいたる経緯(163)
　　　(2)　「通常の形態」としての有期労働契約(163)
　　　(3)　入口規制の一部撤廃(164)　　(4)　出口規制の変更(165)
　　5　考察：イタリアにおける有期労働契約の位置づけ(165)

　(5)　オランダ　　　　　　　　　　　　　　　　　〔本庄　淳志〕……168
　　1　はじめに(168)
　　2　規制の沿革(170)
　　3　更新回数・最長期間の制限(173)
　　　(1)　民法典668a条の概要──3×3×3ルール(173)
　　　(2)　反復更新による最長期間の制限(174)
　　　(3)　更新回数の制限(175)　　(4)　無期転換の意義(175)
　　　(5)　例外(177)
　　　　(a)　労働者派遣における規制緩和(177)
　　　　(b)　労働協約による「別段の定め」(178)
　　4　無期雇用ポストに関する情報提供義務(民法典657条)(180)
　　5　差別禁止規制(民法典649条)(180)
　　6　改正をめぐる動き(183)
　　7　まとめにかえて(184)

　(6)　イギリス　　　　　　　　　　　　　　　　　〔櫻庭　涼子〕……188
　　1　はじめに(188)
　　2　解雇規制と有期契約(189)
　　　(1)　規制の経緯(189)　　(2)　資格要件としての勤続期間(190)
　　　(3)　不公正解雇規制(192)　　(4)　剰員整理手当の権利(194)
　　3　有期契約の無期契約への転換(194)
　　4　不利益取扱いの禁止(197)
　　5　その他の規制(199)
　　6　おわりに(200)

第2節　アメリカの有期労働契約法制　　　　　　　〔天野　晋介〕……202
　　1　有期労働契約締結に対する規制(202)
　　2　随意的雇用の原則(203)
　　　(1)　随意的雇用の原則(Employment at-will)(203)

        (2) 随意的雇用の原則に対する規制(204)
            (a) 公序違反の解雇の法理(204)   (b) 契約法理による解雇制限(205)
            (c) 契約における誠実・公正義務の法理(205)
            (d) モンタナ州の「不当解雇法」(206)
        (3) まとめ(207)
    3 有期労働契約をめぐる問題点(208)
        (1) 有期労働契約か否か(209)
        (2) 有期労働契約の期間満了(210)
            (a) 雇用期間満了と契約の終了(210)   (b) 雇用期間満了と更新(211)
    4 おわりに(212)

第3節　アジアの有期労働契約法制

(1) 中　国　　〔烏蘭格日楽〕……214
    1 はじめに(214)
    2 有期労働契約に対する規制(215)
        (1) 規制の沿革(215)   (2) 更新回数等の制限(217)
        (3) 契約期間中の解約(219)   (4) 有期労働契約の終了(219)
    3 解雇規制(220)
        (1) はじめに(220)   (2) 解雇事由(220)
        (3) 労働組合の異議申立権(222)   (4) 経済的補償金(222)
    4 均等待遇に関する規制(223)
    5 まとめにかえて(224)

(2) 韓　国　　〔山川 和義〕……226
    1 はじめに(226)
    2 期間制労働者に関する法規制(227)
        (1) 勤労基準法による期間の上限規制と削除(227)
        (2) 反復更新を規制する法理(227)
    3 2006年期間制法による規制(229)
        (1) 趣旨・目的、適用対象(229)   (2) 期間制労働者の利用期間制限(229)
        (3) 差別禁止規制(231)
    4 期間制法の実務上の影響(233)
        (1) 利用可能期間制限の影響(233)   (2) 差別是正制度の利用状況(234)
    5 韓国の有期労働契約法制の位置づけ(235)

第4節　小　括　　　　　　　　　　　　　　〔大内　伸哉〕……237
    1　各国の法制度の概観(237)
    2　若干の分析(241)

第3章　経済学からみた有期労働契約
　　　　　　　　　　　　　　　　　　　〔佐野　晋平／勇上　和史〕……246
    1　はじめに(246)
    2　有期労働契約の理論と実証(248)
      (1)　労働契約の特質と有期雇用(248)　(2)　雇用調整費用の差異(252)
      (3)　賃金格差と処遇(255)
    3　有期労働契約法制と労働市場(258)
      (1)　雇用保護規制と有期雇用(258)
      (2)　国際比較による規制改革の効果の検証(260)
      (3)　各国における解雇規制改革の効果(261)
    4　日本の有期労働契約法制への示唆(264)
      (1)　日本における有期雇用(264)　(2)　労契法の改正の趣旨(267)
      (3)　有期労働契約のあり方の検討に向けて(271)

第4章　考　察　　　　　　　　　　　　　　〔大内　伸哉〕……284
    1　本書での検討結果(284)
      (1)　日本法(労働法)(284)　(2)　日本法(社会保障法)(287)
      (3)　比較法分析(287)　(4)　経済学からの分析(288)
    2　求められる政策(291)
      (1)　有期労働契約利用の4つの類型(291)
      (2)　有期労働契約の正当な利用目的(292)
      (3)　有期労働契約の「踏み石」効果を支える政策(294)
      (4)　出口規制とスクリーニング機能(296)
      (5)　出口規制と基幹的非正社員(297)
    3　総　括(299)
      (1)　本書の結論(299)　(2)　関連する課題(301)

事項索引(304)

凡　例

1　法令名等略語

労基法	労働基準法
労基則	労働基準法施行規則
労契法	労働契約法
労組法	労働組合法
労働者派遣法	労働者派遣事業の適正な運営の確保及び派遣労働者の保護等に関する法律
最賃法	最低賃金法
短時間労働者法	短時間労働者の雇用管理の改善等に関する法律

2　判例集・判例雑誌略語

民集	最高裁判所民事判例集
労民集	労働関係民事裁判例集
労裁集	労働関係民事事件裁判集
判時	判例時報
判タ	判例タイムズ
労判	労働判例
労経速	労働経済判例速報

3　解釈例規略語

基発	（厚生）労働省労働基準局長名で発する通達

4　雑誌略語

季労	季刊労働法
ジュリ	ジュリスト
法協	法学協会雑誌
法セミ	法学セミナー
民商	民商法雑誌
労旬	労働法律旬報

序章　問題の所在

序章　問題の所在

　　　　　　　　　　　　　　　　　　　　　　　　　大内　伸哉

　　1　はじめに
　　2　若干の基礎的考察
　　3　2012年改正までの法規制の流れ
　　4　本書の構成

1　はじめに

(1)　労契法の改正

　2012年は、日本の有期労働契約（期間の定めのある労働契約）に関する法制にとって、ターニングポイントとなる年であった。2007年に制定された労契法（2008年3月施行）は、有期労働契約についてわずか1条しか置いていなかった（17条1項と2項）[1]が、早くも改正がなされ、一挙に3つの条文が追加されたからである（以下、この改正を、「2012年改正」と呼ぶ）。

　有期労働契約で働く非正社員（非正規労働者）の中心は、かつては主婦や学生アルバイトであった。その労働条件や雇用は、正社員との格差はあったものの、それが大きな社会問題とは考えられていなかった。そのためもあり、日本の有期労働契約法制には、（民法を除くと）長らく労基法による契約期間の上限の設定（14条）と判例による雇止め制限しか存在せず、比較法的にみると（特にヨーロッパと比較すると）かなり貧弱なものであったものの、そのことが特に問題とはされてこなかった。むしろ、非正社員の労働条件面は、基本的には契約の自由に委ねられてきた。

　しかし、今日では、非正社員をとりまく問題状況は大きく変わった。何より

---

[1]　労契法の制定過程においても、有期労働契約の入口規制、出口規制について、若干の議論があったが、最終的には17条2項の反復更新防止配慮の規定にとどまった。

も、非正社員の数が大幅に増加した。総務省の「労働力調査」によると、「非正規」の労働者は、1985年は16.4％であったのに対して、2012年には35.2％になっている。また、質的にも、非正社員の大多数は本意型ではあるものの、不本意型が20歳代あるいは40～50歳代に多く、不況期に増える傾向があり、失業との類似性が高いとされる。これは、主たる生計維持者でありながら、いわゆるリストラにより非正社員として働かざるを得ない者が増えている、あるいは、就職難によって、正社員での就職ができずにやむなく非正社員として働く若者が少なからずいるという推測を可能とする。このような状況の下、非正社員としての働き方に対する法制度のあり方は、従来のようなスタンスでは不十分という考え方が広がってきた。

　2007年の短時間労働者法の改正や最賃法の改正は、非正社員と正社員との間の賃金をはじめとする労働条件の格差を解消するための重要な一歩であった。さらに2008年秋のリーマンショックにより「派遣切り」や「有期切り」が起こり、非正社員の雇用の不安定性がクローズアップされると、厚生労働省は2009年に「有期労働契約研究会」を立ち上げて有期労働契約に対する施策の検討を始めた。その後、労働政策審議会労働条件分科会で立法規制に向けた検討が進められ、ついに、2012年改正に至ったのである。

　この改正により、判例の雇止め制限法理（「雇止め法理」とも呼ばれる）が成文化される（19条）とともに、有期労働契約が更新され通算5年を超えた場合の無期転換ルール（18条）と有期契約労働者（有期労働契約を締結して働く労働者）に対する不合理な労働条件の禁止（20条）という規制が設けられた。雇用の安定と労働条件の改善の両方の解決を図ろうとしたものである。

　これらの規制のうち、雇止め制限法理は、反復更新後の雇止めを解雇に準じ

　2）　山本勲「非正規労働者の希望と現実──不本意型非正規雇用の実態」鶴光太郎＝樋口美雄＝水町勇一郎編『非正規雇用改革──日本の働き方をいかに変えるか』（日本評論社・2011）93頁以下を参照。

　3）　労契法の制定過程における議論については、荒木尚志＝菅野和夫＝山川隆一『詳説 労働契約法』（弘文堂・2008）を参照（特に44頁以下）。

　4）　派遣労働者についても、2012年の労働者派遣法の改正により、派遣先の労働者との労働条件の均衡に関する規定が導入されている（30条の2）。これと短時間労働者法8条以下および労契法20条により、正社員と非正社員との間の格差是正のための法規制は、ひとまず出揃ったことになる。

たものとして扱い、これに制限を加えたもので、この法理を成文化した労契法19条は、同じような場合に、解雇権を制限する客観的に合理的な理由と社会通念上の相当性という要件を充足する場合には[5]、労働者からの有期労働契約の更新申込みがあれば、使用者は承諾したものとみなすという法律構成を採用した。判例法理と19条との間には、表面的には大きな違いがあるが、規制の実体面については、従来の判例を踏襲したものとされている[6]。

次に、労契法18条の定める無期転換ルールは、2以上の有期労働契約が締結されて5年を超えたときに、労働者から無期労働契約の申込みがあれば、使用者が承諾したものとみなすというものである。この規定は、有期労働契約の更新により通算5年を超えたときに、労働者に無期労働契約への転換権を与えることを意味する。19条との主たる違いは、18条が5年という明確な基準を採用しており、かつ、法規定の適用の効果が、有期労働契約の更新ではなく、無期労働契約への転換である点にある。

第3に、不合理な労働条件の禁止とは、期間の定めがあることにより、期間の定めのない労働者（無期契約労働者）の労働条件との相違があり、その相違が、労働者の業務の内容および当該業務に伴う責任の程度（以上を「職務の内容」という）、当該職務の内容および配置の変更の範囲その他の事情を考慮して、不合理と認められるものであってはならない、というものである。これは均等待遇規制あるいは差別禁止規制とは異なり、一定の格差がありうることは認める。そのうえで、その格差が不合理なものであってはならないという制限を加えているのである。

すでに判例として存在していた雇止め制限法理を成文化した19条は別として、18条の無期転換ルールと20条の不合理な労働条件の禁止は、実質的にも新たに日本の有期労働契約法制に導入された規制である[7]。その狙いである非正社員の雇用の安定や労働条件の向上という方向性には、異論はなさそうである。しか

---

5) もちろん、本来の解雇の場合（労契法16条を参照）よりも、労契法19条のほうが、この要件を充足したかどうかの判断基準は緩いものとなろう。
6) 詳細は、第1章第1節〔1〕を参照。
7) ただし、内容規制については、有期労働契約の労働者の多くは、短時間労働者法の適用を受ける短時間労働者であり、その意味で、同法による保護の適用を受けることもあった。ただ、労契法の新たな20条と既存の短時間労働者法との関係は明確ではない（第1章第1節〔3〕）。

し、この改正には当初から問題点が指摘されていた（後述(3)も参照）。それに追い打ちをかけたのが、2012年末の政権交代である。第二次安倍晋三内閣は、民主党前政権時代に積極的に進められた労働者保護立法に対して見直しを進めようとしている。有期労働契約法制もその例外ではなかった。[8]

(2) 有期労働契約に対する法規制のタイプ

一般に、有期労働契約に対する法規制には次の4つのタイプがある。第1に、有期労働契約の締結について制限を加えるもの（たとえば、臨時性などの正当理由を要すること）、第2に、有期労働契約の終了について何らかの制限を加えるもの（たとえば、正当理由を要件としたり、トータルの契約年数や更新回数の上限を定めたりすること）、第3に、契約期間の上限を定めるもの、第4に、有期契約労働者の期間以外の労働条件について、無期契約労働者との格差に規制を加えるもの、である。本書では、一般の呼び方にならい、第1の規制を「入口規制」、第2の規制を「出口規制」、第4の規制を「内容規制」と呼ぶことにし、第3の規制はややミスリーディングではあるが「上限規制」と呼ぶことにする。[9]

日本では、労基法においてすでに上限規制は存在していたが、労契法の2012年改正により、雇止め制限法理の成文化と無期転換ルールという2つのタイプの出口規制が定められ、さらに内容規制が定められた。その一方で、入口規制の導入は見送られた。

(3) 2012年改正をめぐる議論

2012年改正により設けられた規定については、すでに解釈論上の多数の問題が生じているが、その検討は第1章に委ねる。ここでは、2012年改正で示され

---

8) 労契法18条については、法律上、今後の見直しがありうることが明記されている。すなわち、労契法附則3項には、「政府は、附則第1項ただし書に規定する規定の施行後8年を経過した場合において、新労働契約法第18条の規定について、その施行の状況を勘案しつつ検討を加え、必要があると認めるときは、その結果に基づいて必要な措置を講ずるものとする」と定められている。

9) 有期労働契約の期間については、個々の契約期間に対する規制と契約が更新された場合のトータルの契約期間（本書では「利用期間」と呼ぶことにする）に対する規制とがある。本書でいう「上限規制」は、前者の個々の契約期間の長さに対する規制を意味する。利用期間の規制は、出口規制の一形態と位置づけられる。

た規制の方向性（立法政策としての当否）をめぐる議論にしぼって、その整理を試みよう。

この議論は、大きく3つの論点に分けられる。第1に、2012年改正の際に、入口規制が見送られたことの当否、第2に、無期転換ルールの導入（18条の新設）の当否、第3に、不合理な労働条件の禁止という内容規制（20条の新設）の当否である。

まず第1の入口規制に関しては、たとえば、次のような見解がある[10]。

有期労働契約の問題は「雇用生活の不安定性」にあり、これに対処するためには短期雇用そのものを制限しなければならない。そのためには、入口規制（締結事由規制）を導入する必要がある。

この見解に対しては、不当な交渉力格差という点からの入口規制の採用の可能性に言及しながらも、次のような反論がある[11]。

「入口規制を採用する場合、その事由に該当するかどうかをめぐって必然的に紛争が生じる」し、「無業・失業状態から雇用への入口は敷居を低くし、有期契約を積極的に利用させ、有期契約で雇用されている間に、本人の職業能力を発展させて、不安定雇用から安定雇用を誘導することが政策的には望ましい」。

要するに、入口規制を導入しないことには、紛争の回避および安定雇用への誘導という点でメリットがあるというのである。

第2に、無期転換ルールの導入については、これを批判する立場には、大きく次の2つの論拠がある。1つは、「全体として、有期雇用の合計期間を5年以下に押さえるという使用者の態度を誘発し、労働者の雇用生活をかえって不安定化させる」というもの、もう1つは「一切の例外を認めていないために、5年を超えた有期雇用に『合理的』根拠がある場合（たとえば5年任期で採用された大学研究者の場合）にも、それを事実上不可能にし、結局は5年での雇止

---

[10] 西谷敏「労働契約法改正後の有期雇用――法政策と労働組合の課題」労旬1783=84号（2013）9頁以下。この見解は、フランスやドイツなどの先進国においても、入口規制があることを論拠として補強する。

[11] 荒木尚志「有期労働契約規制の立法政策」菅野和夫先生古稀記念論集『労働法学の展望』（有斐閣・2013）179頁以下。

めという結果をもたらす」というものである[12]。

　この見解に対し、まず第1の論拠については、無期転換が5年もの期間更新された労働者に対してなされることに着目して、そうした労働者であれば無期化しても問題なく雇い続けることができるし、5年の間に十分技能を発展させている可能性があり、無期化の障害は解消されうるとの反論がある[13]。また5年到達前の雇止めは、労契法19条により、その効力が否定されうるとする[14]。

　2つ目の、一切の例外を認めていない一律規制の当否については、欧州諸国のような集団的労使合意による derogation（強行的な法規制からの逸脱）は、現在の日本法では過半数代表制度が受け皿になろうが、そのうち過半数代表者についてはその正統性に疑問があるし、過半数組合については、その構成員である正社員と有期契約労働者とは利害が対立し、正社員は無期転換がなるべく発動されないように行動するので、5年の上限規制は容易に排除ないし緩和されてしまう懸念があるとの反論がある[15]。

　ただ、derogation については、集団的なものだけでなく、個別的なものもある。たとえば、有期契約労働者と使用者との間で、将来において生じうる無期転換の申込権を事前に放棄する合意が認められれば、一定の柔軟性をこの規制に導入することができる。こうした個別的な derogation は、労基法上の賃金全額払いの原則（24条）について、判例が、自由な意思によるものと認めるに足りる合理的な理由が客観的に存在している場合であれば、賃金債権の放棄を認めてよいとしていることから、この法理を準用すれば理論的に十分に可能であるともいえよう[16]。

　無期転換の申込権の放棄を認めるアプローチは、自民党政権において産業競争力会議の下に設置された国家戦略特区ワーキンググループが2013年10月に提

---

12) 西谷敏『労働法〔第2版〕』（日本評論社・2013）438頁以下。
13) 荒木・前掲注(11)175頁。
14) 荒木・前掲注(11)178頁。
15) 荒木・前掲注(11)178頁以下。さらに、5年という期間は諸外国よりも長いものであるので、それ以上に derogation を認める必要性は高くないという論拠も挙げられている（同179頁）。
16) シンガー・ソーイング・メシーン事件―最2小判昭和48・1・19民集27巻1号27頁。また、北海道国際航空事件―最1小判平成15・12・18労判866号14頁、テックジャパン事件―最1小判平成24・3・8労判1060号5頁も参照。この論点については、第1章第1節〔2〕を参照。

8　序章　問題の所在

案した特区構想にも盛り込まれていた[17]。最終的には国家戦略特区のメニューには組み込まれなかったものの、政府は引き続き無期転換の申込権については、検討課題とすると明言している[18]。

第3の不合理な労働条件の禁止という内容規制の適否については、規定の抽象性もあって、それほど目立った批判は聞かれない。これは逆に、規制のインパクトがそれほどないことも意味している。ただ、非正社員の労働条件は、契約の自由や私的自治という観点から考え、できるだけ立法介入はすべきでないという理論的立場もありうる。その立場からは、たとえ抽象的であったとしても、労契法20条のような規定は望ましくないという評価があり得よう[19]。

2　若干の基礎的考察

(1)　有期労働契約の規制の方向性

1でみたことからわかるのは、2012年改正は、有期労働契約をめぐる法規制のあり方について決着をつけたのではなく、いまなお発展途上にあり、自由に立法論を展開する余地が残されているということである。このことは、有期労働契約に対して、いったいどのような法的スタンスで臨むべきかにつき、根本的に考えていく必要があることを意味している。

そこで、この点につき、若干の考察を加えておこう。有期労働契約のもつ固

---

17)　この提案では、外国人従業員比率が一定以上のグローバル企業か、起業して5年以内の企業を対象として、①一定の専門資格取得者（弁護士、会計士等）と②修士号や博士号の取得者には、「無期転換をしない約束」をすることを認めるとされていた。

18)　政府は、国家戦略特区における規制改革事項等の検討方針（案）として、次のような内容の閣議決定をしている。「新規開業直後の企業やグローバル企業をはじめとする企業等の中で重要かつ時限的な事業に従事している有期労働者であって、『高度な専門的知識等を有している者』で『比較的高収入を得ている者』などを対象に、無期転換申込権発生までの期間の在り方、その際に労働契約が適切に行われるための必要な措置等について、全国規模の規制改革として労働政策審議会において早急に検討を行い、その結果を踏まえ、平成26年通常国会に所要の法案を提出する」。なお、国家戦略特別区域法附則2条も参照。

19)　この点は、第1章第1節(3)を参照。学説の中には、「労契法20条がその意義を発揮するのは、労働組合と使用者との間の労働条件に係る交渉においてであろう」と述べるものもあり（緒方桂子「改正労働契約法20条の意義と解釈上の課題」季労241号（2013）29頁）、これも私的自治と親和的な考え方である。

有の法的な意味は、「契約」という面からみると、期間の満了により労働契約が終了すること（終了機能[20]）と、労働契約の期間内は互いに自由に解約ができないこと（拘束機能[21]）にある。有期労働契約の規制のあり方を考えていくうえでは、この2つの機能が当事者にどのように作用するかをみておく必要がある。そこでは特に、有期雇用で働く労働者の要保護性がどこまであるのか、一方で、有期雇用を利用する使用者の自由（経済活動の自由）がどこまで尊重されるのか、が問われることになる。

議論を複雑にさせるのは、有期労働契約には、当事者にとって、次にみるような二面性があることである。労働者からみた場合、その期間中は自由を束縛されるというデメリットがある一方で、その間は雇用が確保されるというメリットがある[22]。あるいは、期間の終了時は、契約から解放されるというメリットがある一方で、雇用を喪失するというデメリットがある。これと逆の二面性が、使用者からみても存在する。期間中は労働者を確保できるメリットがある一方、その間は自らの都合で雇用を打ち切ることはできない（著しく困難である）というデメリットがある。あるいは期間の終了時は、その労働力を手放さなければならないというデメリットがある。一方、特別な理由なく雇用を解消できるというメリットがある。

もっとも、日本においては、いま述べたメリット・デメリットのうち、有期労働契約の労働者側のメリットはないか、無視しうるものであって、労働者側のデメリットに着目した法規制を考えるべきとする議論が有力である[23]。これは

---

[20] ただし、有期労働契約が更新されていくと、出口規制が及び、期間の満了による契約の終了が認められないこともある。

[21] 日本の民法は、626条が5年を超える場合において解除権を認めていること、628条で期間途中は「やむを得ない事由」がある場合にしか解除を認めていないことから、5年までの契約の期間中は、627条で認められるような自由な解約（解除）は否定されるという意味での拘束性を定めたものと解される（ネスレコンフェクショナリー関西支店事件―大阪地判平成17・3・30労判892号5頁も参照）。

[22] このことは、期間の「拘束機能」は、労働者にとっては「雇用保障機能」とみることもできるということである。アメリカのように随意的雇用の原則（契約解消の自由）があり、無期契約労働者に雇用保障がない国では、期間は契約の存続を確保できるという意味で、ポジティブな意味をもつことになる（第2章第2節を参照）。

[23] 長期的に働くことを希望していない労働者であっても、無期労働契約を締結すれば、いつでも中途で契約を解約できるので（民法627条）、あえて有期労働契約を締結する必要はないとい

理由のないことではない。期間設定のイニシアティブをとるのは、通常、使用者だからである。しかも日本では、期間は単に労働契約の存続期間・拘束期間であるにとどまらず、前述のように、労働条件の格差をもたらすことが多い。これは、期間が設定されていると、非正社員とされ、正社員と処遇体系までが変わってしまうからである。[24]

この最後に言及した点は、正社員と非正社員との間には本質的な違いがあることを示唆しており、そのため期間の労働者側のデメリットを強調して規制を強化しても、無期雇用の正社員が増えることに直結しない可能性が高い。採用時点で使用者にとって重要なのは、その労働者が、正社員として長期的な雇用を保障して育成するに適した人材であるかどうかであり、期間の設定の有無はその結果にすぎないことが多いからである。使用者は、その労働者が正社員にふさわしくないと判断し、非正社員での採用も（規制の強化の影響などにより）難しいとなれば、雇用しないという選択をするだけであって、それは要するに失業を増加させることを意味する。これは規制の好ましくない副作用といえる。[25]

ところで、前述の有期労働契約のメリットとデメリットは、労働者と使用者にとって対立的なものであったが、双方にメリットとなる場合もありうる。それは、有期労働契約が試用目的で用いられ、それが使用者にとって正社員に登用できる労働者のスクリーニング（選別）の機会となると同時に、労働者にとっても、正社員への移行のための「踏み石（ステッピングストーン）」になる場合である。

有期労働契約は、まだ十分な技能をもっていない労働者（特に若者）にとっ

　　　う考え方もありうる。しかし、無期労働契約の正社員ポストのベストマッチングは、企業がその労働者を正社員として長期的に雇うにふさわしい人材であると考え、その労働者も正社員として働く意欲をもっている場合に生じるものなので、この考え方には疑問がある。
　24）たとえば、欧州では、有期労働契約と無期労働契約とで同じ職務に従事する場合、賃金は職務給であるので、処遇には差がつかない。そのため、欧州では、有期雇用と無期雇用の違いは、単に労働契約に期間があるかないかの違いという意味あいが強くなる。日本では、有期労働契約の非正社員は職務給であっても、無期労働契約の正社員は職務給ではなく、職能給など異なった賃金体系が適用されるのが普通なので、そこから処遇の格差が生じる。
　25）試用期間が文字どおり労働者の適格性判定の期間であれば、採用段階での選別ではなく、試用期間での選別が可能となる。しかし、現在の判例を前提とすると、試用期間での労働者の選別は容易ではない（三菱樹脂事件—最大判昭和48・12・12民集27巻11号1536頁を参照）。

て、実際に仕事に就くことによって訓練機会を得るという意味をもちうる。それによって技能を高めることができれば、正社員という次なるステップへの道が広がる。このことは、若年者失業に苦しむヨーロッパにおいて、有期労働契約に対するこれまでの強い規制を緩和する有力な理論的根拠となってきている。

　ただ日本では、試用目的の有期労働契約の利用に対して、判例は抑制的である。すなわち、「使用者が労働者を新規に採用するに当たり、その雇用契約に期間を設けた場合において、その設けた趣旨・目的が労働者の適性を評価・判断するためのものであるときは、右期間の満了により右雇用契約が当然に終了する旨の明確な合意が当事者間に成立しているなどの特段の事情が認められる場合を除き、右期間は契約の存続期間ではなく、試用期間であると解するのが相当である」と述べているからである。試用期間となると、期間が満了しても当然には労働契約は終了せず、判例によると本採用拒否は解雇と同視されるので、雇用の終了は大幅に制限される。

　こうした判例は、低学歴であるなど採用時の選考で排除されやすいカテゴリーの労働者が試しに雇用されてその能力をアピールする場を得る機会を制限している可能性がある。有期労働契約の終了機能を維持するほうが、使用者が多くの労働者を試しに雇用しやすくなる。そしてそれが、労働者のステップアップにもつながりうるのである。つまり試用目的の有期労働契約を正面から認めることは、労使双方にとってメリットとなる。この点で、労契法の制定前に出された『今後の労働契約法制の在り方に関する研究会報告書』（2005年9月15日）において、判例の制約を乗り越えるため、試用雇用契約（試用を目的とする有期労働契約）の制度を上限規制なく導入する構想が示されていたことは注目に値する。

(2) 労働契約に期間を設ける理由

　前述のように、労働契約における期間には、拘束機能と終了機能とがあり、労働者と使用者双方にメリットとデメリットがあった。ただ実際上は使用者側

---

26) 神戸弘陵学園事件―最3小判平成2・6・5民集44巻4号668頁。
27) 三菱樹脂事件・前掲注(25)。ただし、試用期間中の解雇は、通常の解雇よりも広く認められると述べてはいる。

に期間の設定のイニシアティブがあることから、それが使用者のどのようなニーズに基づいているのかを確認しておくことが、有期労働契約の規制のあり方を考えるうえで必要であろう。

そこで考察するに、使用者が労働契約に期間を設ける理由としては、さしあたり次の4つのものが挙げられる。

第1に、臨時的な業務なので、長期的に雇用するに適さない（臨時業務型）[28]。

第2に、臨時的な業務ではないが、単純労働なので、正社員としての熟練を要しない（単純労働型）。

第3に、臨時的な業務ではないし、必ずしも単純労働ではないが、景気変動の調整弁としたい（バッファーストック型）。

第4に、労働者の技能が高度で稀少であるので、一定期間の拘束をしたい（高技能型）。

第1の理由は、有期労働契約の締結を、最も正当化しやすいものである。実際、入口規制がある国でも、業務の臨時性があれば、有期労働契約の締結が認められている。

第2の理由については、業務が臨時的でない以上、たとえ単純労働であっても、無期労働契約で採用することが可能である。しかし、日本の多くの企業をみると、無期労働契約は、長期的な雇用保障を与え技能形成のためのインセンティブとするために用いられているのであり、そうすると、技能形成の必要のない単純労働に従事する労働者に対しては無期労働契約で処遇する必要はないことになる。

第3の理由は、まさに使用者の都合により、無期労働契約の締結が可能であるにもかかわらず、有期労働契約を締結しているものである。

第4の理由は、使用者としては、そのニーズに応じて自由に拘束期間を設定したいと考えるであろうから、ときには上限規制を過剰な介入と感じることもあろう。

以上は単純な図式ではあるが、有期労働契約の規制を考えるうえでの有用な

---

[28] 業務の臨時性には、業務の客観的性質上臨時であることもあれば、育児休業をとる労働者の代替のような業務の客観的性質とは関係のない臨時性の場合もある。

視点となろう。すなわち、前述のように有期労働契約は、第1の臨時業務型であれば締結してよく、その場合の規制は特に必要ではなかろう。しかし、第2の単純労働型や第3のバッファーストック型の場合には、業務が臨時的ではないので、客観的には無期労働契約を締結することが可能であるにもかかわらず、しかも労働者が無期労働契約の締結を望んだとしても、使用者のニーズと合わないために有期雇用になるので、労働契約の終了時点で紛争が生じやすくなる。ただし、バッファーストック型については、経済的理由による解雇がどの程度容易であるかという点とも関係している。経済的理由による解雇が容易であれば、景気変動にそなえて有期労働契約を締結する必要性は減少することになる。

一方、第4の高技能型は、労働者の方でも交渉力をもっていることが多いので、上限規制がなくても保護に欠けることはないといえそうである。[29]

では実際に、日本での有期労働契約の規制はどのようになっているのであろうか。

3　2012年改正までの法規制の流れ

2012年改正に至るまで、日本の有期労働契約の法律上の規制は上限規制だけであり、このほか、判例の雇止め制限法理によって、部分的に出口規制がなされているだけであった。以下、民法、労基法、労契法、判例が、有期労働契約に対して、どのような規制を行ってきたかを、概観しておくこととしよう。

(1) 民　法

民法626条は、有期労働契約（民法の文言では、期間の定めのある雇用契約）について、雇用期間が5年を超えるか、または雇用が当事者の一方もしくは第三者の終身の間継続すべきときは、当事者の一方は、5年を経過した後であれば、3カ月以上前に予告をしたうえで中途解除ができる、と定めている（商工業の見習を目的とする雇用については、5年の期間は10年となる）。この規定は有期労働契約の期間のもつ拘束機能の上限を5年として、人身の自由を保障したもの

---

[29]　労基法14条の定める上限規制において、高度の専門的知識等を必要とする労働者に対して特例が認められている（1項1号）のは、こうした発想によるとみることもできる（後述）。

である。

　また民法628条は、労働契約に期間が定められていても、「やむを得ない事由」があるときは、各当事者は、直ちに契約の解除をすることができる、と定めている。この場合において、その事由が当事者の一方の過失によって生じたものであるときは、相手方に対して損害賠償責任が発生する。

　さらに、民法629条1項は、有期労働契約の雇用期間の満了後、労働者が引き続きその労働に従事する場合において、使用者がこれを知りながら異議を述べないときは、従前の雇用と同一の条件でさらに雇用をしたものと推定する、と定めている。これは黙示の更新の規定であり、更新後は、各当事者は、無期労働契約（民法の文言では、期間の定めのない雇用契約）の終了に関して規定する民法627条の規定により解約の申入れをすることができる。

　このほか、民法631条は、使用者が破産手続開始の決定を受けた場合には、雇用に期間の定めがあっても、労働者または破産管財人は、民法627条の規定により解約の申入れをすることができる、と定めている。この場合には、民法628条に基づく中途解除の場合とは異なり、各当事者は、相手方に対し、解約によって生じた損害の賠償を請求することができない。

　以上の民法の規定は、労働契約に期間を定めることについては当事者の自由に任せたうえで、期間の拘束機能を限定することを主たる目的として上限規制を行っている。629条は、黙示の更新後の無期転換を認めているが、民法上は解約が自由であり（627条）、拘束機能は生じないので、これを出口規制とみるべきではなかろう。[30]

(2) 労基法と判例
(a) 上限規制

　以上の民法の規定を前提として、労基法は労働契約の期間について規制を設

---

30) なお、少数ながら、「解雇権濫用規制が確立され……、かつ反復更新された短期労働契約の更新拒絶に同法理が類推適用される今日では、期間の定めのある雇用契約は黙示の更新の場合にも、同じ期間の契約として（「前雇用と同一の条件で」）更新されると解すべきである」と述べる見解もある（菅野和夫『労働法〔第10版〕』（弘文堂・2012）228頁）。学説の状況については、土田道夫編・債権法改正と雇用・労働契約に関する研究会著『債権法改正と労働法』（商事法務・2012）116頁以下〔奥田香子・篠原信貴執筆〕を参照。

けている。

　同法14条の当初の規定はかなりシンプルである。労働契約の期間は、原則として１年であり、一定の事業の完了に必要な期間を定めるものが例外とされていた。

　その後、1998年の法改正で、特例が設けられて、①「新商品、新役務若しくは新技術の開発又は科学に関する研究に必要な専門的な知識、技術又は経験（以下この条において「専門的知識等」という。）であって高度のものとして労働大臣が定める基準に該当する専門的知識等を有する労働者（当該高度の専門的知識等を有する労働者が不足している事業場において、当該高度の専門的知識等を必要とする業務に新たに就く者に限る。）との間に締結される労働契約」、②「事業の開始、転換、拡大、縮小又は廃止のための業務であって一定の期間内に完了することが予定されているものに必要な専門的知識等であって高度のものとして労働大臣が定める基準に該当する専門的知識等を有する労働者（当該高度の専門的知識等を有する労働者が不足している事業場において、当該高度の専門的知識等を必要とする業務に新たに就く者に限る。）との間に締結される労働契約（前号に掲げる労働契約を除く。）」、③「満60歳以上の労働者との間に締結される労働契約（前２号に掲げる労働契約を除く。）」については、上限が３年とされた。[31]

　この改正では、一定の専門的な業務については、１年は短すぎるし、もう少し長い期間のほうが労働者の能力の発揮にも資することから特例が設けられたものであり、その一方で３年という制限が設けられたのは、長期にわたる拘束や若年定年制として悪用されることへの懸念によるものであった。また、高齢者については、65歳までの安定した雇用の確保という雇用政策的な観点から特例とされた。

　さらに、2003年の法改正で、有期労働契約の期間の上限は原則３年に引き上げられた。ただし、この１年から３年への引上げは、労働者にとっての期間の拘束機能を延長するものとはならなかった。それは附則137条において、「民法第628条の規定にかかわらず、当該労働契約の期間の初日から１年を経過した

---

31)　その範囲については、「労働基準法第14条第１号及び第２号の規定に基づき労働大臣が定める基準」（平成10年12月28日労働省告示第153号）で定められていた。

日以後においては、その使用者に申し出ることにより、いつでも退職することができる」とされ、期間の拘束機能は1年にとどめられたからである。[32]

また1998年改正で導入された特例について、期間の上限は5年に引き上げられた。そして、①と②は統合されて、「専門的な知識、技術又は経験（以下この号において「専門的知識等」という。）であって高度のものとして厚生労働大臣が定める基準に該当する専門的知識等を有する労働者（当該高度の専門的知識等を必要とする業務に就く者に限る。）との間に締結される労働契約」とされ（14条1項1号）[33]、従来の③はそのまま維持された（同項2号）。

2003年の法改正では、以上の改正に加えて、2項と3項が追加された。2項では、「厚生労働大臣は、期間の定めのある労働契約の締結時及び当該労働契約の期間の満了時において労働者と使用者との間に紛争が生ずることを未然に防止するため、使用者が講ずべき労働契約の期間の満了に係る通知に関する事項その他必要な事項についての基準を定めることができる」とされ、3項では、「行政官庁は、前項の基準に関し、期間の定めのある労働契約を締結する使用者に対し、必要な助言及び指導を行うことができる」とされた。これは、当時の指針（平成12年12月28日基発779号）を大臣告示に格上げし、行政指導の根拠を明確にするという意味があった。

この規定に基づき設けられたのが、「有期労働契約の締結、更新及び雇止めに関する基準」（以下、「雇止めに関する基準」）である（平成15年10月22日厚生労働省告示第357号。その後、平成20年1月23日厚生労働省告示第12号および平成24年10月26日厚生労働省告示第551号で改正されている）。この基準は、期間という労働条件の内容規制をするのではなく、あくまで労働条件の明示規制の1つと位置づけられるものである。[34]

---

32) この規定は暫定的なものとされているが、いまでも維持されている。
33) その範囲については、「労働基準法第14条第1項第1号の規定に基づき厚生労働大臣が定める基準」平成15年10月22日厚生労働省告示第356号で定められている。そこでは、博士の学位を有する者、公認会計士、医師、弁護士、一級建築士、税理士などが挙げられている。また、1998年改正のときに設けられていた「当該高度の専門的知識等を有する労働者が不足している事業場において」という要件と、当該高度の専門的知識等を必要とする業務に「新たに」就く者に限るという要件は撤廃された。
34) すなわち、労基法15条や労契法4条2項と同じ系統の規制ということである。

以上の労基法の規定をみると、入口規制は行われず、民法と同様、上限規制により期間の拘束機能を制限することを目的としている。民法と違うのは、労基法では労働者の保護のために、拘束機能が制限されるのは労働者だけという片面性があるところである。なお、労基法14条1項の上限規制に反する期間が設定された場合、同法13条により上限の期間（原則は3年、特例の場合は5年）となるとする見解が通説であり、無期転換されるわけではない。

(b) **出口規制**

　民法も労基法も、有期労働契約の更新については規制をしていなかったので、使用者は、有期労働契約を反復更新して長期的に労働者を雇用することは可能であった。法は、期間の拘束機能を制限したのであって、更新時に労働者に更新するかどうかの意思が介在する以上、利用期間が長くなることを規制する必要はないとされてきたのである。

　ただし、利用期間が長くなることは、期間の終了機能に事実上影響する可能性はあった。具体的には、利用期間が長期化したあと、使用者から更新拒否がなされた場合に、それによる雇用の終了をそのまま認めてよいかが問題となった。行政は、こうした雇止めをめぐる紛争が多いことに着目して、前述の「有期労働契約の締結、更新及び雇止めに関する基準」を設けて対処しようとした。

---

35) たとえば、労働契約の期間が10年であっても、労働者にとって3年経過後にはいつでも契約の解約ができるという内容であれば、労基法14条には違反しない。
36) 菅野・前掲注(30)220頁、西谷・前掲(12)439頁等。行政解釈も同旨（平成15年10月22日基発1022001号）。なお、当初の契約期間の拘束機能は使用者にのみ発生するとする見解も有力である（土田道夫『労働契約法』（有斐閣・2008）74頁）。
37) 今日では、告示ではなく、労基則において、更新に関する基準の明示が義務づけられている（5条1項1の2号）。そのため、「雇止めに関する基準」の現在の規定内容は、①雇止めの予告について、使用者は、3回以上更新した有期労働契約、または雇入れの日から起算して1年を超えて継続勤務している者の労働契約（あらかじめ更新しない旨明示されているものを除く）を更新しない場合には、期間満了の30日前までに予告すべきこと、②雇止めの理由の明示について、雇止めの予告をした場合または実際に更新されなかった場合、使用者は、労働者が更新しないこととする理由または更新しなかった理由について証明書を請求したときは、遅滞なくこれを交付すべきこと、③契約期間についての配慮について、使用者は、有期労働契約を1回以上更新し、かつ、雇入れの日から起算して1年を超えて継続勤務している者を更新しようとする場合は、契約の実態と労働者の希望に応じて、契約期間をできる限り長くするよう努めること、とされている。

ただ、これは更新拒否を制限するのではなく、更新拒否が可能であることを前提として、それをめぐる紛争を未然に防止することを目的とするものであった。

更新拒否の制限という意味での出口規制は、日本では、長らく判例によって行われてきた[38]。ある最高裁判決は、判例を、「期間の定めのある雇用契約があたかも期間の定めのない契約と実質的に異ならない状態で存在している場合、又は、労働者においてその期間満了後も雇用関係が継続されるものと期待することに合理性が認められる場合には、当該雇用契約の雇止めは、客観的に合理的な理由を欠き社会通念上相当であると認められないときには許されない」と定式化している[39]。

すなわち、実質的に無期労働契約と異ならない状態となっている場合、または、期間満了後の雇用継続の期待に合理性がある場合には、雇止めには、解雇に関する法理が類推適用され、その結果、雇止めが不当となれば、有期労働契約が当然に更新されることとなった（雇止め制限法理）。この法理は、雇止めを解雇と同視し、解雇と同様の制限に服せしめるという形の出口規制をしたものである。外国で採用されている出口規制は、通常、利用期間を制限するという形で行われるし、そこでは、更新回数や利用期間年数という明確な基準が用いられ、かつ規制に違反すれば無期労働契約に転換するという効果を定めている（第2章を参照）。これと比較すると、日本の雇止め制限法理は、要件が不明確で、効果が限定的という特徴がある。

(3) 労契法

労契法は、その制定当初は、民法628条に定める中途解除に「やむを得ない事由」を要するという規定を、使用者からのもの（解雇）について、これを解雇制限規定という形で規定し直した（17条1項）。これによって、「やむを得ない事由」は、これを使用者に有利に緩和する合意は無効とする強行性をもつことが明確になったと解されている[40]。これは、期間の拘束機能の裏返しともいえ

---

38) 東芝柳町工場事件―最1小判昭和49・7・22民集28巻5号927頁、日立メディコ事件―最1小判昭和61・12・4労判486号6頁。
39) パナソニックプラズマディスプレイ（パスコ）事件―最2小判平成21・12・18民集63巻10号2754頁。

る労働者にとっての「雇用保障機能」をより強化するという意味をもつ。とはいえ、17条1項は、民法の規定の延長線上にあるものであった。

一方、実質的にも新たな規定といえる同条2項は、次のような規定である（文言は2012年改正後のものであるが、規定内容は当初のものから変わっていない）。

「使用者は、有期労働契約について、その有期労働契約により労働者を使用する目的に照らして、必要以上に短い期間を定めることにより、その有期労働契約を反復して更新することのないよう配慮しなければならない」。

これは配慮義務規定であり、私法上の効力がない訓示規定と解されているものの、その内容は、間接的には、更新を制限するという点で出口規制の意味を含むと同時に、「労働者を使用する目的に照らして、必要以上に短い期間を定める」ことを制限するという点では、入口規制の意味も含んでいた。

(4) その他の関連する法律

有期労働契約に対する直接的な法規制ではないものの、有期契約労働者の処遇の改善に資する内容規制はあった。

非正社員の労働条件については、契約の自由に任せてよく、内容規制は望ましくないという考え方は根強く存在しており、実際、前述のように（1(3)）、法律による介入は長らく行われてこなかった。裁判例も、ごく一部の例外的なものを除き同様であった。

しかし、2007年の短時間労働者法の改正（2008年施行）により、通常の労働者（正社員）と同視すべき短時間労働者と通常の労働者との均等待遇が定められた（8条）。また、それに該当しない短時間労働者であっても、賃金や教育訓

---

40) 荒木ほか・前掲注（3）154頁。なお、労契法制定前の裁判例には、逆に、中途解除を容易にする合意のみを有効とするものがあった（ネスレコンフェクショナリー関西支店事件・前掲注(21)）。
41) たとえば、菅野・前掲注(30)221頁。
42) 労働者を使用する目的からして必要とされる期間よりも短期の有期労働契約を締結して更新している場合には、その期間は雇用継続の合理的期待が認められやすくなるし、また雇止めの正当性判断が厳しくなる可能性がある。荒木ほか・前掲注（3）157頁以下も参照。
43) 丸子警報器事件—長野地上田支判平成8・3・15労判690号32頁。
44) なお、通常の労働者と同視すべき短時間労働者には、その判断基準のなかに「期間の定めのない労働契約」を締結していることが含まれているので、有期契約労働者は原則としてこれに

練の均衡など、短時間労働者の処遇の改善を目的とする規定が導入された（9条以下）。特に通常の労働者への転換を推進するための措置を講じる義務を定める規定（12条）は、一種の無期転換ルールとみることもできた。そして、多くの短時間労働者は有期労働契約を締結していたため、これらの規定は、有期契約労働者にも適用されるものであった。もっとも、これらの規定は、基本的には事業主の努力義務や配慮義務とされていたため、法改正の所期の目的を達成できたとはいいがたいものであった。

このほか、労契法は、制定当初から「労働契約は、労働者及び使用者が、就業の実態に応じて、均衡を考慮しつつ締結し、又は変更すべきものとする」（3条2項）という、一般的な均衡処遇の規定を設けている。ただしこれは、具体的な法的効果をもつものではなく、理念規定にとどまると解されている[45]。

なお、同じ2007年に改正された最賃法（2008年施行）は、生活保護との逆転現象の解消を目的とする規定（9条3項）を導入し、最低賃金の引上げを促進することとなった。この法改正も、有期契約労働者の処遇の改善に貢献してきた。

(5) 小　括

2012年改正の前の日本法の特徴をまとめると、次のようになる。

第1に、有期労働契約の拘束機能の弊害を防止するため、民法では労働者と使用者双方に5年の経過後は解除権を認め、それによって契約からの解放を保障した。労基法は、労働者にとっての拘束機能を重視し、期間の設定自体を強行的・直律的に規制することとした。つまり、上限規制を強化したのである。その後、上限年数については、1年から3年へ、さらに特例の設定という形で規制緩和が進められてきたが、労働者にとっての拘束機能については、それが強まらないよう配慮された（附則137条）。

　　　該当しない。ただし、有期労働契約であっても、反復して更新されることによって無期労働契約と同視することが社会通念上相当と認められる場合は、「期間の定めのない労働契約」に含まれることが明文で定められている（8条2項）。
　45）荒木ほか・前掲注（3）74頁。なお、同書では、無期労働契約を締結している労働者と有期労働契約を締結している労働者との間における処遇や地位の格差などが、同項の理念に照らして検討されることが考えられる、とされている。

第 2 に、有期労働契約の拘束機能そのものについては、表面的には修正はないものの、拘束機能の裏返しともいえる、労働者にとっての雇用保障機能（使用者からの中途解除制限）は、労契法の制定時に若干強化されている（17条1項）。

　第 3 に、出口規制については、長らく法律上の規制はなく、判例の雇止め制限法理があるにとどまった。2012年改正により、雇止め制限法理が成文化され（19条）、さらに無期転換ルールが定められたことにより（18条）、出口規制は更新規制と利用期間規制の二本立てとなった。

　第 4 に、内容規制については、長らく明文の規定がなかった。つまり、契約の自由が妥当していた。もっとも、一部の裁判例には、不法行為による救済を認めるものがあったが例外的なものであった。その一方、学説は格差を是正するための救済法理を模索してきた（第1章第1節〔3〕を参照）。

　その後、短時間労働者法 8 条以下の規定や労契法 3 条 2 項などの労働条件の格差を是正することを目的とする規定は設けられたが、その効果は限定的であった。こうしたなか、2012年改正により、有期契約労働者であることを理由として不合理な労働条件の格差を設けることが禁止されることになった（20条）。

　第 5 に、いくつかの外国法には存在している入口規制（第 2 章を参照）は、日本法では導入されてこなかった。

4　本書の構成

　本書は、ここまで見てきたような有期労働契約法制をめぐる法的状況を踏まえて、今後の有期労働契約法制のあり方について根本的に検討していくことをその目的とする。

　第 1 章では、日本の有期労働契約法制に関する議論状況について、日本法の特徴といえる雇止めの制限法理（労契法19条）、および2012年の改正で新設された無期転換ルール（同18条）、ならびに均等・均衡処遇（同20条）について検討を加える。また、有期労働契約の規制のあり方は、労働市場におけるセーフティネットの内容にも影響されるので、有期契約労働者に関係する社会保障制度の検討も行う。

　次いで第 2 章で、有期労働契約法制についての比較法的な検討を行う。日本

より規制が進んでいるといわれてきたヨーロッパ諸国はどのような法規制を行っているのか、またヨーロッパとはかなり異なるアメリカではどうか、近年、日本と同様に新たな法制度を導入しているアジアの国ではどうか、などについて詳しく紹介したうえで分析を行う。

　第3章では、経済学の立場から有期労働契約法制の分析をしたうえで、どのような法政策が望ましいかについての検討を試みる。

　以上をふまえて、第4章では、日本の労働市場における今後の有期労働契約規制のあり方について考察を行い、具体的な提言を行うこととしたい。

第1章　日本法の状況

第1節　労働法―〔1〕雇止め制限

篠原　信貴

1　はじめに
2　判例法理の形成
3　雇用継続に対する合理的な期待
4　雇止め規制に対する学説の議論
5　判例法理の立法化
6　おわりに

1　はじめに

　労契法の2012年改正により、有期労働契約の更新拒絶、いわゆる雇止めに関する規制とともに5年を超えて反復継続された有期労働契約の無期転換ルールが法定化された（労契法18条、19条）。またこれに付随して、労基則5条も改正され、労働契約締結時に、契約期間とともに「期間の定めのある労働契約を更新する場合の基準」も書面の交付によって明示しなければならない事項となった。
　有期労働契約の締結目的に関する規制は存在しないから、恒常的な業務であっても、労働契約に期間を付すことは可能であるし、期間満了後、再度契約を更新することもできる。しかし、こうして反復更新した契約を雇止めすることは、労働者にとっては継続的な雇用の喪失を意味する。そこで、従来から判例は一定の雇止めを解雇類似のものと捉え、解雇権濫用法理の類推適用という法的構成を用いて問題解決を図ってきた。労契法19条は、この判例法理を明文化したものであり、これにより雇止めを制限する法的根拠など一定範囲で判例法理の抱えていた課題が解決されることとなった。しかし、解釈論上なお多くの課題が残されている。
　そこで、以下では労契法19条の元となった雇止めに関する判例法理の成立と

そこで生じた議論を概観し、その課題を整理した上で若干の検討を加えることとする。

2 判例法理の形成[1)]

(1) 形成期

現代社会において議論されている非正規社員と正規社員の待遇・雇用保障等の格差に関する問題は、かつては臨時工制度の問題として把握されてきた。大正末期にはすでに成立していた臨時工（期間工）制度は、昭和10年前後に本工昇格化運動として社会問題化する。当時、満州事変以後の軍需景気に恵まれて生産が飛躍的に増加し、これを受けて臨時工も増大していたが、かような景気は一過性のものであることが予想され、景気変動による雇用喪失のリスクを臨時工のみに押し付けることが妥当ではないとの認識の下、臨時工制度の撤廃と、その解雇に対する解雇手当、予告手当（工場法施行令27条の2）の支払いを求めた労働争議が頻発したのである。[2)]こうしたなかで昭和11年9月17日の戸畑鋳物事件[3)]において、裁判所は、「外形的に期間を定むるも必要の存する限り雇用を反復継続し之を謝絶するには特別の意思表示を要する事実を認め得べきを以て其の期間を定めたるは一片の形式に過ぎずして其の実は当初より期間の定なかりしものと為すを相当とす」と述べて、雇止めされた臨時工による就業規則所定の解雇手当の請求を認容した。この裁判所の考え方は、反復継続された有期労働契約の期間を形式にすぎないものとみなし、無期労働契約として取り扱おうとするもので、後に転化説と整理される。

その後、戦争が経済にもたらす影響が深刻になるにつれ、一旦この議論は収

---

1) 裁判例の分析については、労働省「有期労働契約の反復更新に関する調査研究会報告」、労働省労働基準局監督課編『有期労働契約の反復更新の諸問題』（労務行政研究所・2000）、小宮文人『雇用終了の法理』（信山社・2010）125頁以下、香山忠志「有期労働契約の更新拒絶」岡山商科大学法学論叢12号（2004）77頁以下等多くの先行研究がある。また最近の裁判例の動向として、根本到「有期雇用をめぐる法的課題」労旬1735＝36号（2011）7頁以下がある。

2) 横井芳弘「臨時工——その実態と労働法上の諸問題」別冊法律時報3号（1957）154頁以下、森長英三郎「臨時工をめぐる法律的諸問題」労旬83号（1952）2頁以下参照。

3) 大阪地判昭和11・9・17法律新聞4044号特報。

束するが、戦後、とりわけ朝鮮戦争による需要の増大により臨時工が増加し、この問題は再燃する。法的には、本工に認められてきた解雇手当等の支払いをめぐって、特に1947年の労基法制定後は、同20条の解雇予告手当の支払いの要否をめぐって紛争が発生した。こうした紛争において労働者は、反復更新された臨時工の有期労働契約は、(事実認定の問題として、あるいは転化説に従って)無期労働契約として取り扱うべきであり、仮にそのように解せないとしても、こうした臨時工に対する雇止めは違法であると主張した。しかし、裁判所の判断は事案ごとに大きく異なるものであった。

たとえば、昭和29年7月13日の新日本飛行機解雇事件において、半年ないし1年内の期間を定めた労働契約を4回更新された後に雇止めされた労働者の解雇予告手当ての支払請求に対し、裁判所は、当事者間の契約が有期契約であって、期間満了によって労働契約が終了したものと判示し、「従って原告らと被告会社との雇用関係は雇用契約の解除によって終了したものではないことが明らかであって、引続き4回にわたって雇用契約が更新されて来たとしても、期間の定めのない契約と見ることはできないし又、期間の定めのない契約と同様に取扱わなければならぬものではない」として転化説に基づく労働者の主張を退けた。

他方、雇止めが不当労働行為であるとして争われた事案であるが、昭和27年12月15日の東洋オーチスエレベーター事件では、当該契約が無期契約であるとの労働者の主張は退けられたものの、裁判所は「被申請人が特に契約更新拒絶の意思表示をしない限り、この契約は期間の満了とともに終了せず、更に2ヶ月宛賃金額を除くその余の労働条件は前回と同一にて当然に更新される旨の暗黙の合意が成立していたことを一応認めざるを得ず、即ち、両者間には予め更新拒絶の意思表示をするにあらざれば当然更新される筈の確定期間2ヶ月の雇傭契約が存したものとなさざるを得ない」と述べた上で、「被申請人の申請人

---

4) この時期、臨時工に対する労働協約の拡張適用の適否をめぐって裁判例(播磨造船所事件—広島地呉支判昭和24・6・15労裁集4号189頁、日本油脂王子工場事件—東京地決昭和24・10・26労裁集6号151頁)が登場し、この点についても多くの議論が生じている。
5) 横浜地判昭和29・7・13労民集5巻5号597頁。
6) 東京地決昭和27・12・15労民集3巻6号516頁。

に対する本件更新拒絶の意思表示は、……従来の申請人の組合活動を理由とする被申請人の差別待遇の意思がその主要なる動機であったものと一応認められるから労働組合法第7条第1号に違反する不当労働行為として、その効力を生じないものというべきである。然らば、申請人と被申請人との間においては、他に有効な更新拒絶がなされたこと等特段の事情について疏明がない限り、昭和27年8月以降も、2ケ月宛従前同様の労働条件にて、契約が更新され、現在両当事者間においては、右条件による雇傭契約関係が存続しているものと推認せざるを得ない」として、労働者の主張を認めている。この事案では、更新拒絶の意思表示がない限り当然更新される合意があったと認定しつつ、有期労働契約が反復更新によっても無期化するとは述べていない。

昭和30年代以降、無期労働契約における使用者の解雇権の行使は（正当事由説に立つにせよ、権利濫用説に立つにせよ）、一定の制約に服するとの見解が裁判例においても有力となっていく。また、雇止めの際の解雇予告手当の紛争の発生を受けて、使用者が実質上一定の期間をおいて雇止めを行うようになったため、雇止めの紛争は解雇予告手当等の要否に関するものから、雇止めの適否そのものが争われるようになり、反復更新された有期労働契約の法的性質が正面から問われるようになった。これに対し裁判例は、①反復更新により有期労働契約の性質は変わらないとするもの、②契約締結手続等により期間の約定を否定し、当該契約を無期労働契約であると認定するもの、③反復更新等の事情により、無期労働契約に転化したとするもの、④解雇法理を類推適用するものな

---

7) 本多淳亮「臨時工の解雇について」大阪市立大学法学雑誌4巻3＝4号（1958）300頁。
8) 小西國友「解雇の自由(1)」法協86巻9号（1969）1024頁以下。
9) 外尾健一「短期雇用契約の反復と更新拒絶の法理」季労110号（1978）19頁。
10) なお、臨時工問題は、雇止めの問題のほか、均等待遇（ならびに労組法17条の同種の労働者）の議論へと結びついてゆくが、本節〔3〕にゆずる。均等待遇に関する学説の動向としては、大木正俊「非典型労働者の均等待遇をめぐる法理論」季労234号（2011）223頁以下を参照。
11) 前述の新日本飛行機解雇事件のほか、日本都市交通事件―東京地判昭和35・8・31労民集11巻4号898頁、三菱造船事件―長崎地判昭和39・6・12労民集15巻3号638頁等。
12) 東亜パルプ事件―神戸地判昭和34・7・2労民集10巻4号741頁。同事件においては民法629条1項により期間の定めのない契約になったとされた。
13) 日本ビクター事件―横浜地決昭和41・5・25労経速580号23頁、日本鋼管事件―東京地判昭和41・9・6判時466号50頁、東芝柳町工場事件―横浜地判昭和43・8・19労民集19巻4号1033頁等。

どの見解に分かれていた。また、更新拒絶の意思表示がないときは、当然更新される旨の合意の存在を認めた例も散見される。しかし、かような合意が必ずしも無期労働契約への転化を導くものと評価されていたわけではない。

(2) 確　立
(a) リーディングケース
こうした状況下で、判例法理のリーディングケースとなる東芝柳町工場事件最高裁判決と、日立メディコ事件最高裁判決が登場する。

東芝柳町工場事件最高裁判決は、2カ月の労働契約を5回ないし23回にわたって更新した労働者の雇止めにつき、「本件各労働契約においては……、いずれかから格別の意思表示がなければ当然更新されるべき労働契約を締結する意思であったものと解するのが相当であり、したがって、本件各労働契約は、期間の満了毎に当然更新を重ねてあたかも期間の定めのない契約と実質的に異ならない状態で存在していたものといわなければならず、本件各傭止めの意思表示は……、実質において解雇の意思表示にあたる」から、「本件各傭止めの効力の判断にあたっては、その実質にかんがみ、解雇に関する法理を類推すべき」とした。そして、「本件労働契約においては、単に期間が満了したという理由だけでは上告会社において傭止めを行わず、被上告人らもまたこれを期待、信頼し、このような相互関係のもとに労働契約関係が存続、維持されてきたものというべき」であって「このような場合には、経済事情の変動により剰員を生じる等上告会社において従来の取扱いを変更して右条項を発動してもやむをえないと認められる特段の事情の存しないかぎり、期間満了を理由として傭止めをすることは、信義則上からも許されない」と判示した。

---

14) 三菱造船事件―長崎地判昭和39・6・12労民集15巻3号638頁、八木組事件―大阪高判昭和35・1・27労民集11巻1号69頁。更新拒絶権の濫用という枠組みを用いるものとしては、富士重工宇都宮製作所事件―宇都宮地判昭和40・4・15労民集16巻2号256頁等がある。
15) 外尾・前掲注(9)19頁。
16) 関西電力事件―大阪地判昭和38・7・19労民集14巻4号923頁、神戸製鉄所事件―神戸地判昭和41・5・25労経速586号7頁、日本スピンドル事件―神戸地尼崎支判昭和48・3・30労経速812号14頁等。
17) 最1小判昭和49・7・22民集28巻5号927頁。
18) 最1小判昭和61・12・4労判486号6頁。

続いて登場した日立メディコ事件最高裁判決は、期間2か月の有期労働契約を5回更新してきた臨時員の雇止めにつき、「原審の確定した右事実関係の下においては……、5回にわたる契約の更新によって、本件労働契約が期間の定めのない契約に転化したり、あるいは上告人と被上告人との間に期間の定めのない労働契約が存在する場合と実質的に異ならない関係が生じたということもできない」と述べたが、他方で本件の臨時員は臨時的作業のために雇用されるものではなく、「その雇用関係はある程度の継続が期待されていたものであり、上告人との間においても5回にわたり契約が更新されているのであるから、このような労働者を契約期間満了によって雇止めにするに当たっては、解雇に関する法理が類推され、解雇であれば解雇権の濫用、信義則違反又は不当労働行為などに該当して解雇無効とされるような事実関係の下に使用者が新契約を締結しなかったとするならば、期間満了後における使用者と労働者間の法律関係は従前の労働契約が更新されたのと同様の法律関係となる」と判示した。

また、同事件においては「右臨時員の雇用関係は比較的簡易な採用手続で締結された短期的有期契約を前提とするものである以上、雇止めの効力を判断すべき基準は、いわゆる終身雇用の期待の下に期間の定めのない労働契約を締結しているいわゆる本工を解雇する場合とはおのずから合理的な差異があ」り、したがって、「事業上やむを得ない理由により人員削減をする必要があり、その余剰人員を他の事業部門へ配置転換する余地もなく、臨時員全員の雇止めが必要であると判断される場合には、これに先立ち、期間の定めなく雇用されている従業員につき希望退職者募集の方法による人員削減を図らなかったとしても、それをもって不当・不合理であるということはできず、右希望退職者の募集に先立ち臨時員の雇止めが行われてもやむを得ない」という判断も示されている。

(b) 小　括

この両判決によって、雇止めの判例法理が確立する。まず、東芝柳町工場事件最高裁判決において、当事者からの格別の意思表示がなければ当然更新される旨の合意があり、実質的に無期契約となっている有期労働契約においては、解雇の法理を類推するとの最高裁の立場が明らかになった。この事件では更新

手続がルーズであり、そのことも実質的に無期契約となっていると認定されるひとつの要因になっているものと思われる。ところで、この事件で裁判所は「解雇の法理」を類推すると述べている。想定している解雇の法理がどのようなものを含むのかは定かでないが、雇止めの紛争において重要なのは解雇権濫用法理であり、実際、その後の裁判例には、雇止めの紛争に関して、端的に「解雇権濫用法理の類推適用[19]」との表現が用いられている例が見られる。この事件で裁判所が「解雇の法理」と表現した理由は、当該事件が雇止めされた労働者に対する就業規則の解雇条項の適用が問題となったものであったこと、そもそも雇止めの紛争形態が当初の解雇手当等の紛争から地位確認等に移行してきたこと、解雇権濫用法理が最高裁で定式化されたのが東芝柳町工場事件最高裁判決と同時期であったこと[20]等が理由であろうと考えられる。この東芝柳町工場事件最高裁判決を先例とする雇止め事案は、後に「実質無期契約タイプ」と分類される[21]。

雇止めにおける判例法理のもうひとつのリーディングケースとなった日立メディコ事件最高裁判決は、実質的に無期契約と同視しうる状態になくとも（実質無期タイプでなくとも）、雇用関係の継続の期待を根拠として、解雇の法理を類推することを認めたもので、雇止めが違法とされる余地を拡大するものであった。また、雇止めが違法とされた後の契約関係につき、従前の契約が更新されたのと同様の法律関係になる（一種の法定更新）[22]と判示した点は本判決の特徴であるが、更新後の法律関係の実質はどうなるか、具体的には当該保護されるべき雇用継続に対する合理的期待は、雇止めが違法とされた後にどこまで維持されるのかという点で後に議論を呼ぶことになった（後述3）。

さらに、採用手続の差異等から、雇止めの効力を判断する基準は無期労働契約の労働者の解雇の合理性判断に比して緩やかになると示した点も重要である。

---

19) 現在の裁判例は、解雇権濫用法理の類推適用（ノースアジア大学（本訴）事件—秋田地判平成24・10・12労判1066号48頁）、労基法18条の2（現在の労契法16条）の類推（別府大学事件—福岡地小倉支判平成20・3・6労経速2003号25頁）等と表現しているものが多数見受けられる。

20) 日本食塩製造事件—最2小判昭和50・4・25民集29巻4号456頁。

21) 労働省・前掲注（1）「有期労働契約の反復更新に関する調査研究会報告」。

22) 菅野和夫『労働法〔第10版〕』（弘文堂・2012）230頁。

当該事件において、裁判所は雇止めに解雇の法理の類推として整理解雇の法理を用いたが、いわゆる正社員を念頭において形成された整理解雇法理を雇止めの有効性判断に用いることは妥当でないと学説から批判を浴びる[23]。しかし、少なくとも雇止めの規制においては、解雇の法理（解雇権濫用法理）を類推適用するかどうかという審査（第一段階）と、類推適用された結果求められる、雇止めに対して客観的に合理的で社会通念上相当な理由があるかどうかという審査（第二段階）の二段階審査であることは意識されるようになる[24]。この日立メディコ事件最高裁判決の系譜に属する雇止め事案は、後に「期待保護（反復更新）タイプ」と分類される。

(3) 展　開

判例法理の確立後も、雇止めをめぐる問題は多種多様な論点を含み、複雑化してきた。以下では日立メディコ事件最高裁判決後における判例法理の展開と、主だった論点について概観する。

(a) 更新回数の実績

前述したように、両最高裁判決は、雇止めを違法と評価するには当該契約が過去に複数回の契約更新の経験があることを前提としてきた。しかし、1991年、反復更新のない雇止めを違法とする裁判例が登場する。龍神タクシー事件において、裁判所は「その雇用期間についての実質は期間の定めのない雇用契約に類似するものであって、申請人において、右契約期間満了後も被申請人が申請人の雇用を継続するものと期待することに合理性を肯認することができるものというべきであり、このような本件雇用契約の実質に鑑みれば、前示の臨時雇運転手制度の趣旨、目的に照らして、従前の取扱いを変更して契約の更新を拒

---

23) 安枝英訷「短期労働契約の更新と雇止め法理」季労157号（1990）93頁、山口卓男「有期雇用契約の更新拒絶と整理解雇法理の適用関係」季労192号（2000）153頁等。
24) 雇止めは二段階審査であるから、雇止めに解雇権濫用法理を類推適用しながら、具体的事情の下で雇止めが適法とされる事案は多数存在する。三陽商会（販売社員契約更新拒絶）事件—大阪地決平成14・12・13労判844号18頁、日本航空（雇止め）事件—東京地判平成23・10・31労判1041号20頁等。
25) 大阪高判平成3・1・16労判581号36頁。

絶することが相当と認められるような特段の事情が存しないかぎり、被申請人において、期間満了を理由として本件雇用契約の更新を拒絶することは、信義則に照らし許されない」と判示し、臨時員であるタクシー運転手の初回更新拒絶を違法と評価した。本件においては、会社は人件費の抑制等の目的で臨時員制度を導入して以降、直接無期労働契約を締結している本雇に欠員が生じれば、原告ら臨時員から希望者を登用していたという事情が認定されている。すなわち、本件有期労働契約が、後に無期労働契約に転換させる可能性を含む（いわば試用的な側面を持つ）ものであり、実際にそのように運用されていたことが、雇用継続の期待を認める決め手になった。

　この判決をきっかけに判例法理は、必ずしも反復更新という事実を前提としなくとも、別の事情から雇用継続の期待が法的保護に値するほどに高まっていれば、かような期待を保護するために適用可能との理解もあらわれるようになる。

(b)　試用目的の有期労働契約

　判例法理と試用期間との関係について述べたのが、神戸弘陵学園事件最高裁判決である[26]。この事件では1年間の期間を定めて雇用された私立高校の講師に対する雇止めが争われたが、最高裁は当該契約の法的性質について、「使用者が労働者を新規に採用するに当たり、その雇用契約に期間を設けた場合において、その設けた趣旨・目的が労働者の適性を評価・判断するためのものであるときは、右期間の満了により右雇用契約が当然に終了する旨の明確な合意が当事者間に成立しているなどの特段の事情が認められる場合を除き、右期間は契約の存続期間ではなく、試用期間であると解するのが相当である」と述べた。

　この神戸弘陵学園事件最高裁判決によれば、使用者が労働者の適性を評価・判断するための期間を設定すると、「特段の事情」がある場合を除いて、当該期間は試用期間と解される。試用期間は、通常は解約権留保付労働契約と解されるため[27]、試用期間の満了によって当事者が当然に契約の拘束力から離脱する

---

26)　最3小判平成2・6・5民集44巻4号668頁。
27)　三菱樹脂事件—最大判昭和48・12・12民集27巻11号1536頁。

ことにはならない。試用期間満了後の本採用拒否は解雇であり、解雇権濫用法理が直接適用されることになる。同事件において、最高裁が明文上は制限がない有期労働契約の締結目的を制限する規範を確立したものと理解する、あるいは、解釈準則として試用目的で期間設定がなされた場合、通常は試用期間と評価するとの立場を明らかにしたものと理解すると、試用目的による有期労働契約の締結が許容される余地は相当程度限定される[28]。こうした立場からは、最高裁判決は契約形式が有期労働契約であっても、試用的色彩がある場合には、期間満了による更新拒否（雇止め）を実質的に制約する機能を果たすものと評価される[29]。これに対し、「特段の事情」として挙げられている「期間の満了により右雇用契約が当然に終了する旨の明確な合意」の成立余地を広く解すれば、本判決は契約解釈における事実認定・評価のレベルで期間の意味が不明瞭である場合に、原則として試用期間と解するにとどまると理解することになる[30]。したがって、試用目的であれ当事者が明確に期間の定めについて合意していれば、有期労働契約は締結でき、原則的には、期間満了による雇用関係からの離脱の効果が（雇止め法理によって違法と評価される可能性はあるにせよ）発生することになる。

(c) 人員整理としての雇止め

人員整理的な雇止めの場合、二段階目の審査基準となる雇止めの合理性・相当性審査は、正社員を解雇する場合の合理性・相当性審査に比して緩和傾向にある。すなわち、日立メディコ事件最高裁判決以降の多くの判例が、雇用継続に対する合理的な期待等を認めて解雇権濫用法理を類推適用する際、人員整理的な雇止めに対しては整理解雇法理を用いて、4要件（4要素）の充足性を濫

---

28) 菅野・前掲注(22)200頁、毛塚勝利「期限付雇用が試用目的である場合の期間の性格」ジュリ966号（1990）73頁。
29) 小宮・前掲注（1）132頁、鎌田耕一「契約期間と有期契約」『労働判例百選〔第6版〕』（有斐閣・1990）156頁、上村雄一「有期労働契約と試用期間の性格」季労158号（1991）130頁。
30) 山川隆一『雇用関係法〔第4版〕』（新世社・2008）70頁、荒木尚志『労働法〔第2版〕』（有斐閣・2013）450頁。同事件についての学説の評価については、緒方桂子「試用を目的とする有期労働契約の期間の性格」唐津博＝和田肇編『労働法重要判例を読む』（日本評論社・2008）53頁以下、山川和義「正社員としての業務適性を判断するための有期労働契約の雇止めの有効性」季労237号（2012）186頁。

用性判断の指針としているが、そこでは、無期労働契約（正社員）を対象として構築されてきた整理解雇法理の判断基準をそのまま用いるのではなく、ある程度緩和して判断すべきと強調される。その理由として挙げられているものは、正社員との採用手続の差異[31]、雇用継続の期待の差異[32]、職務内容の差異から導かれる契約関係存続の要否・程度[33]、採用・処遇の方策の違いや[34]、有期労働契約という法形式をとっていること[35]等である。なかには、雇止めの判断において使用者には一定の裁量があり、「それまで雇用していた原告らを雇止めする必要がないのに原告らに対して恣意的に雇用契約を終了させようとしたなどその裁量の範囲を逸脱したと認められるような事情のない限り……解雇権の濫用に当たると認めることはできない」と判示するものもある[36]。具体的判断として、正社員の希望退職者募集に先立って雇止めを行うこと[37]、整理解雇の対象者を有期労働契約を締結している者の中から選択すること[38]、雇止め回避努力として希望退職者募集等の具体的な措置をとらないこと[39]、などの使用者の行為は問題ないとされている。

他方で、有期労働契約を締結している労働者の就労実態が正社員に近接していると認定されると、具体的な濫用性判断も厳格化していく傾向が見受けられる。たとえば、住込管理員につき、経済変動による雇用量調整の役割を果たすことが予定されていないとして、雇止めに整理解雇と同様の考慮が必要であるとしたもの[40]、アルバイト社員であっても実質的に無期労働契約と異ならない状態にあり、閉鎖する部門以外からも希望退職者を募集すべきとしたものなどが[41]

---

31) 前掲注(18)・日立メディコ事件。
32) 芙蓉ビジネスサービス事件―長野地松本支決平成8・3・29労判719号77頁。
33) 学校法人加茂暁星学園事件―新潟地判平成22・12・22労判1020号14頁。
34) 旭硝子船橋工場事件―東京高判昭和58・9・20労判416号35頁。
35) 明石書店（製作部契約社員・仮処分）事件―東京地決平成22・7・30労判1014号83頁。
36) 前掲注(33)・学校法人加茂暁星学園事件。
37) 前掲注(18)・日立メディコ事件。
38) ダイフク事件―名古屋地判平成7・3・24労判678号47頁。
39) 前掲注(33)・学校法人加茂暁星学園事件。ただし、この判決は雇止め回避努力を全く不要と解するものではなく、人件費の削減等雇止め以外の財政状況改善手段の検討を求めており、それが欠ける本件においては雇止めは違法と結論付けている。なお、高裁では雇止めに対する類推適用が否定されている（東京高判平成24・2・22労判1049号27頁）。
40) 大阪府住宅供給公社事件―大阪地判平成18・7・13労判933号57頁。

ある。

(d) 能力不足による雇止め

　労働者の能力不足を理由とする雇止めの場合はどうだろうか。ここでも、やはり採用基準や処遇、会社に対する寄与度の違いから、「正社員を解雇する通常の場合のような厳格な正当事由の存在まで必要なく、一定の合理的理由が存在すれば足りる」と述べるものや、「当該販売社員をそれに見合う労働能力又は勤務成績が伴わないとの理由で雇用契約の更新を拒絶する場合においては、職種や業務内容を特定せずにいわゆる終身雇用の期待の下に期間の定めのない雇用契約を締結している正社員を労働能力又は適格性を欠くとの理由で解雇する場合と比較して、その合理性は緩やかに判断されるべき」として、それぞれ結論として雇止めを肯定している例がある。

　具体的な判断の態様を見ても、自らの営業活動方針に固執して業務指示に違反した、就労場所で人間関係の円滑を欠き業務遂行に支障が認められるなどの例で、配転・再教育等による対処の可能性や他の従業員との比較など、正社員の解雇であれば仔細に検討される事柄について審査することなく、雇止めを有効と判断している。警備員が飲酒した事案では、弁明の機会を付与しなくても、通常の解雇そのものではないから解雇権の濫用に相当するほどの重大な瑕疵ではないとされている。これらの判決では、濫用性判断は緩和されているといえる。

　他方、契約期間中の解雇の有効性を検討し、無効と判断した上で、これをそのまま雇止めの判断に用いている例もある。この事案では濫用性判断の緩和が

---

41) 高嶺清掃事件―東京地判平成21・9・30労判994号85頁。
42) 「昇給や昇格、退職金制度といった雇用継続により得られる利益」に差異があると説明されている。
43) 大阪郵便輸送事件―大阪地決平成4・3・31労判611号32頁。
44) 三陽商会（販売社員契約更新拒絶）事件―大阪地決平成14・12・13労判844号18頁。
45) トーフレ事件―東京地判平成8・1・26労経速1590号19頁。
46) 大阪ビル管理事件―大阪地決平成12・5・18労経速1755号27頁。
47) 太平ビルサービス大阪事件―大阪地判平成11・2・12労経速1701号20頁。
48) 小宮・前掲注（1）152頁。
49) 三和交通事件―大阪地判平成14・10・4労判843号73頁。

見出せない。

(4) 判例の整理

　日立メディコ事件最高裁判決によって判例法理が確立した後も雇止めの紛争は頻発し、数多くの裁判例が積み上げられていくが、雇止めに対する解雇権濫用法理の類推適用の有無を判断する基準（第一段階）が、種々の要素の総合考慮となっていること、類推適用された解雇権濫用法理自体も合理性・相当性を総合考慮して判断する（第二段階）ものであることから、判例法理は当事者にとって予見可能性が低いという問題を内包していた。また、従来は「反復更新」の事実が雇止めを違法と評価する際の前提と理解されてきたが、初回更新時の雇止めを違法とした龍神タクシー事件の登場によりそのような理解もできなくなり、龍神タクシー事件判決により、「法理論が変わった、あるいは別の法理論を採用するに至った」と評価されるに至る。そこで、雇止めに関する裁判例を分析し、判例法理の実態を把握する作業が望まれてきた。

　こうした状況を受けて、2000年の「有期労働契約の反復更新に関する調査研究会報告」は、雇止めが紛争になる事案を、①純粋有期契約タイプ、②実質無期契約タイプ、③期待保護（反復更新）タイプ、④期待保護（継続特約）タイプに整理した。当該契約が②〜④の場合に、雇止めに解雇権濫用法理が類推され、雇止めの可否についての判断が行われる。

　②の実質無期契約タイプの代表例は既述の東芝柳町工場事件である。業務の恒常性を前提としつつ、更新手続が形骸化しているケースが典型であるが、長期・多数回にわたって反復更新を繰り返している、正社員と業務内容、就業規

---

50) 小宮・前掲注(1)150頁。
51) 菅野和夫＝諏訪康雄『判例で学ぶ雇用関係の法理』（総合労働研究所・1994）228頁［菅野発言］。
52) もちろん、しばしば労働者側から主張されるように、争われている契約に期間の定めがないと認定されることもあり得るし、かような場合には使用者の行った雇止めは法的には解雇そのものであるから、解雇の法理が直接適用されることになる。
53) 中部交通事件—名古屋地決平成8・2・1労経速1618号16頁。
54) 近畿生コン事件—京都地判昭和63・4・6労判518号48頁。
55) 本田金属技術事件—福島地会津若松支決平成10・7・2労判748号110頁。

則の適用などが異ならない、長期勤務を期待させるないし前提とする制度がある[56]、当該事業場において雇止めされた者がいない[57]、従前無期労働契約であった労働者が有期労働契約に転換した[58]、等の事情も、このタイプでの解雇法理の類推を肯定する要素となっている[59]。

②のような実質無期契約といえる状態にまで至らないが、労働者に雇用継続の期待が認められるとされるのが③の期待保護（反復更新）タイプであり、代表例は既述の日立メディコ事件である。とはいえ、考慮される要素は②の場合と変わらないようで、更新手続[60]、更新回数や期間[61]、正社員との同一性[62]、他の労働者の雇止め状況[63]、雇用継続を期待させる使用者の言動[64]等が考慮されている。

③の期待保護（継続特約）タイプに分類されるのは、更新の経験がないかごく少ない事案でも、当初から更新が予定されていたと見られる事情がある等、雇用継続への労働者の合理的な期待が認められる場合である。当該有期労働契約に試用的側面がある[65]、期間の定めは形式にすぎない旨の使用者の発言がある[66]、更新が業務量と勤務態度によって判断されるという合意が認められる[67]等の事情が、雇止めを制約する根拠として挙げられている[68]。

---

56) 岩倉自動車教習所事件—京都地判平成 9・7・16労判731号60頁。
57) 北海丸善運輸事件—大阪地決平成 2・8・23労判570号56頁。
58) 三菱電機（池田）事件—大阪地決平成 2・2・20労判558号45頁、ヘルスケアセンター事件—横浜地判平成11・9・30労判779号61頁。
59) 情報技術開発事件—大阪地決平成 8・1・29労判689号21頁。
60) 新潟労災病院事件—新潟地高田支決平成 6・8・9労判659号51頁。
61) 前掲注(32)・芙蓉ビジネスサービス事件。
62) 平安閣事件—東京高判昭和62・3・25労判506号15頁。
63) 前掲注(32)・芙蓉ビジネスサービス事件。
64) ユタカサービス事件—東京地判平成16・8・6労判881号62頁。
65) 前掲(25)・龍神タクシー事件。
66) 福岡大和倉庫事件—福岡地判平成 2・12・12労判578号59頁。
67) 学校法人立教女学院事件—東京地判平成20・12・25労判981号63頁。
68) 西谷敏＝野田進＝和田肇編『新基本コンメンタール 労働基準法・労働契約法』（日本評論社・2012）424頁［山川隆一執筆］。その他、無期から有期への転換後の雇止めの事案として、医療法人清恵会事件—大阪地判平成24・11・16労判1068号72頁。

(5) 雇止めの濫用性に関する判断基準
(a) 判例法理の構造

裁判例から、雇止めに対して解雇権濫用法理を類推適用するかどうかに関する判断要素(第一段階の審査での考慮要素)を抽出すると、(i)当該業務の恒常性、(ii)職務内容・勤務実態の正社員との同一性・近似性、(iii)雇用管理区分の状況、(iv)当該労働者の契約更新の状況(有無・回数・勤続年数等)、(v)他の労働者の更新状況、(vi)更新手続の態様・厳格さ、(vii)雇用継続を期待させる使用者の言動、ないし契約更新条件の合意等の事実関係であり、これらの要素から当該契約が実質無期状態になっていると判断されると、当該雇止めに対して解雇権濫用法理が類推され、雇止めに対する合理的・社会通念上相当な理由の有無の審査に移行する。実質無期であるとまでは認められないものの、雇用継続の期待には合理性がある等として解雇権濫用法理の類推を肯定している裁判例は数多く、期待保護(反復更新)タイプは、実質無期タイプに比して認定が緩やかであることは確認できよう。期待保護(継続特約)タイプは、反復更新等の有期労働契約の運用面よりもむしろ特約と評価できそうな更新条件についての当事者の認識や雇用継続を前提とする制度(およびその制度趣旨に沿った運用)から、労働者の雇用継続に対する合理的期待を認定し、雇止めに対する制約を導くが、総合考慮として前述したその他の要素についても言及されている。更新の有無につき会社が一定の基準を示している場合(職務能力等)、この基準の適合性の審査が課されることもある。[69]

雇止めに解雇権濫用法理が類推適用された結果求められる合理性・相当性審査(第二段階)の判断基準は、有期労働契約を期間中に解約しようとする場合に求められる「やむを得ない理由」(労契法17条)よりも緩やかな基準であることは疑いない。[70]それでは、無期労働契約の解雇基準との比較ではどうか。この点、一般的には、有期労働契約に対しては雇止めの合理性・相当性は、無期労働契約の解雇における合理性・相当性より緩やかに認められてよいという点では見解の一致が見られる。たとえば丸子警報器(雇止め・本訴)事件において、[71]

---

69) 泉証券(営業嘱託)事件―大阪地判平成12・6・9労判791号15頁、大京ライフ事件―横浜地決平成11・5・31労判769号44頁。

70) 西谷ほか・前掲注(68)415頁[中窪裕也執筆]。

裁判所は「雇用調整を容易にするために雇止めを機能させる」という会社側の期待も尊重に値するとし、「この点が期間の定めのない雇用契約の場合と本質的に相違するところ」と述べている。ただ、前述したように、具体的にどの程度緩和されているかという点については、事案により様々であるし、正社員との近似性等に言及された上、ほとんど変わらない基準で審査しているように見える裁判例も見受けられる。

(b) 雇止めの類型と雇用保障の程度

判例法理確立後の裁判例は、雇止めに解雇権濫用法理を類推適用する場合であっても、当該有期労働契約を実質無期タイプであるとは容易に認定せず、期待保護（反復更新）タイプであると認める傾向にある。東芝柳町工場事件は更新手続がルーズな事案であり、こうした事案が減少したということが、その理由のひとつであろう[72]。ところで、実質無期状態が認定されるような有期労働契約では、労働者の雇用継続に対する合理的な期待も認められることになろうから、この両タイプを区別する実益は第一段階の審査においては存在しないように思われる。それでは、第二段階の審査において、両タイプによる差異は存在するのであろうか。実際、裁判例には、実質無期タイプであると、期待保護（反復更新）タイプよりも雇止めの合理性・相当性審査においてより強度の雇用保障が与えられると考えているようにみえるものも散見される[73]。

この点、東芝柳町工場事件最高裁判決の論理構造を確認すると、当然更新の意思があり、さらに期間の満了毎に当然更新を重ねているという事実が認められるとき、当該契約は実質無期状態になると論じている[74]。したがって、実質無期タイプの認定にとって重要なことは、当然更新の意思と実際に更新がなされているという事実である。そのため、更新手続がルーズであったということは、当然更新の意思の認定の手がかりとして重要になるのである。また、実質無期タイプは期間の定めが完全に形骸化していることまでを求めるものではない。

---

71) 東京高判平成11・3・31労判758号7頁。
72) 土田道夫『労働契約法』（有斐閣・2008）670頁。
73) 三和交通事件—大阪地判平成14・10・4労判843号73頁。
74) 櫻庭涼子「雇止め法理の根拠と効果」季労230号（2010）213頁。

期間の定めが完全に形骸化しているのであれば、当該契約の期間の定めの法的意味を否定し、端的に当該契約を無期契約であると評価すれば足りる。しかし、東芝柳町工場事件最高裁判決は、そのような構成を採用しなかったと考えられる。もっとも、東芝柳町工場事件最高裁判決が、雇止めを違法と評価した後の法律関係を、更新されたのと同様のものと考えていたかどうかは議論の余地がある。仮に、雇止めが違法とされた後の法律関係が無期契約になると考えていたのであれば、期間の定めの法的意味を否定したことと同義である。しかし、後の判例が一般に処理しているように、更新されたのと同様の状態になるのだとすれば（また、立法化後は更新されたのと同様の状態になることが明確化されている）、実質無期タイプにおいても、裁判所はそれを無期契約と完全に同視しているのではなく、あくまで有期でありつつ、その期間満了について制約を加えているということになる。つまり、当該期間の満了で契約関係からの離脱を定める当事者の意思を完全に否定しているのではない。

これに対して、日立メディコ事件最高裁判決においては、反復更新の事実から更新の期待を導いており、当然更新の意思を問題にしていない。後に学説がこの点をもって日立メディコ事件最高裁判決は契約法理から正当化できないと批判することになるが（後述4(2)）、この両判決は雇止め制限法理の正当化根拠が異なるのであって、それが両タイプの差異である。そうすると、実質無期タイプにおいても、第二段階の審査において、無期労働契約の労働者に対する解雇との差異は見出せるのであり、他方で当該有期労働契約を締結している者の正社員との異同や採用手続の差異等により雇止めの合理性・相当性審査に影響があるとしても、それは実質無期タイプと期待保護（反復更新）タイプとの区別には直接関係がないから、両タイプにより第二段階の審査基準を異にする論拠は見出しがたい。

(c) **雇止めの合理性・相当性審査**

それでは、裁判所の第二段階の審査基準をどのように考えるべきか。この点、無期労働契約に比して有期労働契約の雇止めにおける濫用性判断の緩和は、当

---

75) 萬井隆令「判批」民商72巻6号（1975）1078頁。
76) 川口美貴＝古川景一「労働契約終了法理の再構成」季労204号（2004）50頁。

事者がなした期間設定と、勤務地・職務内容等の限定との双方を根拠に生じうるという点に留意すべきだと考える。

たとえば、江崎グリコ（雇止め・仮処分）事件[77]は、転勤を予定していない営業職の人員整理型雇止めにつき、県境をまたぐ広域規模のワークシェアリングまでは不要であるとしており、これは無期労働契約の、いわゆる正社員の解雇権の濫用性判断に比して緩やかな判断であるといえる。しかし、正社員に対して広範な配転の可能性を検討しなければならないのは、正社員が一般に勤務地限定をしていない契約であることを理由にするものであって、勤務地限定がなされていれば、やはり解雇回避努力義務の履行水準は低下するはずである[78]。つまり、有期労働契約の雇止めにおいて、雇止め回避努力が緩やかに解されているとしても、その理由として当該契約が有期労働契約であり、期間設定した当事者意思が残存しているという事実のほかに、当該契約において職務内容、勤務地等が限定されているという事情が考えられ、それらは重畳的に作用しうる。そうだとすると、有期労働契約を締結していても、使用者が広範な人事権を保持し、正社員と同様の雇用管理を行っている場合には、期間設定から生じる濫用性判断の緩和は生じても、正社員との職務の違いから導かれる濫用性判断の緩和は生じないことになるだろう。前述したように、裁判所も職種・勤務地限定の合意のない正社員に比して、有期労働契約の雇止めにおける濫用性の判断基準は緩和すべきと表現しているのであり、裁判例が、正社員との異同を問題視し、これとあまり差異がみられない有期労働契約を締結している労働者の雇止めについて濫用性判断の基準をさほど緩和していないように見えるのは、そのような理由に基づくものであると理解できよう。

3 雇用継続に対する合理的な期待

以上みてきたように、期待保護（反復更新）タイプは、実質無期状態に至ら

---

77) 秋田地決平成21・7・16労判988号20頁。
78) 角川文化振興財団事件―東京地決平成11・11・29労判780号67頁、学校法人村上学園事件―大阪地判平成24・11・9労働判例ジャーナル12号8頁。なお、拙稿「『多様な正社員』に対する雇用保障」日本労働研究雑誌636号（2013）31頁。

なくても、労働者の雇用継続に対する合理的な期待を保護するもので、実質無期タイプよりも守備範囲が広い。特に雇止め法理の存在を認識して契約当事者が更新手続を厳格化させると、実質無期タイプの適用例に比して期待保護タイプの適用例が増加する。そこで、以下ではとりわけ合理的期待に着目し、これをめぐる論点ごとに裁判例の動きを軸にその詳細を検討する。

(1) 合理的期待の存続期間と減殺

東芝柳町工場事件最高裁判決においては、雇止めが違法とされた後の当事者の法的関係については言及がなかったが、日立メディコ事件最高裁判決により、更新されたのと同様の状態になることが確認された（一種の法定更新）。それでは、法定更新後の労働契約に付された期間の法的意義についてはどのように考えるべきか。すなわち、雇止めが違法とされた後の法律関係が更新されたのと同様の状態になるということは、更新後の有期契約期間中の解雇は労契法17条により、やむを得ない理由がない限り解約できなくなることになろうが、さらに次の期間満了時には、再度、雇用継続に対する合理的な期待が発生しているものとして、雇止めの合理性・相当性が問題になるのであろうか。言い換えれば、雇用継続に対する合理的期待は、一旦発生し、法的保護の対象となった後に、時間の経過やその後の事情で減殺されることがあるだろうか。

この点、龍神タクシー事件判決では、雇止めが信義則上許されず、従前の契約が更新されることになるから、期間満了後、1年の間、臨時運転手の地位にあるべきものということができるとしながら、「ただし、もとより、右の更新により、被申請人と申請人との雇用契約が期間の定めのないものに転化するものではなく、また、平成3年1月20日の期間満了時に当然に再更新がされることになるものでもない」と述べて、雇止めが違法とされた後の当事者の関係があくまで有期労働契約であること、したがって、雇止めが違法とされ、実質的に契約が更新された後に、再度同一期間にて満了期が訪れることを確認している。それでは、法定更新後の期間満了時に再度雇止めを行うと、再度解雇権濫用法理は類推されるのだろうか。

任期付き教員に対する雇止めの事案であるノースアジア大学（本訴）事件[79]では、訴訟継続中に更新後の契約の期間が満了したことに関して、従前の契約が

更新されたのと同様の法律関係になるのであるから、その後の期間満了時にもなお解雇権濫用法理の類推適用があると解するのが相当であると簡潔に述べた上で、現実に勤務せず、実績評価の対象となる行為をしていないことについて労働者に帰責性がないから、現実に就労していた時点での状況に基づいて判断するほかなく、本件においては（法定）更新後の期間満了時に再度当該契約が更新されたのと同様の法律関係になると結論付けている。労働者が就労を拒否されている訴訟期間中に関しては、労働者の持つ雇用継続に対する合理的な期待が持続することを前提とした判断である。同様に、雇用継続の合理的な期待の減殺に消極的な立場をとるものとして、協栄テックス事件がある[80]。同事件では、特段の事情がなければ更新されるのが通例であったとして、更新の蓋然性が認められる限りにおいて、「翌々期以降も更新が継続していく」ものと解すべきとされた。同じく、鈴蘭交通事件も[81]、雇止めは違法であり、当事者間の法律関係は従前の労働契約が更新されたのと同様のものになるとした上で「このことは、本件雇止め後、再度契約期間が満了した後においても同様と解される」と述べて、雇止め時点から翌々期以降の地位確認を認めている。そのほか、定年後の再雇用に関し、再雇用上限年齢を64歳とし、「一定の基準を満たす者については再雇用する」旨定めがある事案について、同年齢まで雇用が継続されるとの合理的期待を認めたエフプロダクト（本訴）事件や[82]、同じく労働条件変更に同意しなかった嘱託社員の雇止め事案であるドコモ・サービス（雇止

---

[79] 前掲注(19)参照。なお、大学の非常勤講師等の雇止めについて、裁判所は雇用継続の期待を容易には認めない傾向にある。たとえば1年契約を20回更新した亜細亜大学事件（東京地判昭和63・11・25労判532号63頁）、1年契約を13回更新した旭川大学（外国人教員）事件（札幌高判平成13・1・13労判801号13頁）で、その雇用継続の合理的期待は否定されている。ノースアジア大学（本訴）事件では合理的期待は認められているが、この事件は無期雇用から有期雇用へ転換された労働者の再任用を前提とする雇用契約の雇止めであり（③期待保護〔継続特約〕タイプ）、やや特殊な事情が見受けられる。他方、高校等の専任・常勤講師（開智学園事件―浦和地判平成12・3・17労経速1756号14頁、東奥学園事件―仙台高判平成22・3・19労判1009号61頁）、語学教室の講師等（リンゲージ事件―東京地判平成23・11・8労判1044号71頁）では合理的期待を認めているものがある。

[80] 盛岡地判平成10・4・24労判741号36頁。

[81] 札幌地判平成23・7・6労判1038号84頁。

[82] 京都地判平成22・11・26労判1022号35頁。

め）事件では、当該雇止めが違法とされて当該契約が更新されたものと同様の法律関係になった後、更新後の期間満了日を迎えても雇用関係がそのまま継続するとされた。

これに対して、報徳学園（雇止め）事件では、後に専任教諭として雇用される可能性のある有期の常勤講師の雇止めにつき、当初あった労働者の持つ雇用継続に対する合理的期待が、専任教諭への不採用や常勤講師としての契約更新の上限の通告等の事情により減弱ないし消滅していたものと認めるのが相当であるとして、雇止めに対する解雇権濫用法理の類推適用を否定した。またタイカン事件では、期間満了後に就労を継続していたところ、事務所の閉鎖に伴い解雇された労働者の雇止めにつき、民法629条により有期労働契約が更新されたとしつつ、被告会社が本訴に応訴して原告の従業員たる地位を争っている以上、更新後の期間満了日以降、労働契約が黙示的に更新されたということはできず、同日の経過により、原告は、被告会社の労働契約上の権利を有する地位を失ったと述べている。

有期労働契約が、無期に転換されるのではなく、有期労働契約として更新されたのと同様の状態になるという日立メディコ事件最高裁判決と整合的であるのは、合理的期待が減殺すると考える立場であろう。実質的に考えても、雇止めが違法とされた後の当事者の関係にも期間の定めがある以上、期間内の解約は制限される（労契法17条）はずで、雇止めが違法とされ、更新されたのと同様の状態になった契約の期間満了時、またその次の期間の満了時にと、解雇権濫用法理が類推適用され続けるということになれば、無期労働契約よりも雇用保障が手厚いといった事態になりかねない。どの程度の期間で合理的期待が失われるかについては、事案ごとに異なることになろうが、当事者の定めた契約期間に即した解釈が必要である。長期の契約を締結していればそれに応じて長期雇用継続の期待は維持されることになろうが、短期の契約であれば、それに応じて合理的期待も減少していくと解すべきである。

---

83) ドコモ・サービス（雇止め）事件―東京地判平成22・3・30労判1010号51頁。
84) 大阪高判平成22・2・12労判1062号71頁。
85) 東京地判平成15・12・19労判873号73頁。

(2) 不更新条項

　合理的期待の減殺という観点から検討すべき課題が、有期労働契約の更新を行わない旨の当事者の取り決めである、いわゆる不更新条項の問題である[86]。典型的には、反復更新される有期労働契約の最終更新時に、次回の更新は行わない旨定めた条項を契約書に挿入するといったものが想定されるが、これは雇止め規制との関係でどのように捉えるべきだろうか。

　裁判例には、これを合意解約に類似したものと捉えるものがある。近畿コカ・コーラボトリング事件[87]では、裁判所は当該契約に解雇権濫用法理の類推適用を認めながら、原告労働者と被告会社との間では、最終更新時に設定された不更新条項により、その最終更新後の期間満了日に雇用契約を終了させる旨の合意が成立しており、当該合意によって雇用契約が終了したものと判示した[88]。

　これに対して本田技研工業事件[89]は、労働者の抱いた雇用継続に対する期待は合理的であるとしつつ、不更新条項により、労働者は「本件雇用契約の期間満了後における雇用契約の更なる継続に対する期待利益を確定的に放棄した」とし、これを支持した高裁も、不更新条項が付された有期労働契約の締結に際して、労働者はこれに同意して契約更新するか、その場で雇止めされるかという二者択一的な立場に置かれることから、「半ば強制的に自由な意思に基づかずに有期労働契約を締結する場合も考えられ、このような具体的な事情が認められれば、不更新条項の効力が意思表示の瑕疵等により否定されることもありうる」が、本件ではそのような事情はなく、解雇に関する法理の類推適用を否定すべきと判示している。

---

　86)　不更新条項一般については、拙稿「不更新条項とその解釈」季労242号（2013）32頁。
　87)　大阪地判平成17・1・13労判893号150頁。
　88)　なお、近畿コカ・コーラボトリング事件において裁判所は、かような合意にかんがみれば、不更新条項付の契約書の作成後については、雇用継続が期待されていたということはできないから、この点からも、本件各雇用契約は期間満了により終了したというべきとも述べている。したがって、本事件においては不更新条項による合意が、解約の効果とともに合理的期待を失わせる効果を持つから、合意解約ないし期間満了として、労働者の地位確認請求を阻害する要因になると理解しているようである。
　89)　本田技研工業事件—東京地判平成24・2・17労経速2140号3頁、東京高判平成24・9・20労経速2162号3頁。

不更新条項を合意解約にひきつけて理解すると、当該合意の効果として契約関係からの離脱が導かれるので、そもそも雇止めの問題ではなく、雇止めの第一段階である解雇権濫用法理の類推適用についての審査の必要性が生じないと考えられる。これに対して本田技研工業事件のように、合理的な期待の放棄という構成をとる場合、第一段階の審査の中で、不更新条項の設定以前に労働者に発生した雇用継続の合理的な期待を喪失させるものと理解することになろう。また、裁判所が指摘しているように、不更新条項付の有期労働契約の締結を迫られた労働者の自由意思については疑問の余地も残るので、これをどのように認定すべきかという問題も生じる。

不更新条項を第二段階の審査で考慮しようとする立場もある。明石書店（製作部契約社員・仮処分）事件[90]は、「不更新条項のある労働契約を締結するという一事により、直ちに上記の判例法理の適用が排除されるというのでは、上述の期間の定めの有無による大きな不均衡を解消しようとした判例法理の趣旨が没却されることになる」と指摘し、労働者は不本意ながら不更新条項を付した労働契約の締結をせざるを得なかったのであるから、本件不更新条項を付したことは、第二段階の審査において、「評価障害事実として総合考慮の一内容として考慮の対象になるものと解するのが相当である」と述べている。この判断によると、不更新条項はあくまで総合考慮される第二段階の審査における一要素にすぎないことになるから、不更新条項があってもなお雇止めが違法とされる余地があることになるし、労働者が不更新条項の設定に合意せざるを得ない状況にあるという認識からは、不更新条項は合意というよりも、むしろ使用者があらかじめ更新の意思がないことを明示ないし宣言していたという使用者の一方的な意思表示に近い評価が導かれる。とはいえ、かような意思表示を事前に示しておくこと自体は、突如行われる雇止めに比して労働者にとって望ましいもので、当該雇止めが違法でないという方向で考慮される一要素になるということだろう。

不更新の合意の成立を否定している裁判例もみられる。東芝ライテック事件[91]

---

90) 東京地決平成22・7・30労判1014号83頁。
91) 横浜地判平成25・4・25労判1075号14頁。

は、長年勤務してきた労働者にとって「労働契約を終了させることは、著しく不利益なことであるから、労働契約を終了させる合意があったと認めるためにはその旨の労働者の意思が明確でなければならないと解すべき」とし、契約書に署名・押印し、不更新条項に異議を述べなかったことだけでは、労働者が「労働契約を終了させる明確な意思を有していたとは認めることができ」ないとした。そして、不更新条項の評価として、「いわゆる雇止めの予告をしたものと解するのが相当」と述べた上、これを第二段階の審査に反映させている（ただし、結論としては雇止めを有効としている）。そのほか、更新手続がルーズであったことや[92]、使用者が十分な説明を行わなかったことにより[93]、不更新条項設定時点において労働者が当該条項の内容を理解し、これに合意していたとは認められないとされているものがある。

以上の裁判例をみると、不更新条項に否定的な評価を下した裁判例は、不更新条項の締結時点での状況等から、労働者が真に同意しているものと評価していないようである。これに対して不更新条項の内容を労働者が把握していることが明確な事案では、これに一定の評価をしている[94]。もっとも、不更新条項に一定の意義を認めている裁判例も、これを合意解約と捉える見解から、雇止め規制の第一段階で考慮する見解、やはり真の同意が疑わしいとの視点から、第二段階で位置づける見解まで様々である。

雇止めに対する学説の議論状況については後に概観することにして、不更新条項について学説をみると、不更新条項を合意解約と捉える見解[95]、第一段階で考慮すべきとする見解[96]、第二段階で考慮すべきとする見解、公序違反とする見[97]

---

92) 前掲注(38)・ダイフク事件参照。
93) 三共（寡婦嘱託雇止め）事件―静岡地浜松支判平成17・12・12労判908号13頁。また早期退職制度により早期退職し、非常勤嘱託契約を締結した労働者に対する雇止め事案で、使用者による説明不足により1年ごとの更新拒絶権を使用者に留保した部分につき、その適用を信義則に反するとした熊谷組（神戸支店ほか）事件―大阪高判平成18・2・17労判922号68頁もある。
94) 近畿コカ・コーラボトリング事件、本田技研工業事件ともに使用者が十分な説明をしている事案であり、明石書店（製作部契約社員・仮処分）事件では労使紛争が生じている状況下での更新であったため、労働者が不更新条項の内容を理解していることは明らかであった。
95) 安西愈「有期雇用契約をめぐる法的意義と留意点」労政時報2433号（1978）30頁。
96) 龔敏「有期労働契約の終了」法セミ671号（2010）8頁、西谷ほか・前掲注(68)428頁［山川隆一執筆］。

解[98]などに分かれている。このうち第一段階で考慮すべきとする見解は、不更新条項の締結が雇用継続の期待の有無を審査する上で決定的な要因となると考える立場[99]と、それが総合考慮の一要素であるという点を強調する立場[100]に分かれる。さらに、労働者が雇用継続の期待を放棄することに同意したといえるためには、それに見合った代替的利益の提示が必要であると唱える立場もある[101]。

　労働者が不本意な二者択一的立場に置かれる可能性があるという点では、学説の認識も概ね一致している。その上で、合意解約ないし第一段階での決定的要因と唱える説も、合意の認定を慎重にすべきことを要請する。他方、労働者の置かれている状況から真の合意の成立を疑問視すると、代償措置を求める、あるいは公序違反といった結論に近づくことになろう。とはいえ、仮に合意の成立が認められなかったとしても、使用者が更新の意思がないことを最終更新時に明示しているという事実そのものは、雇止めを適法化する方向に作用する要素にはなろうから、公序違反等により不更新条項が無効だとしても、それは第二段階で雇止めを適法化する方向に考慮する一要素にはなりうる。そうだとすると、不更新条項の効力を否定する立場と、雇止めを第二段階で考慮しようとする立場は、不更新条項が雇止め規制にどのような影響を与えるかという意味では、近似性を持っている。

　それでは、不更新条項の有効性はどのように考えるべきであろうか。一般的には、不更新条項は当該更新が最終更新である旨合意するものなので、その合意は当事者が定めた期間の合意と重なって存在している。この場合、第一義的に尊重すべきは期間設定の合意そのものである。というのも、不更新条項それ自体が、当該契約に期間設定がなされていることを前提にしているからである。

---

97) 戸谷義治「不更新条項に合意した有期労働者の雇止め」TKC ロー・ライブラリー新・判例解説 Watch 労働法 No.44（2012）、毛塚勝利「改正労働契約法・有期労働契約規制をめぐる解釈論的課題」労旬1783＝84号（2013）22頁。
98) 西谷敏『労働法』（日本評論社・2008）440頁、川田知子「有期契約の更新拒否」『労働判例百選〔第8版〕』（有斐閣・2009）162頁。
99) 橋本陽子「有期労働契約の雇止めに関する判例法理の意義と不更新条項の効力」学習院法務研究4号（2011）49頁。
100) 龔・前掲注(96) 8頁。
101) 小宮・前掲注(1)147頁。

したがって、不更新条項は、まさしく期間満了により「更新しない」旨の合意、あるいは期間満了の効果の再確認にすぎない。そうすると、不更新条項を、期間設定とは別に契約関係からの離脱を合意したもの、すなわち法的な合意解約と解することはできない。また、それ自体が契約解約の効果を持つものではないから、公序違反と解するようなものでもない。他方で、一旦発生した雇用継続の期待も、一定の場合には減殺されることがあるのだから（前述3(1)）、不更新条項は、雇用継続の合理的な期待を減殺させる要素、すなわち第一段階で考慮すべきものであると考えるべきであろう。労契法に即していえば、19条の1号2号該当性において、不更新条項の存在は考慮されるべきである。

4　雇止め規制に対する学説の議論

(1)　判例法理確立以前の状況

　以上の判例の展開に対して、学説は、雇止めの問題をどのように捉えてきたのだろうか。[102]前述したように、1947年の労基法制定と前後して、雇止めの紛争が解雇手当ないし予告手当の紛争であったことから、初期の学説の議論もこれを念頭においたものであった。

　まず、反復更新された臨時工に対する雇止めは、予告手当ないし解雇手当の支給を定める労基法20条（あるいは工場法施行令27条）の脱法行為であると構成する見解が示された。[103]脱法行為の判断基準については、①景気変動によって生じる損害を有期契約の締結により労働者に転化していないか、②有期契約締結理由が社会的妥当性を持つか、③労働者が自己の契約について今期限りで終了するという明確な意識を持っていたかどうか、すなわち当該職場の客観的な慣習あるいは契約当時の諸状況から労働者が契約更新の期待を抱きうるかどうか、という諸点から使用者が予告手当等を免れるための脱法行為であるかを判断し、

---

102) 学説の展開については、水町勇一郎「非典型雇用をめぐる法理論」季労171号（1994）114頁以下、拙稿「有期労働契約の雇止め」季労238号（2012）117頁以下を参照されたい。

103) 色川幸太郎「臨時工に関する法律問題㈠㈡」民商2巻4号（1935）566頁、5号（1935）761頁、後藤清「臨時工の法律学的研究」社会政策時報（1936）10頁、恒藤武二「期間の定めのある雇用契約と労基法20条の解雇予告義務」季労14号（1954）88頁。

これによって当該契約が期間の定めのある契約であるか否かを確定すべきと説かれる[104]。さらに、脱法の意思の認定が困難であるという批判を受け、脱法行為説の中でも脱法の意思を客観的に把握しようとする見解や[105]、脱法の意思を不要とする見解が示される[106]。

しかし、かような見解は、紛争形態の変化により解雇手当等ではなく、雇止め後の労働者の地位、すなわち雇止めそれ自体を違法・無効と評価しうるかという点が直接問題になってくると、実定法上の根拠が不明確であるとの批判を受けるようになる[107]。これを受けて、有期労働契約は人身拘束・強制労働防止のために例外的に認められているもので、解雇制限法の潜脱に有期労働契約が用いられるなら、当該「期間の定め」は労働保護法規ならびにその下に作られた公序に反するとする見解や[108]、脱法行為説に立ちつつ、更新期待権が認められる限り脱法の意図がなくとも雇止めには正当事由が必要であるとする見解[109]などが唱えられていく。

労基法21条を手がかりとして、有期労働契約の締結に正当理由（臨時性・季節性）を求め、これを欠いて反復更新される有期労働契約は無期労働契約に転化するとの見解（相当事由説）も主張された[110]。労基法14条を手がかりに、1年を超える期間の有期契約は法が許容していないことを根拠として、1年を超えて継続することとなった労働契約は、期間の定めが無効になると解する見解もある[111]。

これに対して、反復継続される有期労働契約は、当事者双方が雇用継続を期待ないし予期しているのであるから、「期間の定めはたんに形式的なもの」に

---

104) 外尾健一「期間の定めのある労働契約と解雇予告制度」討論労働法37号（1955）25頁。
105) 本多・前掲注（7）294頁。
106) 峯村光郎「臨時工の法的地位」日本労働協会雑誌19号（1960）6頁。
107) 阿久沢亀夫「臨時工・社外工をめぐる諸問題」日本労働法学会編『新労働法講座第8巻』397頁（有斐閣・1967）。
108) 外尾・前掲注（9）12頁。
109) 今野順夫「反復更新された短期労働契約の性質」労旬852号（1974）49頁。
110) 山口浩一郎「期間の定めのある契約と解雇予告」『労働判例百選〔第2版〕』（有斐閣・1967）59頁。
111) 山本吉人「労働条件紛争の解決基準——九㈡労働契約の期間」労判396号（1983）26頁、高木龍一郎「多様化するパート労働者の就業形態と保護法理」日本労働法学会誌81号（1993）29頁。

すぎないのであって、契約更新が不当な使用者側の意図に基づいてのみ形式的に行われたものであると客観的に解せられる限り、当該契約は実質的に無期契約であって更新拒絶は解雇であるから、使用者は解雇予告手当の支払義務を免れないと説く立場（契約解釈説）[112]や、有期労働契約は、使用者の終了意思が契約締結段階においてほぼ一方的に表明されているものとの認識の上で、解雇について要求される「相当な事由」に類する合理的で相当な事由の存在することを必要とし、かかる事由を欠く期間の定めに関する条項は違法でありしたがって無効であるから、有期契約は期間の定めのないものになると唱える見解（解雇擬制説）[113]も示されている。

　この時期の学説の展開を見ると、多くの説が提示され、議論が重ねられてきてはいるが、議論が収斂するようには見えない。脱法行為説は一定の支持を得ていたが、法的根拠という点で課題を克服しきれてはいなかった。労基法21条、14条ともに、それ自体有期労働契約の締結を規制するような規定ではなく、もちろん解雇権濫用法理は立法化されていなかったので、ほかに期間設定を制限するような実定法上の根拠が存在しないからである。解雇擬制説に対しては、そもそも当初の期間設定の合意を解雇と同視しうるか、地位確認を認めることは契約締結の強制ではないかとの疑問が提示され、契約解釈説に対しては、客観事情から規範的解釈をするものであるが、その救済範囲によってはもはや契約解釈の範囲を逸脱するのではないかという疑問が示される。

　しかし、議論の出発点として、期間の設定が実質的には使用者の意向に沿っているものであること、反復継続する有期労働契約は、景気変動による雇用喪失のリスクを有期労働者（臨時工）に負担させるものであること、などの認識は共通していることは確認できる。

(2)　判例法理の確立期

　東芝柳町工場事件、日立メディコ事件両最高裁判決により判例法理が確立し、雇止めが一定範囲で違法となることが確定すると、学説もその存在を前提にし

---

112)　横井・前掲注（2）170頁。
113)　小西國友「連鎖労働契約に関する一考察」石井照久先生追悼論集『労働法の諸問題』（勁草書房・1974）177頁。

た議論が展開された。すなわち、判例法理の理論的正当化や要件の精緻化を図る方向での議論と、判例法理を乗り越える理論構築の努力とが同時になされてゆくことになる。

判例法理は、有期労働契約の締結理由についての制約（入口規制）ではなく、一定範囲の雇止めに解雇権濫用法理を類推適用する（出口規制）という構成をとった。しかし、そもそも解雇権濫用法理は、理論的に雇止めに類推適用が可能だったのか。一方的解約たる解雇は確かに権利の行使であり、その濫用という概念を構成できるが、雇止めは、期間満了の効果を確認するものにすぎないから、権利濫用という概念にはなじまない。この点、実質無期タイプにおいて、契約の性質が無期であると考えるなら、雇止めも実質的に解雇であるとして、権利濫用という概念を用いることも可能かもしれないが、そうすると、雇止めが違法とされた後の法律関係を無期契約であると捉えないとつじつまがあわない。そこで、判例法理に対しては、権利濫用ではなく信義則構成を採用すべきであったとの批判が展開されることになる。[114]

あわせて地位確認請求の可否についても批判がある。判例法理は、当該契約が有期労働契約であると認定しつつ、期間満了による契約関係からの離脱を許さず、更新したのと同じ状態になるとして労働者に地位確認を認めるものなので、使用者にとって契約締結の強制になるという批判である。[115]

この点、「いずれかから格別の意思表示がなければ当然更新される」旨の当事者意思が認められれば（実質無期タイプ）、当該当事者意思を根拠に地位確認を認めるという法的構成は考えられないではない。しかし、これを否定しつつ、労働者に雇用継続に対する合理的な期待があるとする事案（期待保護〔反復更新〕タイプ）では、その法的正当化が困難になる。期待保護（反復更新）タイプにおいても、特段の事情がない限り当該契約を更新するとの合意を読み込むといった正当化の努力も図られてはいる。しかし、多くの学説は、判例法理を[116]

---

114) 安枝・前掲注(23)93頁。
115) 安枝・前掲注(23)98頁、山田省三「期間の定めのある臨時工に対する、不況を理由とする雇止めの有効性」季労144号（1987）163頁。
116) 使用者の契約継続の予定と労働者の意思から当然更新の合意を推認し、配慮義務構成をとって雇止め法理を再構成する見解として、川口＝古川・前掲注(76)34頁。

端的に一種の「法定更新」[117]、あるいは労働関係上の信義則による契約の補充的・修正的解釈と理解しており、判例法理は本来の意味での契約解釈からはある程度乖離したものと評価している[118]。

(3) 雇止め規制のあり方

判例法理が内在する理論的な問題点を踏まえて、学説においては新たな雇止め規制法理も議論されている。まず、有期労働契約により解雇規制を回避することは、労基法18条の2（現労契法16条）の脱法行為であると説く見解がある[119]。かつての脱法行為説の難点である法的根拠の問題を、法文上の根拠を得て克服したものといえる。期間設定には使用者の一方的な意向がより強く反映されているという認識を前提に、「雇用終了としての契約期間に関する合意は、合理的な限定解釈」がなされる必要があり、信義則上使用者が期間設定を行うには「労働者の雇用継続の利益を不当に侵害しない客観的合理性」が必要であると説く見解もある[120]。解雇擬制説の系譜に属する見解といえよう。契約解釈説的な立場からは、当事者の当然更新の黙示合意を根拠として、信義則を媒体に地位確認できる範囲を特定しようとする試みがなされている[121]。

他方、雇止め規制を使用者による説明義務の履行を中心とする手続審査に移行させることによりその明確化を図るという観点から[122]、あるいは「労働者が合理的にみて期待しえた更新回数に応じた労使の利益の利益調整」という観点から[123]、その法的効果を不法行為にとどめるべきとの主張もなされている。

---

117) 菅野・前掲注(22)230頁。小宮・前掲注（1）143頁は、創造的裁判法理と考えざるを得ないと述べている。
118) 水町勇一郎『パートタイム労働の法律政策』（有斐閣・1997）11頁。
119) 川田知子「有期労働契約に関する一考察(1)～(3)」亜細亜法学40巻1号（2005）127頁、41巻1号（2006）37頁、42巻1号（2007）35頁。
120) 島田陽一「有期労働契約法制の現状と立法課題」民商134巻6号（2006）95頁。
121) 川口＝古川・前掲注(76)34頁。
122) 土田・前掲注(72)668頁。
123) 小宮文人「有期労働契約——雇止めに関する判例法理の分析を中心として(下)」労旬1556号（2003）14頁。

5 判例法理の立法化

(1) 立法化

　雇止め規制が立法化されるにあたっては、入口規制を支持する見解と出口規制を支持する見解、さらに金銭解決を支持する見解などが提示されたが、労契法改正においては、判例法理をそのまま明文化するという方針の下、現労契法19条に結実した。雇止めの判例法理に実定法上の根拠を与えたもので、従来の判例法理になんら変更を加えるものではないと説明されている[125]。

　この労契法19条の条文の構造は、2009年に、パナソニックプラズマディスプレイ（パスコ）事件最高裁判決[126]において「期間の定めのある雇用契約があたかも期間の定めのない契約と実質的に異ならない状態で存在している場合、又は、労働者においてその期間満了後も雇用関係が継続されるものと期待することに合理性が認められる場合には、当該雇用契約の雇止めは、客観的に合理的な理由を欠き社会通念上相当であると認められないときには許されない」と定式化された判例法理を参考にしたものである。具体的には、19条による有期労働契約の更新の要件は、①1号ないし2号の要件を充足する状況が認められること、②労働者が期間満了日まで、または期間満了後遅滞なく更新の申込みをすること、③使用者が当該申込みを拒絶することが、客観的に合理的な理由を欠き、社会通念上相当と認められないことであり、その法的効果は使用者による同一の労働条件で、つまり従前と同一の契約期間での承諾みなしである。

　この判例法理の立法化により、同法理が抱えていた権利濫用法理を用いることに関する法的根拠の問題は解決された。しかし、申込みと承諾という構成を採用するなど、従来の判例法理とは異なる部分も見受けられるのであって、いくつかの解釈上の課題も生じている。そこで、立法化によって生じた問題はもちろん、従来からある論点で、立法化によって影響を受けるものについては、

---

　124) 立法化に関する議論については、拙稿・前掲注(102)128頁。
　125) 平成24・8・10基発0810第2号。
　126) 最2小判平成21・12・18民集63巻10号2754頁。

以下で検討を加えることとする。

(2) 適用範囲

まず、労契法18条の無期転換ルールとの関係であるが、同条は5年を超えて反復継続する有期労働契約を締結する労働者に無期転換申込権を付与したものであって、5年内の雇止めを適法化するものではなく、5年内の雇止めの紛争は19条によって処理される。また、5年を超えて当該有期労働契約が反復更新されている場合であっても、労働者が期間満了日までに無期転換申込権を行使しないとき、あるいはこれを放棄したと見られるときにも、やはり19条の適用の有無が問題となる。すなわち、判例法理を立法化（19条）し、その上で5年での無期転換ルール（18条）を導入しているので、2つの規制は重層的に作用していることになる。全体的に俯瞰すると、初回の契約時から、幾度更新するとしても、とにかく有期労働契約の雇止めには19条の適用可能性が存在し、かつ、5年を超えて反復更新される労働契約に無期転換申込権の付与がなされるという形で有期労働契約に制限がかかっているものと見ることができる。これを過剰な規制と見るかどうかはさておき、18条の存在は、19条の適用範囲を制限ないし明確化するものではない。19条の適用範囲は依然として広範に存在している。

(3) 19条1号・2号該当性

19条の1号は、「当該有期労働契約が過去に反復して更新されたことがあるものであって」と規定して反復更新を要件としている。実質無期タイプを想定したものである。これに対し、2号では反復更新は要件とはなっていない。この点から、2号は期待保護（反復更新）タイプ、期待保護（継続特約）タイプを統合したものと考えられる。19条が従来の判例法理をそのまま立法化したものだとすると、2号に両類型が統合されているという点を意識した解釈が必要である。

そもそも判例法理は、有期労働契約を違法と評価しつつ、その法的効果としては、契約に付された期間を法的に否定して無期労働契約として取り扱うのではなく、当該契約が更新されたのと同様の法律関係になると判示していた。そ

のことは、当事者が付した期間の意義、すなわち当該期間内の拘束力と、期間の満了による契約関係からの離脱の効果を、雇止めが違法とされた後にもなお認めていることを意味する。それゆえに、雇止めが違法と評価され、更新されたのと同様の法律関係となった以後の期間の意義が問題になったのである（前述3(1)）。そして、そのような効果を当事者の当然更新の意思と反復更新の事実から導く類型の先例が東芝柳町工場事件最高裁判決であり、当事者の当然更新の意思が認められないにもかかわらず、反復更新により労働者に雇用継続の合理的な期待が発生する類型の先例が日立メディコ事件最高裁判決である。これらの類型においては、契約当初はまさしく有期労働契約であったものが、反復更新されることにより、ある時点で期間の意義が薄まり、実質無期状態ないし労働者が雇用継続に対する合理的期待を持つ状態に至る。しかし、それでも無期労働契約に転化するのではなく、有期労働契約のまま、解雇権濫用法理が類推される状態になるのである。これに対し、更新の経験がないかごく少ない事案において雇止めを違法とする類型である期待保護（継続特約）タイプは、たとえば試用的有期契約であるとか[127]、更新の条件を使用者が明示する等の事情[128]により、更新の経験がないかごく少なくとも雇止めが違法となりうるのであるから、その合理的な期待は契約当初から発生しているものと考えられる。

　判例法理により雇止めが違法とされた事案を、当事者の何らかの意思を根拠にするものと、反復継続されることにより労働者に合理的な期待が発生したものとに分けるとすれば、実質無期タイプは当然更新という当事者意思から、期待保護（反復更新）タイプは雇用継続に対する労働者の合理的期待から、雇止めに解雇権濫用法理の類推を導くものである。そして期待保護（継続特約）タイプは、契約当初から労働者に雇用継続に対する合理的な期待を発生させるのであるが、反復更新という事実を要せず、契約当初の条件や運用からその期待が発生しているというのであるから、当該合理的期待は契約締結時点の合意に由来するものであって、期待保護（反復更新）タイプよりも当事者意思による正当化が容易であるといえる。確かに、裁判所はこのタイプにおいて労働者の

---

127)　前掲注(25)・龍神タクシー事件。
128)　前掲注(69)・大京ライフ事件。

雇用継続の期待を保護するという枠組みで救済を図ってきた。しかしそのことは、裁判所が当該事案を実質無期契約でないと判断したことを意味するのみで、反復更新によって事後的に生じた雇用継続の合理的な期待に依拠する期待保護（反復更新）タイプとはその正当化根拠は異なっている。[129]

　労契法19条1号は反復更新を要件とするため、期待保護（継続特約）タイプは必然的に2号に吸収されているが、同条の解釈においては、期待保護（継続特約）タイプに該当するような、契約当初から雇用継続に対する合理的な期待を発生させるような特別な事情が認められない限り、原則的には反復継続の事実は2号の該当性においても極めて重要な要素であると考えるべきでではなかろうか。

(4) 労働者による更新申込み

　改正法では、労働者が更新申込権を行使するためには、19条1号2号に該当する有期労働契約の期間満了日まで、または満了後遅滞なく、労働者が更新の申込みを行うことが必要になる。契約法の原則にのっとって、申込みと承諾という構成を採用したものと思われるが、従来の判例法理は必ずしもそのような構造にはなっていなかった。そのため、労働者の申込みを要件とすることや、「遅滞なく」という要件をどのように考えるかという点について、従来の判例法理との整合性が問題となる。

　この点、行政解釈は労働者による何らかの反対の意思表示が使用者に伝われ[130]ばよく、また申込みをしたことの主張立証については、労働者が雇止めに異議があることが、たとえば訴訟の提起、紛争調整機関への申立て、団体交渉等によって使用者に直接または間接に伝えられたことを概括的に主張立証すればよいとしている。また、「遅滞なく」という要件については、正当な理由または合理的な理由による申込みの遅滞は許容される意味であると説明している。かように労働者の申込みの要件を緩やかに解することで、従来の判例法理との齟齬は解消できるし、またそのように理解すべきだと考えられる。

---

129)　前掲注(69)・大京ライフ事件。
130)　前掲注(125)・行政通達。

確かに、申込みを要件とすること自体は、判例法理に加えられたものである。しかし、従来の裁判例においても、これに類する判断を示したものがある。本田技研工業事件[131]において、裁判所は、労働者が不更新条項を盛り込んだ雇用契約を締結し、退職届の提出に応じ、その後も雇止めに対してなんら不満や異議を述べたり、本件雇用契約の契約期間満了後の雇用継続を求める等していないという事実を挙げ、そのことは使用者が雇止め回避努力を行う機会を失わせると指摘して、解雇権濫用法理の類推適用を否定した。この事件は不更新条項の有効性が争われたもので、特に労働者の意思が争点化された事案ではあった。その意味ではこの判決が一般論を述べたものといえるかどうかは問題である。しかし、労働者が雇止めに一切の異議を述べないまま、期間満了後相当の期間が経過した後、その違法性を争いうるとの結論は妥当なものとも思われない。裁判所が指摘するように、使用者が雇止めを回避する努力を行う機会は失われてしまい、雇止めの合理性・相当性審査（第二段階の審査）が困難になるからである。

　そもそも雇止めは、期間満了による契約関係からの離脱の効果の制限であり、無期労働契約における使用者の一方的解約である解雇とは異なる。すなわち、期間設定を行った当事者の合意の効果として契約関係からの離脱という効果が生じるのであり、また、当該契約が解雇権濫用法理の類推適用を受ける性質のものであるかどうかは、事後的にしか判明しない。期間についての合意がある以上、労働者が納得して期間満了の効果を受け入れることは、むしろ当然に予想されるところであるが、もちろんこの場合に雇止め回避の努力を使用者が行うことはない。仮に、労使双方に当該契約は解雇権濫用法理が類推適用される契約であるとの認識があるのであれば、労働者の異議がなくとも、使用者は雇止め回避の努力を行うべきだという議論はありうるが、これがないまま使用者に雇止め回避努力をさせるということは、有期労働契約一般に雇止め回避努力義務の履行を求めることと同義であり、妥当ではない。したがって、一定期間内に労働者に雇止めに対する異議ないし最低限不満の意を示すことを求めることは自然なことであり、また従来から裁判例はそのように解してきたのでない

---

131) 前掲注(89)・本田技研工業事件。

かと考える。この異議・不満は契約期間満了時までに表明されることが望ましいが、更新に関する労働者の認識によってはこれが遅れるということは考えられるので、「遅滞なく」その表明を労働者に求めるということは妥当なことである。期間満了後、どの程度の期間まで、その異議・不満の表明を認めるかという問題が今後の課題となるにせよ、更新の申込みを要件とすること自体は、その成立を緩やかに解する限り、特に判例法理を大きく逸脱したものとは評価できない。

(5) 労働条件変更
(a) 同一の労働条件

契約更新時に労働条件変更について紛争が生じ、雇止めとなった場合にその事情は雇止めの有効性判断にどのような影響を及ぼすだろうか。

労契法19条は、1号・2号に該当する場合に労働者が更新を申込み、その拒絶に客観的に合理的な理由、社会通念上の相当性が認められないとき、「使用者は、従前の有期労働契約の内容である労働条件と同一の労働条件で当該申込みを承諾したものとみなす」と規定する。「同一の労働条件」である以上、労働条件の紛争の結果雇止めに至った場合、雇止めが有効になるか、あるいは従前と同一の労働条件で雇用の存続が認められるかの二者択一ということになる。

この点、裁判例の中には必ずしも「同一の労働条件」にこだわっていないものがある。近畿建設協会（雇止め）事件[132]は、業務職員としての1年契約を更新して3年勤務した後、業務内容が同様である管理員としての雇用契約を5年にわたり更新した後に、労働者が雇止めされた事案である。この事件では、被告会社は当初から管理員としての契約は5年が限度である旨告げていた。裁判所は、「管理員としての雇用契約の更新について期待を有していたとまで認めることができず」、原告の管理員としての雇用契約の更新に対する主張は理由がないとした一方で、原告は業務職員として雇用契約が更新されることに合理的な期待を有していたとして、「業務職員としての地位、少なくとも労働契約上の権利を有する地位にあるとするのが相当である」と述べ、原告の地位確認請

---

132) 京都地判平成18・4・13労判917号59頁。

求を認容しつつ、業務職員としての限度で、賃金請求を認容した。また、エヌ・ティ・ティ・コムチェオ事件[133]では、雇止めを違法と評価しつつ、本件では雇止め後にインセンティブ給制度が改正されたことから、労働契約の更新が認められても、更新時の新たな契約によって改正後のインセンティブ給の適用を受けるため、「更新後受給できるインセンティブ給は同改正後のインセンティブ給制度の範囲内である」と述べ、その限度で賃金請求権を認容した。

日立メディコ事件最高裁判決が「従前の労働契約が更新されたのと同様の法律関係になる」と述べているところを厳格に捉えれば、これらの裁判例はその枠組みを踏み越えたものと評価するしかない。しかし、日立メディコ事件最高裁判決が述べているところは、雇止めを違法と評価されると、契約更新がなされたものと同一期間の契約が締結されたのと同じ法律関係になるが、労働条件については空白となるから、これを補充するものとして従前の労働条件を用いたと考えれば、これらの裁判例は従来の判例法理と必ずしも齟齬をきたすものではない[134]。本来、有期労働契約において契約条件の変更は当該契約の更新時になされるものであり、交渉が成就しなければ、更新がなされないことにより対処されるはずである。つまり、実質的には労働条件紛争が、雇止めの形で噴出する。しかし、その雇止めには制約がある。そこで、実質的には労働条件の紛争により雇止めに至った場合、従前と同一の労働条件に拘泥せず、当事者の合理的な意思を探求できる限りで、同一の労働条件とは異なる範囲で賃金請求を認めるなど、柔軟な救済を図ることが望ましいものと思われる。しかし、労契法19条により、かような解釈の余地は封じられ、あくまで「同一の労働条件」でしか更新が認められないということになった。

解決策として、有期労働契約の期間中に就業規則の不利益変更法理（労契法9条、10条）を活用し対処することが考えられないではない。しかし、本来有期労働契約は期間中の一方的労働条件変更から保護されているはずであり、期間中に使用者が就業規則変更により労働条件変更を行う場合、その合理性が認められる場面は極めて限定されるべきであるから、こうした対処方法を広範に

---

133) 大阪地判平成23・9・29労判1038号27頁。
134) 山本陽大「エヌ・ティ・ティ・コムチェオ事件」季労240号（2013）116頁、拙稿「雇止めと労働条件の変更」同志社法学59巻1号（2007）351頁。

認めることにも躊躇を感ぜざるを得ない。そこで、労働条件変更を意図した交渉が更新時に行われ、折り合いがつかず雇止めに至った場合には、これを変更解約告知類似に捉え、合理的な労働条件での契約更新を使用者が申し出たという事実を雇止めを正当化する方向で考慮することが考えられよう。[135]

(b) 更新申込権の放棄

労契法19条柱書の更新申込権を放棄したと見られる事情があるとき、そのような放棄は有効か。たとえば、更新申込権を放棄するなら次期の有期労働契約をより良い条件で締結すると使用者が持ちかけるケースが考えられる。

労契法18条の無期転換申込権の放棄と対比しよう。同条は、「同一の使用者との間で締結された2以上の有期労働契約（契約期間の始期の到来前のものを除く。以下この条において同じ。）の契約期間を通算した期間（次項において『通算契約期間』という。）が5年を超える労働者が、当該使用者に対し、現に締結している有期労働契約の契約期間が満了する日までの間に、当該満了する日の翌日から労務が提供される期間の定めのない労働契約の締結の申込みをしたときは、使用者は当該申込みを承諾したものとみなす」と規定する。そのため、労働者が無期転換申込権を行使しないまま期間満了日が到来すると、その翌日から無期転換申込権は行使できなくなるが、再度有期労働契約が更新されると、そのときに新たな無期転換申込権が発生する。この無期転換申込権の事前放棄の意思表示は、雇止めによって雇用を失うことを恐れる労働者に対して、使用者が無期転換申込権の放棄を強要する状況を招きかねず、公序に反して無効になると解されている。[136] ただし、無期転換申込権の放棄に代償を払うことを事前に約したとしても、権利発生後に労働者が権利行使するか代償を受け取るかを選択できるのであれば、労働者が無期転換申込権の放棄を強要されるといった事態が発生しないので、そのような合意も有効であるという見解も示されている。[137] これに対して、既発生の賃金債権の放棄について、放棄の意思表示が自

---

135) この点につき、野田進「有期の委嘱契約の更新に際しての能率給を廃止する等の変更の効力」ジュリ1426号（2011）193頁。

136) 前掲注(125)・行政通達。

137) 岩村正彦＝荒木尚志＝島田陽一「鼎談 2012年労働契約法改正——有期労働規制をめぐって」ジュリ1448号（2012）19頁。

由な意思に基づくものであると認めるに足りる合理的な理由が客観的に存在するかどうかという基準で判断するというシンガー・ソーイング・メシーン事件[138]の判断枠組みを用いて、労働者の真意性を判断することにより、放棄の強要という状況を回避できるので、無期転換申込権の放棄の合意を直ちに公序違反として無効とすることには疑問であるとする見解もある[139]（以上について詳しくは本節〔2〕3(3)参照）。

こうした議論との対比で労契法19条の更新申込権について検討する必要があろう。更新申込権は、労契法18条の無期転換申込権と異なり、どの時点で発生した権利であるのか当事者双方は明確に把握できない。そのため、常に事前放棄の問題点、すなわち雇止めを避けようとする労働者にとって、放棄を強要される事態が発生する危険性をはらんでいる。このことは、不更新条項の議論において、労働者はその時点で雇止めされるか、不更新条項を付した労働契約の更新を受け入れるかの二者択一を迫られるとの指摘がなされてきたことを想起させる。そうだとすると、こうした状況下での労働者の合意が真意であると認めることが可能であると考えるかどうかが、更新申込権の放棄を有効と考えるかどうかの分水嶺となろう。

6　おわりに

以上みてきたように、雇止め規制は、有期労働契約の更新を認める法理であり、その雇用保障の程度はいわゆる正社員に対する保護（労契法16条）に劣後する。そのことは、雇止め規制が有期労働契約を締結してきた当事者意思を完全に排除し、無期転換としているわけではないこと、有期労働契約を締結している労働者の労働条件は、一般に、いわゆる正社員と異なって、職務・勤務地等が限定されている等、使用者が広範な人事権を保持せず、あるいは実際の運用上これを行使していないことから導かれる。後者の点は、「多様な正社員」の

---

138)　最2小判昭和48・1・19民集27巻1号27頁。
139)　大内伸哉「キーワードからみた労働法〔第64回〕無期転換ルール」ビジネスガイド2012年11月号76頁。

導入や、これとは逆に有期労働契約を締結しながら正社員と全く同様の処遇、職務内容で働く労働者が増加すれば、必然的に相対化されることになると思われる。そうすると、有期か無期か、職務内容・勤務地の限定があるか否かによって、濫用性が多段階に変わっていくという雇止め規制の姿が、今後はより鮮明に現れ出てくるかもしれない。

　雇止め規制そのものは、契約当事者が、有期契約を選択しつつ、更新の条件を定めたり、あるいは期間を形骸させるなど、いわば有期と無期の中間的形態を選択する場合もあるので、これに対応するものとして積極的に承認すべきではある。ただ、やはり雇止め規制は、当事者双方にとって予測可能性という点で難点を抱えているといわざるを得ない。雇止め制限法理が出口規制を採用していることが、有期労働契約の活用にとってよい結果を導いているのかどうかも検討する必要があろう。たとえば、入口規制にシフトしつつ、試用目的が明確で、採用基準が明らかな場合等、一定の有期労働契約については規制の対象から除外し、その明確化を図るという方途も検討する必要がある。また、一旦発生した雇用継続の期待がどのような場合に減殺ないし消滅するかという議論、不更新条項の議論も深めるべきである。それは、保護範囲を確定する作業であり、当事者にとって予測可能性を高めることにつながろう。

　金銭解決の道を探ることも、検討課題である。これを労働者が望む場合に限定すべきかどうかはさておき、雇用継続の期待の継続範囲の確定は、金銭解決を検討する上でも、大きな意味を持つものと思われる。

第1節　労働法―〔2〕無期契約への転換

山川　和義

1　はじめに
2　労契法18条の趣旨と内容
3　無期転換申込権に関する問題
4　無期転換後の労働条件、解雇
5　まとめにかえて

1　はじめに

　労契法18条は、同一使用者のもとでの2以上の有期労働契約の通算期間が5年を超える労働者に無期労働契約への転換申込権を付与した。日本の労働法制において、これまで有期労働契約を無期労働契約へと明確に転換させる法規制は存在しなかった[1]。そのため、労契法18条が有期契約労働者および企業に与える影響が大いに注目されるところであるが、ここでは労契法18条の趣旨を確認したうえで、主にその解釈上の問題を整理したい[2]。

2　労契法18条の趣旨と内容

　通達によれば、労契法18条の趣旨は、有期労働契約が反復更新され長期間継続する場合が少なくなく、雇止めに対する不安があること、その不安によって年休取得などの労働者としての正当な権利行使が抑制されること等の問題に対

---

[1]　民法629条1項（黙示の更新）は、有期労働契約を無期労働契約に転換することを明示する規定ではない。
[2]　労契法18条の改正経緯と内容については、富永晃一「労働契約法の改正」法学教室387号（2012）53頁、西谷敏＝野田進＝和田肇編『新基本コンメンタール　労働基準法・労働契約法』（日本評論社・2012）417頁［野田進執筆］を参照。

し、有期労働契約を無期労働契約に転換させるという手法（以下、無期転換ルール）により、有期労働契約の濫用的な利用を抑制し労働者の雇用の安定を図ることとされる（2012年8月10日付基発0810第2号「労働契約法の施行について」（以下、通達）第5の4(1)）。

　学説には、これを踏まえて、無期転換ルールは有期契約労働者の雇用の安定と、有期労働契約の常用的雇用への安易な利用の抑制（労契法17条2項）を趣旨とするもの、また、無期転換ルールは使用者が長期にわたって必要とする労働力を、有期労働契約の更新によって調達するのを制限するために創設された制度とするものがみられる。他方、「常に雇止めとなる可能性があることによって、契約存続中も使用者に対して著しく交渉力に劣る立場に置かれることに、有期労働契約の問題と特質がある」として、労契法18条は「使用者が、有期契約労働者に対して圧倒的に優越的な地位に立つ契約関係を5年を超えて継続利用することを、有期契約の濫用的な利用と評価し、安定的な無期契約への転換を図らせるべきであるという趣旨に出たもの」とするものもみられる。

　学説の間では、趣旨のとらえ方にやや違いがあるようにも思われるが、以上をまとめると、労契法18条では、雇止めの不安と権利行使の抑制の問題の解決にあたり、5年を超える有期労働契約の利用は濫用的なものと評価されるべきであること、また、その濫用的利用への対処方法として無期転換ルールが選択され、導入されたものと理解できる。

　次に、労契法18条の内容を確認しておくと、同一の使用者との間で締結された2以上の有期労働契約の期間を通算した期間（以下、通算契約期間）が5年を超える労働者が、当該使用者に対し、現に締結している有期労働契約の契約期間が満了する日までの間に、当該満了する日の翌日から労務が提供される期間の定めのない労働契約の締結の申込みをしたときは、使用者は当該申込みを承諾したものとみなされる。この通算契約期間は一定の長さ以上の空白期間の

　3）　菅野和夫『労働法〔第10版〕』（弘文堂・2012）223頁。
　4）　西谷敏『労働法〔第2版〕』（日本評論社・2013）449頁。
　5）　荒木尚志『労働法〔第2版〕』（有斐閣・2013）456-457頁。
　6）　前者は有期労働契約の常用的利用の抑制も指摘するが、後者は有期労働契約における労使の交渉力格差を問題視する点に特徴的な差異がみられる。

存在により、リセットされる(クーリングされる)。クーリングのために必要な期間は原則6カ月であり、有期労働契約の契約上の期間の長さが1年未満の場合にはその2分の1を基準に計算される。また、無期転換後の労働条件は、現に締結している有期労働契約の労働条件(契約期間を除く)と同一の労働条件とされるが、別段の定めがある部分はそれによることとなる。なお、労契法18条は適用対象となる有期労働契約の種類を限定していないため、派遣労働者や定年後再雇用されて嘱託として働く労働者にも適用される。

労契法18条では、無期転換申込権の法的性質と発生要件、その放棄の是非、無期転換後の労働条件等について解釈上の問題がみられる。以下それぞれ整理する。

3 無期転換申込権に関する問題

(1) 無期転換申込権の法的性質

無期転換の効果は、労働者が使用者への無期労働契約締結の申込みにより生じる(以下、無期転換申込権)。その法的構成は、労働者の申込みと使用者による承諾のみなしという新契約の成立の形式をとる。労契法18条のみなし規定は使用者の反証を許さないものであると解されるため、無期転換申込権の法的性質は形成権と解される。

労契法18条が無期転換の効果を法定要件充足により自動的に発生させるものでなく、申込みという労働者の意思を介在させて発生させるものとしたことについては、正社員としての人事管理下に入ることを望まない有期契約労働者や、有期労働契約であることにより正社員よりも有利な労働条件を享受している者(いわゆる有期プレミアム)が少数ながら存在することを考慮したとの説明がみられる。他方で、このような構成に対しては、無期転換前後の労働契約の連続

---

7) 1年未満の有期労働契約がクーリングされる期間を契約期間の長さごとにみると、契約期間が2カ月以下は1カ月以上、2カ月超4カ月以下は2カ月以上、4カ月超6カ月以下は3カ月以上、6カ月超8カ月以下は4カ月以上、8カ月超10カ月以下は5カ月以上、10カ月超は6カ月以上の空白期間がない場合、空白期間前後の期間は通算される(2012年10月26日厚労省令第418号、通達第5の4(2)参照)。

8) 荒木・前掲注(5)455頁、菅野・前掲注(3)224頁、西谷・前掲注(4)449頁。

性を図るうえで支障をきたしかねないほか、無期転換申込権の放棄といった無用な議論を抱えることになる等との批判がある。[10]

(2) 無期転換申込権の発生要件

無期転換申込権の発生要件は、同一の使用者との有期労働契約であること、更新されたことがあること（2以上の有期労働契約の通算）、通算契約期間が5年を超えることである。このうち解釈上問題となりうるのは同一の使用者の範囲である。同一の使用者とは、「労働契約を締結する法律上の主体が同一であること」をいい、契約の相手方たる使用者である法人や個人事業主をさす。ただし、通達は、使用者が、無期転換申込権の発生を妨げる目的で、就業実態を変えずに、派遣形態や請負形態を偽装して形式的に使用者を他の者に切り替えた場合は、法を潜脱するものとして同一の使用者との契約と解されるとする（通達第5の4(2)イ）。通達の考え方によれば、派遣形態や請負形態でなくとも、何らかの形で使用者が変わった後の有期労働契約で、変更前後の労働者の就業実態が同一で、かつ、その変更が脱法目的と認められれば、変更前の使用者との契約継続が認められると解すべきである。[11]

企業組織変更に伴い使用者が変わる場合がある。合併、会社分割の場合は包括承継が行われるため、使用者が変わっても有期労働契約の期間は通算されると解されるが、[12]事業譲渡の場合は個別承継が行われるため、原則として通算されない。もっとも、事業の譲渡し会社と譲受け会社の間に実質的同一性が認められる等の場合には、同一の使用者と扱われると解すべきだろう。[13]また、労契法18条の雇用の安定を図るという目的を重視すると、事業譲渡においても有期労働契約を承継する以上はその期間も通算するという解釈もありうるという指

---

9) 荒木・前掲注(5)458頁、菅野・前掲注(3)224頁。
10) 毛塚勝利「改正労働契約法・有期労働契約規制をめぐる解釈論的課題」労旬1783号（2013）19頁。
11) 西谷ほか編・前掲注(2)418頁［野田執筆］参照。たとえば、関連会社間や企業グループ内で、無期転換申込権の発生前に有期契約労働者のやりとりが行われたとしても、契約期間が通算されるケースがありうることになる。
12) 西谷ほか編・前掲注(2)418頁［野田執筆］、荒木・前掲注(5)461頁。
13) 西谷ほか編・前掲注(2)418頁［野田執筆］。

摘もある。また、事業譲渡であっても無期転換申込権の発生阻止を目的とするものについては、当該有期契約労働者の就業実態が事業譲渡前後で同一である場合には、労契法18条の適用の場面に限って、同一の使用者として扱われるべきと解する。労契法18条の実効性確保のためには、使用者がこれを目的とするかどうかの認定においては、労働者による立証が困難な使用者の主観的意思だけでなく、当該事業譲渡の際の客観的な事情も考慮されるべきと考える。

(3) 無期転換申込権の放棄

　労働者が無期転換申込権を放棄する場合が考えられるが、この有効性につき争いがある。学説を大別すると、無期転換申込権の放棄は労契法18条の趣旨を没却するものとして一切認められないとする見解と、労働者の自由意思による放棄は可能であるが、自由意思の認定には慎重な姿勢をみせる見解とが対立する。これらの見解を具体的な論点にそって確認してみたい。

　まず、権利発生前の放棄（事前の放棄）、すなわち無期転換申込権を行使しないことを有期労働契約の更新条件とすることにつき、否定的見解は、事前の放棄は雇止めによって雇用を失うことを恐れる労働者に対して、使用者が無期転換申込権の放棄を強要する状況を招きかねず、労契法18条の趣旨を没却するものであるとして、公序良俗に反し無効と解されるとする（通達第5の4(2)オ）。これに対し、肯定的見解は、無期転換申込権も権利である以上、自由意思による放棄は可能であるとして、事前の放棄も許容しうるとする。もっとも、この見解でも労働者の自由意思によると認めるには合理的な理由が必要である等、その判断は慎重であるべきとし、通達を意識しながら、事前の放棄の効力は「原則として」認めるべきでないとする。

---

14)　岩村正彦＝荒木尚志＝島田陽一「鼎談 2012年労働契約法改正——有期労働規制をめぐって」ジュリ1448号（2012）16頁［荒木発言］。なお、期間満了のタイミングでの承継は、当該労働者と新契約を締結することになるため、期間途中での承継とは異なり通算されないとも考えられるが、これが脱法目的の場合は通算されうるとの指摘がある（鼎談［岩村発言］17頁）。
15)　毛塚・前掲注(10)20頁、西谷・前掲注(4)450頁。
16)　荒木・前掲注(5)462頁、菅野・前掲注(3)225頁。
17)　無期転換申込権の放棄は、合理的理由があって、それが本人の真意に出ていると認められれば、放棄できると考えられるとするものとして、菅野・前掲(3)225頁。

他方、権利発生後の放棄（事後の放棄）、たとえば無期転換申込権の放棄の見返りに金銭を支払う旨の特約（代償付の放棄）が許されるか。肯定的見解は、労働者が自由にそれを選択できるのであれば、当然に禁止すべきものではないとする。他方、否定的見解は、金銭的補償による無期転換ルールの例外を認めることとなり、労契法18条の趣旨に反し許されないとする。

なお、無期転換申込権の事前の放棄のほかにも、雇止め、更新上限の設定や不更新条項の挿入等により、無期転換申込権の発生が阻害されうる。雇止めは労契法19条によりその効力が判断されるものである。また、労契法18条は更新回数の上限や不更新条項を定める約定の効力の制限をする規定を置いていないため、これらの約定により実際に契約が終了した場合の有効性については、労契法19条に照らして判断されることになろう（労契法19条の解釈については本節〔1〕参照）。もっとも、労契法18条の実効性確保という観点からは、無期転換申込権の発生や行使を阻止することのみを目的とする雇止めは、労契法19条のもとでは客観的に合理的な理由を欠くと判断されるべきである。

ところで、無期転換申込権の行使時期は5年を超える労働者が現に締結している有期労働契約の期間満了日までであるが、労働者がうっかり無期転換申込権を行使せずに当該契約期間が満了することがあろう。このとき、再度有期労働契約が更新された場合には、再度新たに無期転換申込権が発生し、当該契約期間内に無期転換の申込みが可能となる（通達第5の4(2)エ）。他方、前の有期労

---

18) 前掲注(14)19頁［荒木発言］、原昌登「有期労働契約の無期化」ジュリ1448号（2012）54頁。
19) なお、事後の放棄はあくまで無期転換権の不行使の合意であり、無期転換権そのものを消滅させる合意ではない。そのため、労働者が翻意して無期転換申込権を行使した場合、その効果を妨げることはできないと解される。
20) 毛塚・前掲注(10)20頁。この見解は、労契法18条は有期契約労働者が望む場合に無期での就労をさせるための規定であり、無期転換申込権を取引の対象としうる財産的権利として付与したのではないとする。
21) 無期転換を回避ないし阻止するための雇止めや不更新条項の挿入を労契法18条違反として無効と解すべきとするものとして、宮里邦雄「労働契約法改正の意義・評価と解釈・適用上の問題」ジュリ1448号（2012）65頁。ここでは5年を区切りとする雇止めは、特段の合理的理由がない限り、「回避するため」と推認されると主張する。また、無期転換申込権が認められた趣旨を没却しない運用になっていればよいとの指摘もある（前掲注(14)19頁［島田発言］）。
22) 期間満了後ただちに更新されなかったが、後に更新され、クーリングに必要な期間が経過していない場合も同様に、無期転換申込が可能と考えられる。

働契約の期間満了後に更新されなかった場合には、労働者の無期転換申込権は消滅し、労働者はもはやそれを行使できない。

4　無期転換後の労働条件、解雇

　無期転換後の労働条件は、原則として、現に締結している有期労働契約の労働条件と同一である。したがって、従前から当該使用者に雇用されていた無期の正社員と自動的に同一の労働条件となるわけではない。なお、無期転換後の労働条件は、別段の定めによって設定できる。別段の定めとは、労働協約、就業規則および個々の労働契約をいう（通達第5の4(2)カ）。
　無期転換後の労働条件は、当該無期転換労働者に適用される労働協約があればそれによるが、労働協約がなく就業規則がある場合には当該就業規則による。もっとも、無期転換労働者の労働条件が就業規則により決定される場合、それが労働契約に取り込まれる法的構成について、争いがある。すなわち、就業規則による無期転換後の労働契約内容決定にあたっては、まず、無期転換が直前の有期労働契約の終了後の新たな無期労働契約の締結の形式となることから、契約締結の場面を対象とする労契法7条が適用され、この規定に基づく合理性判断が行われるべきであるとする見解がある。[23] 他方、無期転換は5年を超えて労働契約が継続した実態があり、まったくの新規契約ではないことから、合理性を判断するにあたっても従前の労働条件との比較を問題とせざるを得ないとして、無期転換後の労働条件の決定においては、労契法10条が適用ないし類推適用されると解すべきとの見解もある。[24]
　無期転換労働者の有期労働契約時の労働条件と同一内容となる内容で無期転換労働者向けの就業規則が備えられている場合には、当該労働条件は労契法18条の趣旨に合致するものとして、いずれの見解にしたがってもその合理性が認められると考えられる。他方、無期転換前後で労働条件が異なる場合には、両者の処理の仕方が異なってくるため、以下で確認しておきたい。

---

23)　中山慈夫「労働契約法改正の評価と実務上の問題点」ジュリ1448号（2012）71頁。
24)　荒木・前掲注(5)465頁。

まず、勤務地や職種が限定された有期契約労働者が無期転換された後に、前述のような無期転換労働者向けの就業規則がなく、採用当初から期間の定めのない正社員向けの就業規則が適用されることになり、その就業規則に勤務地等限定に関する規定が存在しない場合の処理が問題となる。労契法7条が適用されるとする見解によれば、就業規則の適用によりいったん勤務地等の限定がなくなるため、勤務地等の限定を維持するには無期転換時に別途個別契約による合意をする必要があるとするものがみられる。しかし、より端的に、勤務地等限定合意は労契法7条但書にいう合意に該当し、その効力が維持されると解すればよいと考える。このような処理の方が、労契法18条が無期転換前後の労働条件を原則として同一のものとしている点により合致すると思われる。他方、労契法10条が（類推）適用される場合には、勤務地等の限定をとりはらう就業規則の合理性が判断され、それが否定された場合は勤務地等の限定は維持される。このような合理性判断を回避するためには、同条但書にしたがい、勤務地等の限定を労使が就業規則によって変更されない労働条件として、別途合意する必要があろう。

　次に、無期転換後の労働条件が直前の有期労働契約のものよりも不利益となる場合の処理が問題となる。当該労働条件が無期転換労働者の労働契約内容となるにはいずれの見解においても合理性が要求されるが、その内容に違いが生じる。労契法7条が適用される場合、新たに適用される就業規則の内容そのものの合理性の有無が判断されることとなり、無期転換後の労働条件が有期労働契約時のものよりも低下したことによる不利益は、当該合理性判断において必ずしも考慮されないこととなろう。他方、労契法10条が（類推）適用される場合にはこのような不利益な労働条件の決定が直接問題とされるため、労契法7条が適用される場合よりもその合理性は厳しく判断されると考えられる。労契法18条は有期労働契約が5年を超えて反復更新されたことを条件として、当該有期労働契約と直接連続する無期労働契約（「当該満了する日の翌日から労務が

---

25) 西谷ほか編・前掲注（2）422頁［野田執筆］参照。
26) なお、通達は、「職務の内容などが変更されないにもかかわらず、無期転換後における労働条件を従前よりも低下させることは、無期転換を円滑に進める観点から望ましいものではない」（通達第5の4(2)カ）とする。

提供される期間の定めのない労働契約」）に限定してその成立を特別に認めたものである。したがって、無期転換後の労働契約は純然たる新規契約ではなく、むしろ無期転換前後の契約関係は実質的に継続したものととらえ[27]、無期転換後の労働条件が有期労働契約時よりも低下する場合には、労契法10条が類推適用されるべきと考える。

ところで、無期転換後の労働条件が正社員と同一となるわけではないことを踏まえ、通達は、無期転換後の解雇について「一般的には、勤務地や職務が限定されている等労働条件や雇用管理がいわゆる正社員と大きく異なるような労働者については、こうした限定等の事情がない、いわゆる正社員と当然には同列に扱われることにならないと解される」とする（通達第5の4(2)ク）[28]。この点は、単に、勤務地等限定のある無期契約労働者の解雇の有効性判断においてはその事情が考慮されるということが確認されているだけで、このような無期転換労働者に正社員と異なる解雇規制が及ぶといっているわけではない。もっとも、結果として、勤務地等限定のある無期転換労働者の解雇の有効性が、勤務地等限定のない正社員に比べ緩やかに認められることになろう[29]。

5 まとめにかえて

以上、労契法18条の解釈問題を整理してきたが、最後に無期転換ルールそのものの評価について2点みておきたい。まず、通算契約期間到達前の雇止めのおそれがあるが、労契法18条がこの対応をしていない点が批判されている[30]。これに対し、無期転換ルールはこのような雇止めの誘発を極力抑止し、無期転換

---

27) 無期転換後の労働条件が、別段の定めのない限り直前の有期労働契約と同一のものとなるとされていることからも、このことは読み取れよう。
28) 荒木・前掲注(5)465頁も同旨。
29) たとえば、整理解雇の場合、解雇回避のために要求される配転の範囲は勤務地等限定のあるなしによって異なると考えられる。
30) 川田知子「有期労働契約法制の新動向」季労237号（2012）7頁、唐津博「有期雇用（有期労働契約）の法規制と労働契約法理」日本労働法学会誌121号（2013）37頁。なお、雇止めだけでなく、更新回数制限や更新上限期間の設定、不更新条項の挿入等に対しての対応がないことも、同様に批判の対象となると考えられる。

への誘導を図る制度として構想されたとするものがある。すなわち、5年あれば労働者が技能を十分発展させられるし、その期間問題なく継続された労働者であれば無期転換をしても問題ないという判断に使用者を導くだろうこと、無期転換後の労働条件が正社員と同一でなくてよいとされていること、雇止めは労契法19条により制限されること等が挙げられている。もっとも、この指摘の前段は使用者の判断に委ねられるところが大きく、また、雇止め規制は、無期転換申込権発生前の雇止めを特別に制限するものではなく、懸念されている雇止めを当然に制限するものではない。結局、労契法18条による無期転換申込権の発生を妨げる雇止めの誘発の防止は、十分でないように思われる。

また、無期転換後の労働条件については、別段の定めがない限り従前と同一とされていることから、元から無期労働契約で雇用されている労働者（正社員）と無期転換労働者との格差が固定化されるおそれがある。無期転換後の労働条件が悪ければ無期転換申込権の行使が抑制されかねないことを踏まえると、労契法18条の規定の実効性を確保するためには、こうした事態は避けるほうが望ましいであろう。[32]これは労契法18条で対処するのではなく、本来は、労契法20条の定める不合理な格差を禁止する規定で対処すべきものともいえる。ただ、同条のいう「不合理」という基準は明確性に欠けることから、この規定によって、有期労働契約の段階での労働条件の引上げがどこまで可能であるかについては疑問も残るところである。[33]

---

31) 荒木・前掲注（5）458-459頁。
32) 前掲注(26)の通達第5の4(2)カを参照。また、当面は、就業の実態に応じた均衡考慮（労契法3条2項）や均等待遇の理念等の一般法理の適用により格差を是正しうるとするものとして、宮里・前掲注(21)66頁を参照。
33) この点は、労契法18条によって無期転換労働者が増えた段階で改めて検討されるべき課題ともいえる。無期転換労働者を正社員と有期契約労働者の狭間の存在として認めていくのか、あるいは無期転換労働者は一時的な立場であり、正社員により近づけていくべきなのかという問題といえる。

第1節　労働法―〔3〕均等・均衡処遇

大木　正俊

1　はじめに
2　裁判例
3　学説
4　法政策論
5　まとめ

1　はじめに

　2012年改正後の労契法20条は「有期労働契約を締結している労働者の労働契約の内容である労働条件が、期間の定めがあることにより同一の使用者と期間の定めのない労働契約を締結している労働者の労働契約の内容である労働条件と相違する場合においては、当該労働条件の相違は、労働者の業務の内容及び当該業務に伴う責任の程度（以下この条において「職務の内容」という。）、当該職務の内容及び配置の変更の範囲その他の事情を考慮して、不合理と認められるものであってはならない」と定めている。

　同条は、「不合理と認められるもの」を禁止するという一般的な規定となっており、これは短時間労働者法8条が、職務内容の同一性、人材活用の仕組みの同一性、契約期間の同一性のすべてを満たした限られた労働者についてのみ差別的取扱いを禁止したのと対照的な規制となっている。異なった規定ぶりとなった背景には、短時間労働者法8条が、禁止規定の規制回避を目的とする企業の行動を誘発したこと、および、適用範囲が限定されたためパートタイム労働者（短時間労働者）のごく一部のみしか対象にできなかったことに対する反省があったと説明されている。[1]

1）　荒木尚志「有期労働契約規制の立法政策」菅野和夫先生古稀記念論集『労働法学の展望』（有斐閣・2013）186頁以下。

その反面、同条では不合理なもの全般が禁止されることになり規制内容の抽象性がきわめて高くなった。たしかに、考慮要素として「職務の内容」と「配置の変更の範囲」が例示されてはいるものの、「その他の事情」という総合考慮を認める文言が用いられているため、例示されている事項が不合理性判断の手がかりになるのかも不明である。

不合理性の解釈について見解は定まっておらず、これをいかに判断するのかが本条の基本的な課題となる。

ところで、労働条件は原則として私的自治のもと労使が自由に決定できるものである。労契法20条は、無期契約労働者と有期契約労働者の間にある不合理な格差を禁止するという枠組みで私的自治を通じた決定に介入するものである。同条20条の不合理性の内容を明らかにするためには、同法がいかなる根拠からそれを正当化するのかが問われなければならない。

この点については、従来は、非正社員と正社員の待遇格差の問題を念頭に、均等待遇原則の公序性が認められるかという点をめぐって学説の議論が展開されており、少ないながらも裁判例も存在する。また、それと関連して、法政策論として非正社員と正社員の待遇格差にどのように介入するべきかについても議論が展開されている。

以下では、私的自治に対する介入をいかに正当化するのかという観点から日本におけるこれまでの議論を整理したうえで、労契法20条が禁止する不合理な格差の意味について考察する。

2 裁判例

非正社員と正社員の待遇格差問題に関わる論争の中心は、同一労働同一賃金原則もしくは均等待遇原則が公序として認められるかであった。[2] すなわち、同一労働同一賃金原則あるいは均等待遇原則が、公序として成立していると構成

---

2) 日本における均等待遇をめぐる議論は、水町勇一郎「非典型雇用をめぐる法理論――臨時工・パートタイム労働者をめぐって」季労171号（1994）114頁および拙稿「非典型労働者の均等待遇をめぐる法理論」季労234号（2011）223頁にまとめられている。

することによって、両者に存在する待遇の格差について法的救済を認めようとする学説が提唱され、その可否をめぐって活発な議論が展開された。

均等待遇原則の公序性に関する裁判例は、以下に示すように異なる立場の下級審判決が3件みられる程度で、成熟した理論を提示しているともいいがたい。

非正社員との労働条件格差を是正する可能性を認めた判決として、同一労働同一賃金原則を公序としてみることはできないが、同原則の根底にある均等待遇原則に反する格差は違法となること、および、賃金が正社員の8割以下となるときにその限度において格差が違法となると判示した丸子警報器事件判決[3]がある。

同判決は、同一（価値）労働同一賃金の原則の公序性を否定しつつも、労基法3条、4条の根底には、「およそ人はその労働に対し等しく報われなければならないという均等待遇の理念が存在している」と解され、「同一（価値）労働同一賃金の原則の基礎にある均等待遇の理念は、賃金格差の違法性判断において、ひとつの重要な判断要素として考慮されるべきものであって、その理念に反する賃金格差は、使用者に許された裁量の範囲を逸脱したものとして、公序良俗違反の違法を招来する場合がある」と述べる。

そして、格差は均等待遇の理念に反するが、均等待遇の理念は抽象的であり、前提となる諸要素の判断には幅があり[4]、「その幅の範囲内における待遇の差に使用者側の裁量も認めざるを得ない」ので、本件の事情においては正社員の8割以下になる部分において違法であるとしている。

このほか、京都市女性協会事件判決[5]では、短時間労働者法の趣旨とその社会的背景を総合すると、憲法14条および労基法の基底には、同一（価値）労働で

---

3) 丸子警報器事件―長野地上田支判平成8・3・15労判690号32頁。
4) なお、公序違反性の判断において、同判決が臨時社員が正社員同様に内部化されているという事実を重視している点も注目される。判決は「被告会社においては、一定年月以上勤務した臨時社員には正社員となる途を用意するか、あるいは臨時社員の地位はそのままとしても、同一労働に従事させる以上は正社員に準じた年功序列制の賃金体系を設ける必要があった」が、「原告らを臨時社員として採用したままこれを固定化し、2か月ごとの雇用期間の更新を形式的に繰り返すことにより、女性正社員との顕著な賃金格差を維持拡大しつつ長期間の雇用を継続したこと」を公序違反性の理由に挙げており、臨時社員が内部化されているにもかかわらず内部化に応じた待遇を受けるための措置が講じられていないことを重視している。
5) 京都市女性協会事件―大阪高判平成21・7・16労判1001号77頁。

あるにもかかわらず、均衡を著しく欠くほどの低額である場合には改善が図られなければならないとの理念があるとされ、同一（価値）労働であるが、事業所の慣行や就業実態を考慮しても許容できないほど著しい格差がある場合には、均衡の理念に基づく公序違反として不法行為が成立すると述べている[6]。

他方で、日本郵便逓送事件判決[7]は、「同一労働同一賃金の原則が一般的な法規範として存在しているとはいいがたいのであって、一般に、期間雇用の臨時従業員について、これを正社員と異なる賃金体系によって雇用することは、正社員と同様の労働を求める場合であっても、契約の自由の範疇であり、何ら違法ではない」との立場をとっている。

裁判例は、私的自治の限界をどこにおくのかで分かれているとみることができる。丸子警報器事件判決や京都市女性協会事件判決は、私的自治の限界として一定の介入が可能とみているのに対して、日本郵便逓送事件判決はそれを不可能とみている。

丸子警報器事件判決や京都市女性協会事件判決は、介入が正当化される根拠として憲法14条や労基法3条、4条を均等待遇原則の公序性として挙げる（後者の場合には短時間労働者法も含む）が、根拠としては抽象度が高く理論的には論証不足であろう。規制の内容をみても両判決はそれほど明確ではない基準しか示せておらず、どこが限界になるのかの指標はほとんどない。他方で、救済の余地はないとした日本郵便逓送事件判決にしても救済肯定の余地を掲げる議論に十分な配慮を示したものとはなっておらず、裁判例の議論は全体として未成熟である[8]。

---

6) 当該事案においては、原告労働者の労働は同一（価値）労働とは認められないとして救済を否定している。
7) 日本郵便逓送事件—大阪地判平成14・5・22労判830号22頁。
8) ただし、丸子警報器事件判決が正社員の8割という部分的な救済を認めた点では、同判決以前の議論が前提としていた公序性があれば格差すべてが違法であり、なければ違法ではないというオールオアナッシング的な処理方法とは別の発想が示されており、後の議論に大きな影響を与えた。

3 学　説

(1) 初期の議論

　同一労働同一賃金原則の公序性をめぐる学説の論争が本格的に展開されたのは昭和30年代からであり、臨時工と本工の待遇格差問題を背景に、学説は同一労働同一賃金原則の公序性を肯定する説とそれを否定する説に分かれた。肯定説は、労基法3条または4条の精神から、臨時工と本工の賃金格差は公序良俗に違反し無効であると主張する[9]。これに対して、否定説は、労基法3条や4条の類推適用という法的構成には罪刑法定主義の観点から難があること、臨時工の存在自体が違法でない以上、現在の経済組織と法感情からは公序違反とはいいがたいこと、臨時工の労働条件向上は団結を通じた労働者の取引力の強化によって図られるべきことから同原則の公序性は認めがたいと応対した[10]。また、公序性を認める余地があるとしても、学歴・年齢・技能・職種などによって格差をつけること自体は合理的な理由として肯定されるとの見解が示されている[11]。

　昭和50年代以降は、臨時工・本工の待遇格差からパートタイム労働者と正社員の待遇格差へと問題状況を変えながらも、引き続き同一労働同一賃金原則の公序性をめぐって肯定説と否定説が対立をしていた。肯定説は、労基法3条、4条の中には同一労働同一賃金原則という国際原理が一貫して流れており、合理性のない待遇格差は公序に反するとする。もっとも、そこでは日本で賃金決定要因としている学歴、年齢、勤続期間、職種、勤務地、過去の勤務成績、職務遂行能力の評価などに基づく差異は合理性をもつとされていた[12]。否定説は、パートタイム労働者は採用の基準・手続、配置・職業訓練などにおいて正社員とは異なる取扱いを受けており、業務の範囲や責任も緩やかであって格差には合理的理由があること、同一賃金の前提となる「同一」労働を客観的に把握し、

---

9) 全繊同盟研究会「臨時工について」［青木宗也報告］労旬252号（1956）4頁以下。
10) 水町・前掲注（2）および拙稿・前掲注（2）を参照。
11) 横井芳弘「臨時工――その実態と労働法上の諸問題」別冊法律時報3号（1957）154頁。
12) 本多淳亮「パートの労基法違反がなぜ続発するのか」季労127号（1983）4頁。

確定することは困難であることなどを挙げて公序性を否定した。[13]

　以上の展開において注目されるのは以下の2点である。まず、同一労働同一賃金原則の公序性を肯定する学説は、労基法3条や4条あるいは男女同一労働同一賃金原則に関わる国際的な潮流の流れを受けた議論を展開していることである。これは、性や国籍など、人権保障の観点から伝統的に法が差別的取扱いを禁止していた規制の延長線上に同原則の規制を位置づけていることを意味する。これらの学説は、（どこまで意識的に論じられていたかは別として）差別禁止という人権保障の観点から同一労働同一賃金原則の公序性を根拠づけているとみることができよう。

　もう1つは、論争の中心が徐々に同一労働同一賃金原則と日本的な雇用慣行との整合性に向かっていることである。当初から、日本の雇用慣行においては年齢や勤続期間などに基づく格差は合理的な慣行になるのではないかという見解が示されていたが、特に議論がパートタイム労働者問題へと移って以降は、業務の範囲や責任などの差異があるゆえに同原則の公序性が否定されるとの見解が示されるようになり、また公序性を肯定する学説でも、これらの要素に基づく差異を許容する、あるいは著しい格差のみを違法とするなどの対応がとられている。[14]

(2) 同一義務同一賃金原則説の登場

　以上の議論状況を背景に、同一義務同一賃金原則説が登場した。同説は、日本においては同一労働同一賃金原則ではなく「同一義務同一賃金原則」が妥当すると主張する学説である。[15]

---

13) 下井隆史「パートタイム労働者の法的保護」日本労働法学会誌64号（1984）5頁、野田進「パートタイム労働者の労働条件」同号（1984）47頁など。否定説においては、このほか、肯定説の法的構成は立証不十分であるという技術的な難点や、同一労働同一賃金原則の公序性を肯定するとパートタイム労働者の雇用機会が減るという法政策的な難点も挙げられている。

14) 水町・前掲注（2）。

15) 水町勇一郎「『パート』労働者の賃金差別の法律学的検討」法学58巻5号（1994）64頁。同論文は、これまでの議論は、ヨーロッパ大陸諸国の法制度を中心とした「世界の流れ」を重視しようとする見方と「日本の特殊性」ゆえ、その導入は困難とする見方とが対立し行き詰まりをみせている感すらあるが、このような状況を打開し議論を建設的なものにするためには、分析の視角および基軸を明確に設定したうえで正しい意味での比較法的検討を行うべきだとの認識に立ち、詳細かつ綿密な論証を試みている。

同説によれば、日本では低拘束性のみが格差の合理的理由となるため、「賃金」と対応関係に立つのは「職務プラスその他の拘束性」だとされる。ここでいう同一義務は、労働の量と質、企業による拘束度（残業、配転、勤務時間外活動の制約、勤務時間の決定・休暇取得の際の労働者の自由のなさなど）から評価され、これらが同一の場合には、同一賃金が支払われる。このような規範は、低賃金が勤務時間・勤務条件の自由度などのメリットを享受することにより補われるという補償賃金の理論によってその経済的合理性が説明される。

　その法的正当性については、「より大きな義務（残業義務、配転義務、勤務時間決定権限の使用者への留保、休暇取得の際の事業運営への顧慮など）を負う者に、その対価・代償として、より大きな権利（賃金請求権）を付与する」ことは平等命題に適った判断であると述べられ、むしろこれを肯定しないと正社員のほうが不当な差別を受けることになると述べられている。

　同一義務同一賃金原則説は、日本において同一賃金の前提となるのが労働（職務）のみではなく、職務に企業による拘束度も加えた「義務」であるということを明らかにした点に意義が見いだせよう。それは当時の日本の正社員の賃金体系を念頭において、同原則の適用範囲を限定することを通じて同原則がもつ曖昧さを排除する試みであった。もっとも、私的自治との関係での正当化根拠については、憲法14条、あるいは、より大きな義務を負う者により大きな権利をという抽象的な命題が提示されるにとどまっており、十分な論証に成功しているのかには疑問が残る。

(3)　修正同一労働同一賃金原則説

　同一義務同一賃金原則説が登場したのとほぼ同じ時期に、同一労働同一賃金原則を肯定する学説もその立場を明示的に修正して、年齢・学歴・職務（業務の範囲や責任）・能率・技能・勤続期間・企業貢献度などを待遇格差の合理的理由として認めつつも同原則の公序性を認める立場が示されている。[16]

---

16)　浅倉むつ子「パートタイム労働と均等待遇原則㊦」労旬1387号（1996）38頁。「同一労働」の評価要素に違いがあるものの、山田省三「パートタイマーに対する均等待遇原則——法律学の視点から」日本労働法学会誌90号（1997）111頁もほぼ同旨（「職務内容・責任・技能」を同一労働の要素に挙げている）。

ただし、その法的根拠づけについては、パートタイム労働者の多くが女性であることに注意を促しつつ、パートタイム労働の均等待遇に関わる国際的動向を踏まえたうえで、憲法13条、14条、労基法3条、4条から同一労働同一賃金原則の法規範性を認めている。そこには、従来と同じ差別禁止という人権保障の視点がみられる。

この学説でも考慮されているのは、従来の日本の雇用慣行において（正規従業員の）賃金を決定する要素として扱われているものであり、どこまでそれを考慮するのかという違いはあるが、[17]修正同一労働同一賃金原則説は非典型労働者が通常の正規労働者の働き方に近い形態で就労している場合に救済を認めるという点では、同一義務同一賃金原則説と共通点をもつといえよう。

(4) 均衡処遇説

丸子警報器事件判決後は、同判決が8割という部分的救済を認めたことに影響を受けて、学説からは、労働の量と質に均衡した比例的救済を認め幅広い範囲の非典型労働者を救済する均衡処遇説が出された。[18]

同説は、2007年改正前の短時間労働者法旧3条が、使用者を名宛人として、[19]「［パートタイム労働者の］就業の実態、通常の労働者との均衡等を考慮して」適正な労働条件の確保などを図るために必要な措置を講じ、パートタイム労働者が能力を有効に発揮することができるように務めるものとすると定めていることに着目し、同条が示す「均衡の理念」に対して、著しい労働条件の格差や雇用上の差別を違法とする私法上の根拠としての意義を認めるべきと主張する。

その違法性判断の評価要素には、同一義務同一賃金原則説が企業による拘束の程度も評価要素になるとしたことを受け継ぎ、労働の量と質を基本的要素と

---

17) いかなる要素を格差の正当化要素とするかについては、同一義務同一賃金原則説と修正同一労働同一賃金原則説のあいだに差異が存在するが、これは現行の正社員の働き方に対する評価の違いによって生じているものであろう。

18) 土田道夫「パートタイム労働と『均衡の理念』」民商119巻4＝5号（1999）543頁。

19) 短時間労働者法旧3条1項は「事業主は、その雇用する短時間労働者について、その就業の実態、通常の労働者との均衡等を考慮して、適正な労働条件の確保及び教育訓練の実施、福利厚生の充実その他の雇用管理の改善（以下「雇用管理の改善等」という。）を図るために必要な措置を講ずることにより、当該短時間労働者がその有する能力を有効に発揮することができるように努めるものとする」と定めていた。

し、これに補足的要素たる企業による拘束の程度を加えて判断される。これらの評価要素に即して社会的に許容できるかが判断され、これに加えて使用者がその是正に向けて努力を行ったかという労使自治の機能の面（パートタイム労働者の処遇改善や正規従業員への登用制度の活用等）が考慮されて格差の違法性が判断される。格差が公序に反して違法と判断された場合には、「『均衡』が保持される賃金額との差額分」が救済される。

この均衡処遇説は、それまでの学説が提示してきた、正社員と同程度に内部化されているごく一部の非正社員と正社員との待遇の格差を違法とする法理とは異なり、非正社員全体が正社員と均衡のとれた処遇を受けることを要求するものである。同説は、救済の対象となる範囲を非正社員全体に大きく拡げ、これによって非正社員全体の労働条件を正社員の方に寄せて大きく向上させることを狙ったものといえよう。

もっとも、その反面、同説は私的自治に対する介入の度合いも従来の学説に比べて強まっており、それを制限するだけの十分な法的根拠が必要となるが、その点については説得的な議論が展開されているとはいいがたい。[20]

なお、丸子警報器事件判決に影響を受けて、同一労働同一賃金原則の公序性は否定しつつも、それが「公理に準ずるルール」であることは認め、それに反する場合に使用者は不法行為責任を負うとする学説も示されている（準公理説）。[21]

この学説は、同一労働同一賃金原則は、当該企業または事業所において同一の労働条件による処遇が予定されている勤務につく労働者を異なる労働条件によって処遇するには合理的理由を必要とするという意味においては「公理に準ずるルール」であるとみて、採用の基準と手続、配置・教育訓練、業務の範囲や責任、服務規律などが正社員と同一の場合に救済が認められると考える。理論としては明確さをやや欠くものの、丸子警報器事件判決を理論的に正当化しようとしたものと捉えられるだろう。[22]

---

20) なお、同説と丸子警報器事件判決の比例救済の相違については、大木・前掲注（2）233頁を参照。
21) 下井隆史『労働基準法〔第4版〕』（有斐閣・2007）44頁（この記述の初出は、下井隆史『労働基準法〔第2版〕』（有斐閣・1996）30頁）。
22) 同説の詳細については、大木・前掲注（2）231頁以下を参照。

(5) 平等取扱義務説

　もう1つ注目されるのは、均等待遇原則を社会的差別の禁止とは異なる規範と位置づけたうえで、雇用形態という契約上の属性に基づく異なる取扱いについては、労働の組織性を根拠に信義則上認められる使用者の平等取扱義務からアプローチするべきとする平等取扱義務説である。[23]

　同説によれば、人間社会において歴史的に経験してきた人種、信条、性などに基づく社会的差別は、とりわけ反規範性が強いもので、あらゆる社会生活から差別が排除されなくてはならないが、[24]雇用形態に基づいた差別はそれに比して反規範性は限定的であり、後述の使用者の生活空間においてのみ不利益が排除されることが求められ、また、社会的差別とは異なり契約の自由が完全には排除されないとされる。[25]

　そして、使用者に対して平等取扱いが求められるのは、現在の雇用労働が組織的性格をもつ一種の生活空間で行われており、そこでは構成員としての平等感情に基づいた平等原則が支配するからであると説明される。

　それゆえ、平等取扱義務は、その生活空間（「場」）の範囲内において機能し、時間的経過を通じた内部化の程度に応じて平等取扱いの強度は変化する。その具体的な内容は、(1)使用者権能の恣意的な行使の禁止、(2)合理的な理由がない限り同一の基準に基づく同内容の規範を適用するという同一規範定立適用原則、(3)時間的経過により内部化が深化するという規範内容（内部化）調整原則となる。また、契約の自由は排除されず、契約の自由を通じた契約的拘束力よりも平等原則の規範的要請が上回った場合にのみ契約の拘束力は否定される。

　その救済範囲についても、私的自治の原則などとの調整が予定されているこ

---

23) 毛塚勝利「労働法における差別禁止と平等取扱」角田邦重先生古稀記念『労働者人格権の研究（下）』（信山社・2011）3頁および毛塚勝利「非正規労働の均等処遇問題への法理論的接近方法」日本労働研究雑誌636号（2013）14頁。後者は、労契法20条との関係も含めて論じたものである。
24) 毛塚によれば、差別の反規範性は、(1)類型的属性評価による個人の軽視、(2)類型的属性評価に対する異別取扱い、(3)異別取扱いの不利益性の三層構造により成り立っていると捉えられており、社会的差別はこの三層のすべてのレベルで反規範的であるとされている。
25) 雇用形態に基づく差別については、前述の三層構造のうち、二層目の反規範性を欠き、三層目の反規範性（不利益性）も雇用場面に限定され、三層目の不利益性が大きいときに一層目の反規範性が表出することになると捉えられる。

とから、使用者の裁量を理由に8割を超える格差のみを救済することは可能であるとする。したがって、ここでの比例的救済は、労働の量と質に比例するべきという観点からそれを認める均衡処遇説とは異なり、私的自治や団体自治などと平等取扱義務との調整として行われている。[26]

平等取扱義務説として展開された議論の特徴は、社会的差別の禁止と均等待遇の問題は、それぞれ別の根拠から成り立つものであるとみて、前者は一種の人権保障、後者は労働の組織的性格から導き出されるものであると示した点にある。

これを従来の議論との対比でみると、同一義務同一賃金原則説以前の段階では、労基法3条や4条などが根拠として引き合いに出され、社会的差別の延長線上で同一労働同一賃金原則や均等待遇原則が論じられてきた。しかしながら、同一義務同一賃金原則説以降の議論を詳細にみると、学説は正社員と同様に内部化された労働者を救済するという方向性を示している。平等取扱義務説は、この内部化が平等取扱いの前提となることを直接的に承認し、労働の組織性を根拠にすることで理論化したものと位置づけることができる。

ただし、同説も均衡処遇説と同様に非正社員全体を対象としており、また、企業の構成員について同一基準に基づいた取扱いを原則として要求することから、私的自治に対する大きな介入をともなう法理であることには注意が必要である。

4 法政策論

(1) 合理的理由のない不利益取扱い禁止原則という視点

立法論としては、非正社員への均等待遇については、「合理的理由のない不

---

26) とはいえ、平等取扱義務説が使用者に重い義務を課している点には注意が必要である。同説によれば、使用者は合理的理由がない限り別建ての処遇制度は採用できないうえ、合理的理由があって異なる処遇制度をとることができたとしても、合理的理由なく別の雇用管理区分への転換可能性を閉ざしてはならないとされる。さらに、異なる処遇制度間であっても同一ないし類似の職務に従事する労働者間にある賃金格差は職務との均衡性を欠くものとして違法となり、また時間の経過によって平等取扱いの義務は強まるとされている。

利益取扱い禁止原則」を定めるべきだとの見解が示されている。

　この見解を述べる論文においては、今後の非正規労働者間の格差是正のための法原則のあり方として、(1)同一キャリア同一待遇原則、(2)同一労働同一待遇原則（EU法文型）、(3)合理的理由のない不利益取扱い禁止原則という3つの可能性があることが指摘され、各々の法原則の長所と短所が検討されている。

　その検討によれば、(1)は長期キャリア（職能給）以外の人事雇用管理制度に対応できず、また長期キャリア（職能給）制度を採用している企業においてもキャリアの広さや長さにかかわらず支給されるタイプの給付にはなじまないという難点を抱える法規範であり、また、(2)も職務給以外の賃金制度に必ずしも適合しないこと、職務内容にかかわらないタイプの給付にはなじまない法理であるとされる。そこから、同一キャリアや同一労働といった特定の型の労働を前提とした(1)や(2)ではなく、合理的な理由のみを問題とすることで多様な実態に応じた柔軟な対応が可能な(3)の法原則を採用すべきであると主張する。

　この主張の前提となるのは、非典型労働者の平等取扱いについて早くから規制を行ってきたドイツおよびフランスにおいては、職務の同一性という要件はあまり重視されておらず、また、必ずしも労働の違いのみが合理的理由になるのではなく、問題とされた給付の性質・目的に応じた個別の判断によって、キャリアや勤続年数の違いなどの幅広い要素が合理的理由の対象になっているとの考察である。

　ただ、合理的理由のない不利益取扱い原則を禁止するという原則は、抽象度が高いものであり、法的安定性を欠くことになる。論者自身も合理的な理由という基準は抽象的であることを認めつつも、フランスやドイツにおいては基準の不明確性は問題とされておらず、学説の議論や判例の蓄積、労使間の交渉や合意によって予測可能性が高まることが期待できると述べている。

　合理的な理由の内容については、職務内容と関連性の高い給付、勤続期間と結びついた給付、会社への貢献に対して支給される給付、メンバーとしての地

---

27) 水町勇一郎「『同一労働同一賃金』は幻想か？」鶴光太郎＝樋口美雄＝水町勇一郎編著『非正規雇用改革』（日本評論社・2011）271頁。
28) 水町勇一郎「『格差』と『合理性』」社会科学研究62巻3・4号（2011）125頁。

位に基づく給付、労働時間の長さや配置に関わる給付、雇用保障などについてフランスとドイツの裁判例で示された合理的な理由が分析され、個別の事案ごとにそれぞれの給付の目的・性質に照らして判断されることが示されている。また、予見可能性の欠如という欠点に対しては、労使のコミュニケーションを促すことで対応可能だとされ、また、合理的な理由の有無の判断において労使の集団的な合意の存在を重視するという手法も考えられること、行政などによる指針の提示も有用であるとされている。

なお、均衡処遇については、画一的・定型的に判断される量的な問題であって、具体的な事案に応じて柔軟に判断されるべきであって、職務分析や職務評価を取り入れるポジティブ・アクションの推進などと取り組むべきとされている。

(2) 差別禁止（人権保障）と平等取扱いの峻別

2011年7月に出された労働政策研究・研修機構の「雇用形態による均等処遇についての研究会報告書」では、EU諸国における雇用形態に関わる「均等待遇原則」は、性別や宗教などの人権保障に関わる差別的取扱い禁止原則とは異なるものであり、雇用形態を理由とする不利益取扱い禁止原則であると位置づけられている。

前者の人権保障に関わる差別的取扱い禁止原則は、性別や人種など個人の意思や努力によって変えられない属性や宗教や信条などの個人による選択の自由が保障されている属性を理由にした待遇の格差を禁ずるものであると整理され、一方の属性をもつ者を不利に取り扱うことだけではなく有利に取り扱うことも禁止される。これに対して、後者の雇用形態に関わる不利益取扱い禁止原則は、主に労働政策上の要請から、非正社員の処遇改善などを目的として導入されたものであると整理され、非正社員を不利に扱うことは禁止されるが、有利に扱うことは許容されるという片面的規制をもつとされる。また、対象となる待遇は賃金に限定されず、全般にわたっている。

EU諸国における雇用形態の違いを理由とする不利益取扱いに関する具体的な紛争を分析した結果、不利益取扱い禁止原則の適用において、賃金の職務関連給付については、同一労働に従事する比較対象が必要とされているのに対し

て、職務に関連しない給付については、比較対象者が必要とされるものの同一労働まで要求されていないこと、待遇格差を認める客観的事由については、問題となる給付などの性質や目的に応じた柔軟な判断がされる傾向が認められることなどが指摘されている。

5 まとめ

(1) 従来の議論のまとめ

　正社員と非正社員の待遇格差を是正する法理に関するこれまでの議論は、待遇格差を是正する根拠をどこに求めるのかという点と、是正する法理の適用範囲をどうするのかという点において発展してきたとみることができる。

　待遇格差を是正する根拠としては、当初は、同一労働同一賃金原則を性差別などを禁じた人権保障的な規定の延長線上に位置づける見解が優勢であった。それに対して、均等処遇説は短時間労働者法旧3条を根拠にしている点で従来とは異なる方向性をみせ、平等取扱義務説では、(深層においては共通した部分があるものの) 人権保障的な社会的差別とは異なるものとして労働の組織性を根拠に非正社員の待遇格差を是正できる平等取扱い原則を主張している。

　立法論としても、2011年の「雇用形態による均等処遇についての研究会報告書」では、人権保障に関わる差別的取扱い禁止原則と雇用形態に関わる不利益取扱い禁止原則は別の類型に属すると捉えられている。

　このように近年は、人権保障としての差別禁止とは区別される法原則として、非正社員の待遇格差問題を位置づけるという方向性がみてとれる。もっとも、両者の区別は相対的であることや、「差別禁止」の根底にあるものが「平等取扱い」の領域にも及ぶことがありうるなど基礎にある原理が交錯していることから、この峻別論に異を唱える見解も示されており議論はまだ落ち着いていない。なお、差別禁止と区別される法原則と位置づける立場の中でも、均等・均衡処遇が要請される根拠については、労働の組織性にもとめる見解 (平等取扱

---

29) 水町勇一郎「『差別禁止』と『平等取扱い』は峻別されるべきか?」労旬1787号 (2013) 48頁。

義務説）と非正社員の待遇向上という法政策にもとめる見解（「雇用形態による均等処遇についての研究会報告書」）に分かれる。それにより、前者については、無期労働者間の待遇格差の是正も規制対象に入るという違いが出てきている。[30]

またもう1つの論点である、待遇格差を是正する法理の適用範囲については、日本的雇用慣行を念頭に、そこで正社員と同様の働きをする内部化された労働者のみを対象とすることによって法理の明確性を高めるという方向性で発展していった。その方向性で最も洗練された法理が同一義務同一賃金原則説であると位置づけられよう。

もっとも、上記の法理は救済範囲が限定され、非正社員全体の労働条件の向上には直接的にはつながらない。この点について、均衡処遇説や平等取扱義務説などの最近の学説は非正社員全体に適用可能な法理を提示している。ただし、これらの法理は救済対象となる労働者の範囲を拡げる反面で、私的自治に対する介入の度合いも強まっており、果たしてそれが望ましいのかという疑問を残す。労契法20条に先立って、パートタイム労働者の待遇格差是正を試みた2007年改正後の短時間労働者法において、賃金などに関する均衡処遇は努力義務にとどまっていたのは私的自治への介入が強いことを考慮したものとみることができよう。

また、最近の立法論では、同一性を待遇格差是正の要件とする従来の規制方法では企業ごとに異なる多様な雇用制度に対応できないとの考慮から、不合理な取扱い禁止原則を定めるべきとの主張もある。これは、一見したところでは均衡処遇説や平等取扱義務説と似た主張のように見えるが、立法論において展開されているのは雇用制度に中立的であって個別の給付の性質に応じて柔軟な判断が可能な制度の採用のみであり、両説が述べるような非正社員全体に対して強い介入を求める法理であるかは不明である。

これらの立法論では、EU諸国の裁判例を参考に、欧州の裁判例では職務関連給付と職務関連以外の給付などでは合理的理由とされる要素が異なっており、後者では必ずしも同一労働要件が求められていないことなどが指摘されている。

---

30) 毛塚・前掲注(23)日本労働研究雑誌636号23頁。

(2) 労契法20条の位置づけ

　労契法20条は、有期労働者と無期労働者の労働条件の相違が不合理であってはならないという規制形式を採用している。同条は、多少の差異はあるものの、客観的な理由によって正当化されない限り有期であることを理由に不利益に取り扱われてはならないとしたEUの規制と類似しており、基本的にはその枠組みを踏襲したものである。[31]

　問題は、不合理性の判断であるが、同条の規制範囲に企業への内部化を理由とした法的救済は含まれるとみてよいのではないか。というのも、均等・均衡処遇を認める最近の学説はすべてこの内部化を理由とした救済を認めており、また、短時間労働者法8条も同様の考慮に基づく規定と位置づけられるからである。

　労契法20条が、短時間労働者法8条と異なる規定枠組みを採用したのは、同一性を要件とする8条では内部化された者を十分に捕捉できないからであると考えられ、そうであるならば内部化自体を理由とする法的救済は労契法20条でも否定されていない。内部化された労働者について不合理な格差を設けることは同条においても許されていないといえる。

　また、立法論で挙げられていた例は、個々の給付の目的や性質に応じて合理性を判断していくという手法の採用を念頭においている。正社員と同様に内部化されていない者であっても、給付の種類によっては合理的な格差とはいいがたい場合も否定できないことからこのような方向性は基本的には賛成できる。ただし、個々の給付は他の給付と関連して設定されることも少なくなく、その場合には個別の給付だけではなく、短期や長期といった時間的な軸も含めた企業における人事体系全体も視野にいれた評価がされなければならない。[32]そう考えると、そのような高度な判断は裁判官にはなじまず、手続などが正当であるならば原則として労使の交渉に委ねる方が望ましい。裁判官が判断できるのは、

---

31) なお、通達（平成24・8・10基発0810第2号）によれば、待遇全般を射程に収めているEU諸国の規制と同様に、20条の「労働条件」には教育訓練、福利厚生など労働者に対する一切の待遇を包含するものとされている。

32) 菅野和夫『労働法〔第10版〕』（弘文堂・2012）236頁も不合理性は「当該企業の人事政策、処遇体系、労使関係のあり方の全体のなかでの判断を必要とされる」と述べる。

労使による対等な労働条件決定が確保されておらず、かつ裁判官による裁量の幅が十分に限定されるだけの明確な基準に依拠できるときなどの場面に限られるのではないか。

また、同条が、均衡処遇説のような均衡処遇（たとえば基本給について職務内容や配置変更の範囲に応じた処遇が図られるべきことなどを内容とする）や、平等取扱義務説が述べるように原則として同一基準を採用することまでを要求する規制であるのかについては疑問が残る。

たしかに、労契法3条2項は就業の実態に応じて、均衡を考慮することを要請しており、同項の法的効力については直接的な効果を否定する見解と肯定する見解が対立しているが、いずれの立場に立っても同条の理念が解釈に反映されることは否定されていない。[33] しかし、短時間労働者法9条および10条が、私的自治の大幅な制限になることから均衡処遇を努力義務にとどめたことを考えると、極端に格差があれば別として、一般には労契法20条は、均衡処遇までを求めるものではないように思える。

このほか、法政策的観点を20条の解釈に含めることも可能であろう。たとえば、一定期間経過後に有期労働者に無期転換する権利を付与する労契法18条からは有期雇用から無期雇用への誘導という政策的考慮を看取することができるが、20条のなかにこれを読み込んで、教育訓練などにおいて労働者を不利益に扱った場合にはこれを違法とすることもできるかもしれない。また、上記の均衡処遇も、そのような政策的観点から認めることも不可能ではないが、その場合には政策目的や手段としての規制内容の妥当性が問われることになろう。

---

33) 否定的見解として荒木尚志＝菅野和夫＝山川隆一『詳説 労働契約法』（弘文堂・2008）、肯定的見解として緒方桂子「労働契約の基本原則」西谷敏＝根本到編『労働契約と法』（旬報社・2011）。

第2節　社会保障法

関根　由紀

1　はじめに
2　有期労働と雇用保険
3　有期労働と社会保険
4　まとめにかえて

1　はじめに

　わが国の社会保障制度は1950年の社会保障制度審議会「社会保障制度に関する勧告」以来、制度の中心的役割を社会保険で担っており、1960年には国民皆保険・皆年金体制を実現しているが、制度的、財政的にこれを支えるのは被用者保険であり、男性稼得者によって支えられる家族モデルを基礎とする体制が色濃く残されている。
　一方で近年、経済のグローバル化によって企業活動の国際競争が高まったことなどに対応して労働規制が緩和され、その結果として非正社員（非正規労働者）が増加し、全労働者の3割を占めるようになった。このため、正社員の男性稼得者を中心に据えるこのような社会保障モデルも改変を迫られ、特に非正社員への制度の拡大を視野に入れた社会保障制度の改正が行われつつある。
　有期労働契約は、非正規雇用の一側面であり、短時間労働と合わせて、前述のような被用者保険から除外されてきた経緯がある。2008年にアメリカで発生し日本経済にも大きく波及したリーマンショックは、多くの有期契約労働者の雇止めにつながったことから、有期労働の問題を浮き彫りにし、社会保険の見直しの契機ともなった。
　社会保障に関しては被用者保険と国保・国民年金間の均衡の問題もあり、働き方の多様化によって就労者間で不平等が発生しており、被用者保険の妥当な適用範囲、国保・国民年金の適用のあり方などが検討課題となっている。

2 有期労働と雇用保険

　雇用保険法は、「適用事業に雇用される労働者」（4条1項）を被保険者と定め、「労働者が雇用される事業」を適用事業と定める（5条）。労働保険である雇用保険の適用事業は、業種・規模に関わりなく労働者を1人でも使用する事業とされる。

　ただし法の6条はこれに例外を設けており、65歳以降に新たに雇用される者（1号）、週の所定労働時間が20時間未満の者（2号）、同一の事業主の適用事業に継続して31日以上雇用されることが見込まれない者（ただし43条の規定により日雇労働被保険者となる者を除く）（3号）、季節的に雇用される者であって38条1項各号に該当する者（4カ月以内の期間を定めて雇用される者、週所定労働時間が20時間以上であるが厚生労働大臣が定める時間数（30時間）未満である者）（4号）、学生（5号）、船員（6号）および国や地方公共団体で雇用される公務員（7号）が適用除外となる。有期労働者は、同時に短時間労働者である場合には、適用除外規定の2号、日雇労働者であれば3号、季節労働者であれば4号に該当して適用除外となる可能性がある。

　雇用保険では、さらに一般被保険者以外の特別の被保険者の類型として65歳以後に継続して雇用される「高年齢継続被保険者」（37条の2）、季節的に雇用されるが適用除外（6条・38条1項各号）とならない「短期雇用特例被保険者」（38条）、日々雇用されるかまたは30日以内の期間を定めて雇用され、厚生労働大臣が定める「適用区域」で雇用されるか居住する「日雇労働被保険者」（43条）があり、保険料納付、給付の面において特例が設けられている。高年齢継続被保険者は求職者給付のうち高年齢求職者給付金（一時金）のみ支給され、同様に短期雇用特例被保険者には求職者給付として特例一時金のみが支給される。日雇労働被保険者が失業した場合には、日雇労働求職者給付金（47条ないし52条）が日額で支給される。

　以上の規定のうち、有期契約労働者にとって、特に関係するのは、同一の事業主の適用事業に継続して一定期間以上雇用されることが見込まれない者は適用除外となる規定である（6条3号）。かつては、1年以上の雇用見込みがなけ

れば適用除外となっていたが、前述のリーマンショックに伴う日本での経済危機に際して有期雇用の労働者の雇止めが多数発生し、雇用保険のセーフティネット機能を強化する必要が生じたことから、2009年に法改正がなされて、6カ月以上の雇用見込みがない場合に適用除外となった。さらに2010年の法改正により、現在の規定のように31日以上の雇用見込みがない場合にのみ適用除外となった。また、基本手当（失業給付）に関しては、離職理由によって所定給付日数の長短が決定され、受給資格要件も緩和される。2009年の改正では、倒産・解雇によって離職を余儀なくされた「特定受給資格者」に、①有期労働契約の更新により3年以上引き続き雇用されている者の契約が更新されないこととなったことにより離職した者、および②有期労働契約の締結に際し、当該契約が更新されることが明示されていた場合であって当該契約が更新されないこととなったことにより離職した者が加えられ、上記以外の者であっても、やむを得ない理由により離職した場合には「特定理由離職者」として同様に扱うこととし、その範囲に有期労働契約の期間が満了し、当該労働者が契約更新を希望したにもかかわらず、更新されなかったことにより離職した者を含めることとなった。特定受給資格者、および特定理由離職者に関しては、基本手当の受給資格要件が緩和され、それまでの離職日前2年間に被保険者期間が通算して12カ月以上から、離職日前の1年間に被保険者期間が通算して6カ月以上とされ、所定給付日数も通常の受給資格者よりも手厚く設定された。

　2010年の法改正では、使用者が被保険者の届出を怠った際の雇用保険の遡及的適用に関する規定も緩和された。

　このように雇用保険の適用が拡大された後は、非正規雇用に対する雇用保険の問題は、有期か無期かという雇用期間の問題よりも、むしろ短時間労働者、たとえば被扶養者ではないパートタイム労働者、または20時間未満の労働を複数の事業所で行う多重労働の者に対する保障に課題がシフトしている。

　なお、有期契約の労働者については、雇用保険の適用対象がたびたび変わっているため、事業主のほうで当該労働者が適用対象であるかどうかきちんと把握できていない場合も起こりうる。あるいは、把握していても、そもそも有期雇用は、コストが安い労働力として活用されてきたという面があるので、事業主は意図的に雇用保険への加入を怠ることもある。こうした無知や有期労働契

約の濫用の場合を考えると、加入を怠った事業主の制裁やその場合の労働者の保護について、しっかりと配慮する必要がある。

リーマンショックに続く経済危機に対応するため、2009年には補正予算により、雇用保険を受給できない者に対し、職業訓練を行うとともに、生活保障のための給付を行う緊急措置が実施され、2011年の「職業訓練の実施等による特定求職者の就職の支援に関する法律」により制度化された。この求職者支援制度は、雇用保険を受給できない求職者に対し、無料の職業訓練（求職者支援訓練）を実施し、本人および世帯の収入および資産要件等、一定の要件を満たす場合には職業訓練受講給付金を支給するとともに、ハローワークによる就職支援を実施することにより安定した就職を目指す制度であり、雇用保険を受けられない者に対するセーフティネットとなっている。

雇用保険法は、事業主に対して、その雇用する労働者に関して、被保険者資格の取得や喪失について届け出る義務（7条）とともに、保険料を納付する義務を課している（68条および徴収法15条）。7条に違反してこの届出を怠った事業主には、雇用保険法の罰則規定（83条）[1]が適用される可能性があるほか、届出がなされていなかった期間分の保険料が遡及的に徴収される。ただし、徴収時効が2年と定められているため、保険料が未納であった場合も含め、当該労働者に関しては、被保険者資格が確認された日から2年より前の期間は被保険者期間とならない（14条2項2号）が、事業所全体で未納となっていた場合など一定の要件を満たす場合に、納付を勧奨するなどしてこれが緩和されている（2010年改正による）。

3 有期労働と社会保険

(1) 有期労働と医療保険
(a) 健康保険
(i) 被保険者資格

健康保険法は「適用事業所に使用される者及び任意継続被保険者」を被保険

---

[1] 6カ月以下の懲役または30万円以下の罰金。

者とし（3条）、事業の実態ないし使用関係が臨時的・浮動的な者に関しては「日雇労働者」として適用を除外（3条1項2号ないし5号）している。

具体的には、臨時に使用される者であって、日々雇い入れられる者（3条1項2号(イ)）、2カ月以内の期間を定めて使用される者（同項2号(ロ)）、事業所または事務所で所在地が一定しないものに使用される者（同項3号）、季節的業務に使用される者（同項4号）、および臨時的事業の事業所に使用される者（同項5号）である。

これらの者は、当初予定された期間を超えて、一定期間以上雇用された場合には、その雇用の臨時性・浮動性が解消され、場合によりその時点から、または遡及して初回契約時から被保険者となる適用事業所に使用され、「日雇特例被保険者」となる場合に該当しない限り、被保険者となる。

具体的には、日々雇い入れられる者が同一の事業所において1カ月を超えて使用されるに至った場合、または当初予定の期間（2カ月以内）を超えて引き続き使用されるに至った場合、季節労働者が4カ月を超えて使用された場合、または臨時的業務に継続して6カ月を超えて使用される場合は、被保険者となる。

このように臨時に使用される者が適用除外となったのは、事業所が一定していないために被保険者の資格の得喪、保険料の徴収、保険給付の実施等について把握することが技術的に困難であったからであるが、技術の進歩により身分関係や所得の把握が容易になった現在において、この排除の妥当性は失われているように思われる。

(ii) **日雇特例被保険者**

健康保険の被保険者とならない日雇労働者が、適用事業所に使用された場合には、特定の場合を除き「日雇特例被保険者」として全国健康保険協会が管掌する日雇健康保険に加入し、事業主は当該労働者の標準賃金日額（1等級～11等級）に基づく保険料を、日雇特例被保険者手帳に健康保険印紙を貼付することにより納付し、日雇特例被保険者の保険給付は手帳に貼付された保険料印紙の枚数要件を満たすことを条件に支給される。保険給付の内容そのものは、通常の健康保険と同様である。

2）　厚生省保険局保健課・社会保険庁健康保険課『健康保険法の解釈と運用』(1969) 240頁。

(iii) 任意継続被保険者

任意継続被保険者は、解雇等により適用事業所に使用されなくなったため、被保険者資格を喪失した者であって、喪失する前日までに2カ月以上の被保険者資格があった者が、保険者に申し出ることによって2年間、取得することができる被保険者資格である。しかし任意継続被保険者の健康保険料は、資格喪失までの事業主負担分も含めて全額本人負担となる（上限設定あり）。

(iv) 事業主の義務違反による健康保険未加入

雇用保険制度と同様に、健康保険の場合にも、事業主が有期契約労働者などの非正社員について加入を回避する可能性がある。ここでも、それに対する対処が重要となる。

健康保険法は、適用事業所の事業主に対して、被保険者の資格の取得および喪失について保険者に届け出る義務を課し (48条)、これに違反した場合の罰則規定 (208条) もある[3]。しかし、事業主が社会保険料の納付負担を回避するために、または制度の認識不足からこの届出を怠った場合、当該労働者は健康保険の被保険者資格があるにもかかわらず、その適用を受けられない可能性がある。被保険者が自らその資格の確認を請求する仕組みもあるが (51条)、そもそもこの手続のことを知らない可能性もあり、健康保険が適用されない結果として、たとえば傷病手当金（休業中の所得保障）等が受給できなくなる可能性もある。この問題は、特に加入期間によって給付内容が異なる傷病手当金や、厚生年金の場合に影響が大きい（後述）。

(v) 短時間労働者の問題

健康保険の適用から除外される者として、法文上規定されていないが、1980 (昭和55) 年の社会保険庁内かんにより「1日又は1週の所定労働時間及び1月の所定労働日数が当該事業所において同種の業務に従事する通常の就労者の所定労働時間及び所定労働日数のおおむね4分の3以上である就労者については、原則として健康保険及び厚生年金保険の被保険者として取り扱うべき」として、週の労働時間が30時間未満の者に関しては労働契約の期間にかかわらず適用除外とされている。このことも、雇用保険と同様、有期労働か無期労働か

---

3) 6カ月以下の懲役または50万円以下の罰金。

の問題というよりは、短時間労働者への社会保険の適用の問題として、非正社員全般の社会保障による生活保障との関係で問題となる。

(vi) **社会保障と税の一体改革（2012年）**

野田佳彦内閣が提案し2012年8月に成立した「社会保障と税の一体改革」においては、非正社員のセーフティネットの強化策として被用者保険の適用拡大を掲げており、同年8月22日に公布された「公的年金制度の財政基盤及び最低保障機能の強化等のための国民年金法等の一部を改正する法律」に健康保険法・厚生年金保険法の一部改正が含まれている。

短時間労働者への健康保険および厚生年金の適用拡大策として、2016年10月1日より、①週労働時間が20時間以上、②月額賃金が8.8万円以上、③勤務期間が1年以上の者に対し、従業員501人以上を使用する適用事業所は健康保険・厚生年金を適用することとなった。本改正の評価としては、特に③の勤務期間1年という要件に関して、有期労働契約から無期労働契約への転換の仕組みの導入や、雇用保険・社会保険において雇用期間を適用の基準にする考え方を乗り越えようとしてきた展開から疑問を呈する意見があり、非正規雇用の増加への対応として、雇用保障政策と社会保障政策の対応の調和がとれていないものという適切な批判がある。[4]

(b) **健康保険の適用がない場合：国民健康保険への加入**

健康保険の被保険者資格がない者、あるいはこの資格を喪失し、任意継続被保険者とならない場合は、健康保険の被保険者の被扶養者とならない限り、国民皆保険制度の下で住所を有する市町村の国民健康保険（国保）に加入することとなる。この場合、保険料の額は必ずしも健康保険を適用される場合と比較して高額になるとは限らないが、全額が本人負担となり自ら納付責任を負う（給与からの源泉徴収ではなくなる）ことや、国保には被扶養者概念がなく世帯全員がそれぞれ被保険者となるため、保険料の計算に応益的要素（世帯の人数）が加わり、保険料の負担感が高まる。

---

4) 小西啓文「非正規労働者の社会・労働保険法上の地位」日本労働法学会誌121号（2013）61頁。

また単身者に関しては、家族を守る等のインセンティブがないことから、保険料負担を避け、国保に未加入となる危険性がある。このことが特に非正社員や無職者の医療保険未加入問題の要因となっている。

(c) 有期労働と医療保険に関する小括

見てきたように、健康保険の適用は、有期契約であっても、週の労働時間が30時間以上である労働者に対しては、制度上は適用範囲に含まれることとなってきている。問題は、週の労働時間が30時間未満であり、たとえば複数の事業所で多重労働となっている場合などに社会保険の適用をどうするか、である。

派遣労働に関しては、主に登録型派遣労働者が加入する人材派遣健康保険組合、いわゆる「派遣健保」において、派遣先との契約終了から1カ月以内に次の派遣先との契約が締結される場合には、保険関係を中断せず、継続させる「使用関係の継続」という運用を行い、2つの契約の間の医療保障を被用者保険の適用により確保している。

また、有期契約が断続的に締結される場合、契約と契約の間の期間の医療保険に関しては、任意継続被保険者となるか、国保に加入することとなり、後者の場合に前述のように、未加入となる危険性がある。

(2) 有期労働と年金
(a) 厚生年金
(i) 被保険者

代表的な被用者年金制度である厚生年金保険法は「適用事業所に使用される70歳未満の者」を被保険者と定め（9条）、健康保険法と同様に、事業または雇用関係が臨時・浮動的な労働者を適用除外としている（12条1項2号ないし5号）。これら適用除外者は、上記健康保険法における「日雇労働者」とほぼ一致する。年金の場合、医療保険とは異なり、長期加入により年金受給権を獲得する制度であり、臨時的に雇用される者を適用除外とすることは、少なくとも国民年金との加入期間が通算される以前は労働者にとっても一定の合理性があった可能性もあるが、現行制度の下では、それはなくなっている。

厚生年金制度に関して、健康保険のような日雇特例被保険者制度は存在せず、

適用除外となった臨時労働者は国民年金の第1号被保険者として単に基礎年金部分につき自ら保険料を拠出し老後に年金を受給することとなり、老後の所得保障としては十分なものとはいえず問題となる。

(ⅱ) **事業主の義務違反による不利益**

健康保険法と同様に、適用事業所の事業主は、被保険者の資格の取得および喪失について保険者に届け出る義務を負い（27条）、違反した場合の罰則規定（102条）[5]が定められている。ここで、事業主が社会保険料の納付負担を回避する危険性は健康保険と同様に起こりうるが、この場合に労働者が被る不利益は健康保険以上に深刻となる可能性がある。すなわち、健康保険と同様に滞納された保険料を保険者（国）が遡及的に徴収できるのは、時効により2年までであり、保険料の滞納は労働者が高齢になってから受給する年金の額に直接反映されるため、届出または保険料納付を怠った事業主の義務違反により労働者は経済的損失を被ることとなる。事業主の届出義務が行政法上の義務であり、違反した際に罰則が科されることも前述のとおりだが、それに加えて、義務を怠ったことにより労働者が被る損害に対する民事上の責任も問われることとなり、その根拠としては不法行為、あるは労働契約に付随する義務の不履行等とする学説が存在する[6]。判例では京都市役所非常勤嘱託職員事件（京都地判平成11・9・30判時1715号51頁）において、裁判所は「27条の強制加入の原則は、一次的には厚生年金の財政的基盤の強化を目的とするが、同時に一定の事業所に使用される労働者に対し、その老齢、障害及び死亡について保険給付を受ける権利をもれなく付与することもその目的とするもので、事業主による被保険者資格の取得の届出義務違反行為は、当該労働者との関係でも違法と評価される」と判示し、京都市に対し、届出を怠ったことにより9名の非常勤嘱託員が受け取れる老齢厚生年金の額が減少したことに対する損害賠償を命じた。ただし、本件では、労働者側が被保険者資格の確認請求（厚生年金保険法31条）をしなかったことの過失を3割と認め、損害額との過失相殺を認めているが、労働者が資

---

5) 6カ月以下の懲役または50万円以下の罰金。
6) 加藤智章「強制加入の手続と法的構造」下井隆史先生古稀記念『新時代の労働契約法理論』（信山社・2003）472頁。

格確認の権利について認識していることはおそらく稀であり、この判断には疑問を感じる。

(iii) **短時間労働者および社会保障と税の一体改革**

前述の京都市役所非常勤嘱託職員事件では、短時間労働者への社会保険適用に関する社会保険庁の内かん（昭和55年の内かん）を基に、原告の非常勤嘱託員の労働時間が30時間を超えていたため、健康保険および厚生年金の適用対象となり、京都市役所が厚生年金の加入手続を行わなかったことが問題となったことからも見られるように、厚生年金に関しても、有期か無期かという問題よりもむしろ、労働時間による公的年金の不適用が非正規雇用の労働者との関係で問題となっている。

すでに述べたように、2012年8月に行われた社会保障と税の一体改革においては、週の労働時間が20時間以上であり、一定の要件を満たす者に関して厚生年金保険の適用を拡大することが決まっており、一定の対応がなされているものの、従業員を501人以上使用する企業のみが本改正の対象となっており、勤務期間が1年以上の者に限られるなど、より広範な適用範囲の拡大が今後必要となることも指摘されている。

とはいえ、社会保障と税の一体改革による、これまで第3号被保険者として被用者年金への加入・保険料納付の必要がなかったいわゆる「専業主婦」に対する被用者保険の拡大には事業主の強い抵抗があり、また雇用への影響も出てくることが考えられる。しかし、雇用調整手段としての非正社員の利用には、社会保障に関しても相応の負担を事業主にしてもらうことが不合理とならない利点があり、また、国民連帯の理念からみても不合理ではないだろう。経過措置として、事業主の保険料負担の免除、一部軽減の措置なども考えられるであろう。

(b) **有期労働と国民年金**

被用者年金が適用されない労働者は、国民年金の第1号被保険者となり、老後の所得保障が格段に縮小される。契約期間との関係では、週の所定労働時間が30時間以上であれば制度上は適用対象となっており、事業主の届出義務違反、または保険料未納がない限りは被用者年金の適用がある。そうすれば、国民年

金の第2号被保険者となることにより、その被扶養配偶者も第3号被保険者としての保護が受けられることとなるため、影響は大きい。ただし、前述のとおり、事業主の行動により実質的な制度からの排除が行われないよう、配慮する必要がある。

4　まとめにかえて

　有期労働と社会保険の適用に関しては、近年、非正規雇用の増加に対応して、また2008年のリーマンショック以降は、有期契約労働者の雇止めに対応して、適用範囲の拡大により、状況は改善してきている。

　ただし、制度上は適用対象に含まれる場合であっても、事業主の悪用または制度の無知により、実質的に排除される可能性があり、これに対しては行政庁による制度の周知努力などの対応が必要となる。また、労働者の権利を守るための保障措置も必要である。

　また有期労働契約は、コストの低い労働力として活用されてきた面が強いので、社会保険の適用対象を拡大して、事業主の負担する社会保険料コストが増えると、有期雇用が減少するのではないかという懸念もある。こうした懸念に対しては、経過措置を設けて、保険料免除や、保険料負担なしで被保険者資格が得られる措置なども検討してもよいと思われる（フランスなどでは、そうした措置がとられている）。

第2章 外国法の状況

第1節　ヨーロッパの有期労働契約法制—〔1〕EU指令

櫻庭　涼子

1　はじめに
2　趣　旨
3　国内法整備の要求
4　濫用防止措置
5　均等待遇
6　その他の規制
7　おわりに

1　はじめに

　諸外国の有期労働契約法制は「アメリカ型」と「欧州型」とに分かれる[1]。有期契約の利用や待遇について規制せず契約の自由に委ねるのが「アメリカ型」である。EUの有期労働契約規制は「欧州型」としてこれに対比される。EU加盟各国の規制の経緯・趣旨・内容は、次稿以下で検討されるように、一様ではない。しかし現在では、1999年採択のEU有期労働指令(以下、単に「EU指令」「指令」として言及することがある)[2]が一定の枠組みを設けている。その1つの柱が有期労働契約の濫用防止である。有期労働契約の更新に関し、①更新を正当化する客観的事由、②総継続期間の上限、③更新回数の上限のうち1つまたは複数の規制を整備するよう求めるものである。指令のもう1つの柱は、有期労働契約ゆえの不利益取扱い禁止である。EU加盟国の法制は、これらの枠組みを少なくとも下回ってはならない。

---

1)　荒木尚志「有期労働契約規制の立法政策」菅野和夫先生古稀記念論集『労働法学の展望』(有斐閣・2013) 165-170頁。

2)　COUNCIL DIRECTIVE 1999/70/EC of 28 June 1999 concerning the framework agreement on fixed-term work concluded by ETUC, UNICE and CEEP, OJ [1999] L 175/43. 指令の翻訳については、小宮文人＝濱口桂一郎『EU労働法全書』(旬報社・2005) 201頁以下。

労契法2012年改正によって、日本の立場はアメリカ型から欧州型へと移行したと評価されている。無期転換ルールを定める労契法18条は、上記第1の柱から②を選択したものとして、不合理な労働条件の相違を禁じる20条は、第2の柱に対応したものとして理解することもできる。実際、立法過程では、欧州諸国の法制の研究を踏まえて政策的選択肢が示されていたところである。このような経緯からすると、日本の現行法や今後の方向性を論じるうえでは、EU指令とそれを基礎とする欧州諸国の法制を理解しておくことが不可欠の作業となる。そこで本稿では、EU加盟国の法制に先立ち、EU指令の趣旨・枠組み・内容を検討する。

2　趣　旨

(1) 採択の経緯

　EUレベルの有期労働契約規制の提案は、1980年代に遡る。最初に採択されたのは安全衛生に関する指令であった。有期契約の利用制限・待遇規制の導入も提案されていたが、閣僚理事会（Council）において全会一致に至らず見送られた。こうした経緯にもかかわらず1999年にEU有期労働指令が採択されたのは、欧州レベルで成立した労働協約（枠組協約（framework agreement））を指令に転換する方法をとったからである。
　この欧州レベルの交渉過程を辿ると、不利益取扱い禁止規制については使用者団体側も強く反対しなかったことが分かる。その交渉担当者への授権事項においては、当初から、反差別（non-discrimination）原則適用の「方法」や「条件」が含まれていた。有期ゆえの不利益取扱いは、職務給を基盤とする欧州では多くはみられず、それゆえ禁止されても大きな影響を受けないと予測されて

---

3) Council Directive 91/383/EEC of 25 June 1991 supplementing the measures to encourage improvements in the safety and health at work of workers with a fixed-duration employment relationship or a temporary employment relationship, OJ [1991] L 206/19.
4) 櫻庭涼子「EU社会法の柔軟性と正当性」濱本正太郎＝興津征雄編『ヨーロッパという秩序』（勁草書房・2013）61-62頁。
5) K. Ahlberg,'The Negotiations on Fixed-term Work' in C. Vigneau et al. (eds.), *Fixed-Term Work in the EU* (National Institute for Working Life, 1999) 13-38.

いたのであろう。

これに対し、有期労働契約の利用制限に関しては、両者の主張は大きく隔たっていた。労働組合側は、無期契約における義務の回避を防ぐため、有期労働契約の利用を制限すべきだと主張していたが、使用者側は有期労働契約規制をむしろ撤廃するよう求めていた。最終的にEUレベルの使用者団体の同意が得られたのは、労働組合側の譲歩により、第1に、有期労働契約の初回の利用については規制が及ばず、第2に、有期労働契約が継続した場合に何らかの規制が課されるとしても、締結事由規制と、総継続期間・更新回数上限の2種類の規制が重畳的には適用されないことになったからである（表1において、欧州レ

〔表1〕 濫用防止規制に係る交渉の経緯

【1998年3月　ETUC交渉担当者への授権事項】 以下の事項のいずれも満たすべきこと。 　① 有期雇用の利用につき理由・正当化・制限を設ける。 　② 有期雇用の期間の上限を3年とする。 　③ 有期契約の更新回数の上限を2回とする。
【1998年11月12-13日　ETUC草案】 有期契約は、その利用による濫用を防止するため、客観的な事由に基づいて利用されるべきものとする（①）。有期契約の継続に関しては、加盟国は、有期契約の利用を正当化し得る客観的な事由を定め（②）、かつ、有期契約の継続期間の上限を設定（③）または有期契約の更新・延長の回数を制限（④）しなければならない。 ※同年3月の交渉事項と比較すると、最初の有期契約の締結について客観事由を求める部分は、法的拘束力をもたない定めとなり、継続期間や更新回数の上限も具体的な数字は示されないことになった。 　→使用者側は、有期契約の継続が一定の場合には濫用にあたり得るという主張を認めはじめ、また、このような濫用の事態に対するある種の規制について交渉する姿勢をとるようになる。その一方で、初回の有期契約につき①のような定めを挿入することと、②と③・④の規制が重畳的に適用されることに反対した。
【1998年11月26-27日　ETUCの妥協】 上記草案のうち、②・③・④のいずれか1つでよいものとする。
【1998年12月　ETUCと使用者側の交渉担当者の合意】 上記草案のうち、①の定め（有期契約の初回の利用について）は削除される。

ベルの労働組合 ETUC の主張がどのように推移し妥結に至ったかをまとめた）。

このような採択経緯にかんがみると、EU 指令を理解するためには、有期労働契約の初回の利用は規制に服さないということがまず重要である。また、2回目以降の継続利用に対して正当化事由規制を行うこともありうるが、それは政策的選択肢の1つにすぎないということが、もう1つのポイントだと思われる。関連して、正当化事由規制の存在が必ず法的介入の度合いを強めるわけではないことも確認しておく必要があろう。たとえば総継続期間に上限を設けつつ、その上限を超える場合であっても正当化事由が備わっていればさらに更新を認めるといった国内法整備もあり得る。正当化事由規制は柔軟性確保の機能も果たし得るのである。

(2) 目 的

EU 有期労働指令の目的は、第1に、反差別原則の適用の確保によって有期労働の質を向上させること、第2に、有期労働契約の継続利用による濫用を防止するための枠組みを樹立することにあるとされる（枠組協約1条および指令前文14）。

(a) 濫用防止措置

後者の濫用防止との関係では、有期・無期の労働をそれぞれどのように評価・把握するのかということが重要である。枠組協約によれば、「無期労働契約は、使用者と労働者の雇用関係の一般的な (general) 形態であり、当該労働者の生活の質を向上させ、より良い労務の遂行につながるものである」とされる（枠組協約・一般的考慮事項6）。その一方で、有期契約についても、「一定の状況下では、使用者と労働者の双方のニーズに即したものである」こと（枠組協約・前文第2段）、「有期労働契約は、一定の産業部門・職業・業務においては、使用者と労働者の双方に適したものとなりうる」こと（枠組協約・一般的考慮事項8）が確認されている。

つまり、指令は、有期契約が一定の職種や一定の労働者との関係では有用なものでありうることを認めつつ、労働者の生活やパフォーマンスに関して無期契約がもつ意義を確認する。「雇用の増加につながるような経済成長」（指令前

文5)、「柔軟性と安定性とのバランス」を図るという考えも示されている（指令前文6)。

ただ、後述するように、欧州司法裁判所（Court of Justice of the European Union）は、濫用防止の趣旨は不安定な雇用（instability of employment）から労働者を守ることにあるとしており、近年では、有期雇用について、無期雇用との関係では例外的な（exceptional）ものであるとの位置づけを示すに至っている。この趣旨に沿って有期雇用利用への制約は強化されている（後述)。

(b) 不利益取扱いの禁止

前述のように、反差別原則が採用されたのは、その確保によって「有期労働の質を向上させる」ことを目的としたからである（不利益取扱い禁止は手段にすぎない)。「人権の尊重」や、普遍的権利として平等権を定める国際人権文書等への言及はみられない。指令は、1989年採択の労働者の基本的社会権に関するEC憲章（Community Charter of the Fundamental Social Rights of Workers）の定めを挙げている（前文3)。この定めによれば、市場統合は労働者の生活・労働条件の向上につながるものでなければならず、これは、有期契約などの雇用形態に係る生活・労働条件の接近によって達成されるべきである。この定めに照らし、また反差別という枠組みが採用されたことも相まって、不利益取扱い禁止についても欧州司法裁判所は厳格な解釈を導いている（後述)。

3　国内法整備の要求

加盟国は、本指令が求める結果を達成する義務を負う。形式・方法の選択は加盟国に委ねられる（前文15)。

指令は、労働契約・労働関係を有する有期労働者に適用され（枠組協約2条)、

---

6) Case C-109/09 Deutsche Lufthansa AG v Kumpan [2011] ECR I-000.
7) 宗教・障害・年齢・性的指向に関する指令においては、これらの言及がみられる（櫻庭涼子『年齢差別禁止の法理』（信山社・2008）214頁)。
8) 指令は最低基準を定めるものであり、有利な規定を維持・導入することはできる（8条1項)。また、国内法における保護水準低下の理由として指令を用いてはならない（8条3項)。

公共部門にも民間部門にも適用される[9]。有期労働者（fixed-term worker）とは、使用者との契約・関係が、特定の日の到来、特定の任務の完了または特定の事実の発生など客観的事情によって終了する者を指す。使用者・労働者間で「直接に」成立する労働契約・労働関係を有するものとされており（3条1項）、本指令は、労働者派遣機関によって派遣先企業に配置され使用されている派遣労働者には適用されない（枠組協約前文第4段）[10]。

この指令に関する紛争の防止・解決は各加盟国に委ねられるが（枠組協約8条5項）、国内裁判所は、判決を行うために一定の解釈問題を解決しておく必要があるとき、欧州司法裁判所に問題を付託し、先行判決（preliminary ruling）という形で回答を得ることができる[11]（これにより判例法理が形成される）。

本指令は、労使団体がその特別のニーズを考慮して労働協約を締結し、それによって枠組協約を修正・補完する権利を妨げるものではない（8条4項）。濫用防止などの個々の措置についても、加盟国ではなく労使がその措置の内容を取り決めることができるものとされている。実際、オランダでは労働協約による柔軟化が盛んに活用されている（本節〔5〕）。

柔軟性確保の趣旨の表れとして、適用範囲について加盟国に一定の裁量が与えられていることも指摘できる。まずそもそも、労働契約・労働関係の意義は、指令では定義されておらず、各加盟国の法、労働協約または慣行により定めるものとされる（2条1項）。適用除外も認められている。初等職業訓練関係・徒弟制度や、訓練、統合および職業再訓練のための一定の公的制度あるいは公的支援を受けた制度に基づく労働契約・労働関係には適用しないものとすることができるのである。この適用除外は、加盟国が労使との協議を経て、あるいは労使自身が定めるものとされている（2条2項）。

---

9) Case C-212/04 Adeneler [2006] ECR I-6057.
10) 労働者派遣に関する指令は後に別途、採択されている（Directive 2008/104/EC, OJ [2008] L 327/9）。
11) 庄司克宏『新EU法基礎篇』（岩波書店・2013）141頁以下。

4 濫用防止措置

(1) 指令の枠組みの意義
(a) 2回目以降の有期の利用に対する規制

前述のように、EU加盟国は、次に掲げる1または2以上の措置を講じなければならない（枠組協約5条1項）。

①有期労働契約または有期労働関係の更新を正当化する客観的な事由
②継続する有期労働契約または有期労働関係の通算期間の上限
③継続する有期労働契約または有期労働関係の更新回数

これらは、「継続する有期労働契約または有期労働関係の利用による濫用を防止するため」に実施されるべきものである（同項）。

ここで問題になるのが、この目的を達成するための手段が、上記3つの措置であるといえるのはなぜか、その理由である。たとえば日本の雇止め法理のように使用者側の言動も勘案して労働者保護の必要性を判断すべしとはいえないのか。3つの選択肢に限るとしても、これらは相互にどのような関係に立つのか。また、既述のように初回の利用には何の規制もかからないが、それはなぜか。

これらの点は、どのような観点から規制を及ぼすのかということから説明できる（表2参照）。雇止め法理と比較しながら考えてみると次のようになる。

雇止め法理は、更新についての労働者の期待が合理的な程度に達したとき、解雇規制を及ぼそうとする。これに対しEU指令は、濫用に至るのを防止し、濫用に至る前に有期の利用を制限しようとする。そのため雇止め法理では、他の有期労働者がこれまで期間満了後も引き続き雇用されてきていたり、継続雇用を期待させる使用者の言動があったりすると、それらは更新の期待を生ぜしめ規制を肯定するための要素として考慮される。これに対して濫用の防止を目指すEU指令では、こうした事情は考慮されない。他の有期労働者が引き続き雇用されていなかったとしても、当該労働者は濫用の対象になっているかもしれない。濫用という評価は、使用者の言動によって覆されるべきものではない（更新可能性がないことを労働者に説明していても濫用は濫用である）。

〔表２〕　２回目以降の有期の利用に対する規制

EU指令				雇止め法理		
選択肢	選択肢の趣旨	規制の観点	⇔	考慮要素	考慮要素の趣旨	規制の観点
正当化事由規制	臨時的理由によることの確保	濫用に至らない→防止・規制の必要なし		作業内容の恒常性	恒常性の表れ	労働者の合理的な期待の発生→解雇規制の類推適用
通算期間の上限	臨時的理由によることのみなし			通算期間の長さ	恒常性の表れ	
更新回数の上限	臨時的理由によることのみなし			更新回数の多さ	恒常性の表れ	
				他の有期労働者の継続雇用という実態	継続雇用への期待を高める	
				使用者側の言動	継続雇用への期待を高める	

　労働の臨時性・常用性、通算期間、更新回数の３つは、雇止め法理においてもEU指令の枠組みにおいても登場する。もっとも、雇止め法理においては労働者の期待を高める「恒常性」を示すものとして挙げられているのに対して、EU指令では有期の利用の「臨時性」を確保するための選択肢であり、同じことを表から見るか、裏から見るか、その方向が違うのである。しかも雇止め法理は、これら要素の総合考慮という方式をとる。これは、EU指令が、「無期雇用が雇用の一般的形態である」という立場からスタートし、濫用を未然に「防止」しようとするからである。期間満了によって原則として雇用は終了するのであり、期待が一定程度に達したときに初めて保護するという雇止め法理とは、出発点や観点を異にするといえる。

　それでは、EU指令の３つの選択肢の相互の関係はどのように説明できるか。まず、中心にあるのは、有期で雇用することはその臨時性によって基礎づけら

れなくてはならないということであろう。正当化事由規制は、これを直接的に確保しようとする（表2参照）。[12]

通算期間や更新回数を制限する場合、有期契約の利用が一定の上限内にとどまっていることは、それが臨時的理由によることと同義ではない。[13] しかしそのように「みなす」ということであろう（表2参照。表3の①の場合）。逆にその上限を超えた場合には、有期の利用は臨時的理由によらないものであって濫用であると「みなす」（表3の②）。国によっては、上限を超えた場合でも正当化の余地が認められているところもある。その場合は、濫用によるものと「推定する」（表3の③）。[14]

これらの正当化事由規制と通算期間・回数制限の効果は、各加盟国の実施のあり方に左右される。正当化事由を求めるといっても、その事由の範囲が広いのか狭いのかによって規制の強弱は異なる。通算期間・回数制限による場合も短期間・数回しか認められないのか、長期間・多数回にわたることが許されるか等により効果は異なる。通算期間・回数制限のみ行う場合、そこに到るまで使用者は無制限に有期を利用できるとすると、使用者の規制回避行動を可能にする面がなくもない。一方で、制限を超えた場合の正当化の余地がないと（表3の②）それはそれで不都合も生じうる。またいずれの規制をとるにしても、ある有期契約とその後に締結された有期契約がどのような場合に「継続（successive）」していると認められるか（クーリング期間がどのくらいあれば「初回の」有期として規制を免れるか）によっても規制の効果は大きく左右される。

このような実施の詳細はすべて各国の判断に委ねられている。加盟国それぞれの、また業務の季節性など産業・職業それぞれの個別事情が考慮されるようにするためである（枠組協約・一般的考慮事項10）。国内法化に際して加盟国に要

---

12) 指令において3つの措置のうち客観的な事由規制が最低限の要件とされているわけではないが（Case C-268/06 Impact v Minister Agriculture and Food [2008] ECR I-2483）、ここでは指令の枠組みの説明を試みている。
13) 政策的選択肢のバリエーションは表3で示すものに限定されるわけではない。
14) 前掲注（9）のAdeneler事件で引用されるギリシャ法（英語版）では、更新は客観的事由によって正当化される場合に許容されるとしたうえで、総継続期間が2年を超える場合または2年以内の更新が3回を超える場合には、企業等の安定的・恒常的需要に応じたものであると推定（presume）され無期に転換する。これに対し使用者側が反証することは認められる。

〔表3〕 濫用防止措置の組合せの例

規制タイプ / 考慮事項	正当化事由規制のみ	通算期間 or 回数制限のみ（超えると正当化の可能性がない場合）		通算期間 or 回数制限のみ（超えても正当化の可能性がある場合）		正当化事由規制＋通算期間・回数制限（超えると正当化の可能性がない場合）	
		制限内（①）	制限超（②）	制限内（①）	制限超（③）	制限内（①）	制限超（②）
有期利用の理由	XX	−	利用	−	XX	XX	利用
通算期間・回数	−	−	不可	−	−	−	不可

求されることは、「特定の産業または特定の範疇の労働者に係るニーズを考慮する」ことと（5条1項）、労使が関与すべきことだけである。欧州司法裁判所の判例においても、どのような濫用防止措置を講じるかに関し、加盟国には裁量の余地（margin of appreciation）が与えられているとされている。

(b) **初回の有期の利用に対する規制**

すでにみたように、EU指令では、初回の有期の利用に対して正当化事由を求めていない。欧州司法裁判所においても、初回の有期の利用について制裁を課すことは加盟国に求められていないとされている。この趣旨は、1度も継続したことがない有期契約は、一時的・臨時的な需要によるものと「みなす」、したがって濫用という評価は受けないということであろう（**表4**）。雇止め法理と違って、更新を期待させる言動が使用者側になかったかどうかが問われないのは、既述のとおりである。

ただ、その一方で、初回の有期の利用規制を維持ないし導入することが禁じられているわけではない。枠組協約によれば、「有期労働契約の利用を客観的

---

15) 濫用防止措置を導入するのは労使であってもよいし、加盟国がこれを行う場合は労使との協議を経て導入すべきものとされる。
16) 前掲注（9）Adeneler 事件判決。
17) Case C-144/04 Mangold [2005] ECR I-9981.

〔表4〕 初回の有期の利用に対する規制

EU指令				雇止め法理		
内容	趣旨	規制の観点		考慮要素	考慮要素の趣旨	規制の観点
義務ではない	臨時的理由によることのみなし	濫用に至らない→防止(規制)の必要なし	⇔	作業内容の恒常性	恒常性の表れ	労働者の合理的な期待の発生→解雇規制の類推適用
				他の有期労働者の継続雇用という実態	継続雇用への期待	
				使用者側の言動	継続雇用への期待	

な事由によるものとすることは、濫用防止の1つの方法である」とされており（一般的考慮事項7）、指令よりも労働者に有利な国内法は維持・導入できる（8条1項）。初回の有期の利用規制を指令実施後に廃止すると、むしろ、指令を理由に労働者保護の全体的水準を引き下げたとして指令違反になりうる（8条3項）。[18]

(2) 「継続」の意義

前述のように、どのような場合に有期契約が「継続」していると把握され、規制の対象になるかということは、有期契約の利用制限においてきわめて重要な意味をもつ（初回の利用と把握されると、規制対象から外れる）。指令においては、「継続」という概念は定義されておらず、加盟国内において、労使と協議のうえで（あるいは労使自身が）その条件を設定するものとされている（5条2項）。しかし、加盟国の裁量の余地にも制約がないわけではない。その裁量の行使は、濫用防止という指令の目的や実効性を損なうものであってはならない

---

18) Case C-378/07 to C-380/07 Angelidaki v Organismos Nomarkhiaki Aftodiikisi Rethimnis [2009] ECR I-3071.

からである。

　2つの有期契約の間の空白期間が20労働日以下の場合にのみ明らかに「継続」しているとみなすギリシャ法の定めは、指令の目的・実効性を損なうものだ、とされた。[19] 労働者は空白期間を設けることに同意せざるを得ないのが実情であるから、何年にもわたって雇用の不安定にさらされることになり、有期契約労働者の多くが指令の保護を受けられなくなる事態を招く。使用者は恒常的な需要であっても有期契約を締結することが可能になり、濫用からの保護という指令の目的は達成されなくなってしまう、とされた。

　これに対し、上記規制後に導入されたギリシャ法では、空白期間が3カ月未満の場合には、その有期契約は先行する有期契約と「継続」しているとみなすとされている。この3カ月という期間はクーリング期間として十分な長さであると評価されている。[20]

(3) 「客観的な」事由の意義

　濫用防止措置の選択肢の1つである、有期労働契約の更新を正当化する「客観的な (objective)」事由の意義についても、欧州司法裁判所の判例により統一的な基準が定まってきている。この点について最初に判断を示したAdeneler事件[21]は、ギリシャの公共部門の有期労働者が、その労働契約に期間の定めがないことの確認を求めて提訴した事案である。ギリシャ法では、当初、法律の規定に基づいていれば客観的事由による有期契約の利用として認められると規定されていたため、このような定めはEU指令に反しないか、指令にいう「客観的な」事由の意義が争われたのである。

　欧州司法裁判所によれば、加盟国は、濫用防止措置のいずれをとってもよいが、指令が課す結果の達成を求められているから、客観的な事由を要求する国内法整備を行うとき、「客観的な」事由は、有期の利用を正当化するような、当該業務の明確かつ具体的な事情を指すものと解されなければならない。契約の対象たる当該作業の特質やその固有の性格、あるいは、正当な社会政策目的

　19）　前掲注（9）Adeneler事件判決。
　20）　前掲注(18)Angelidaki事件判決。
　21）　前掲注（9）Adeneler事件判決。

などがこれにあたる。単に法律による一般的・抽象的な定めの存在のみによって正当化が試みられている場合、これは当該業務の特質やその業務が遂行される条件による正当化ではないうえ、更新事由が現実の必要性に応じた適切かつ必要なものであることを裏づけることができないから、その有期の継続利用はEU指令に違反していると解されることになる。このような解釈をしなければ、有期雇用が濫用され、雇用の不安定さから労働者を保護するという枠組協約の目的に反する結果を生み、無期雇用が一般的な雇用形態であるという原則の意義が失われることになってしまうとされる。

上記基準のうち「客観的な事由」の1つとされる社会政策目的の例が示されたのが、Kücük事件である[22]。この事件は、産休等を取得中の労働者に代替するために13回の有期契約により11年にわたり雇用されていたドイツの裁判所職員の事案である。欧州司法裁判所によれば、休職中の労働者と一時的に交替するという理由は、原則として5条1項にいう「客観的な」事由にあたりうる。特に、正当な社会政策目的と認められる目的を追求するものであるなら、このような解釈には高度の必要性が認められるところ、本件のような妊娠・出産の保護や、家庭における義務と職業生活との調和を可能にしようとする措置は、EUの判例においても立法においても正当な社会政策目的によるものと認められてきている、とされる[23]。

ただ、欧州司法裁判所によれば、交代要員の必要のために更新された有期契約は、原則として客観的な事由によるといえるが、加盟国は、同一人物と、あるいは同一労務の遂行を目的として締結された有期契約の回数や総継続期間など、当該事案における関連事情をすべて考慮して、使用者によって濫用が行わ

---

22) Case C-586/10 Kücük v Land Nordrhein-Westfalen [2012] ECR I-000. 同判決および近年の判例展開について検討するものとして、橋本陽子「有期労働契約の更新を正当化する『代替』の意義」貿易と関税2012年8月号（2012）79頁。

23) ただここでは、代替人員への需要は、大規模な企業では繰り返し恒常的に生じるのであり、代替人員が従事する業務自体は当該企業の通常業務であるため、代替人員の必要は一時的・臨時的な事由とはいえないのではないか、ということがさらに問題になった。この点について、欧州司法裁判所は、代替された労働者が休暇後の復職を予定している限り、代替人員への需要はやはり一時的なものであるとする。従事している業務の臨時性ではなく、ポイントは、有期雇用による代替労働者の雇入れが一時的な需要に応じるためのものだったかどうかということになる。

れないようにしなければならない。こうした解釈が求められるのは、指令が求める結果を加盟国は保障しなければならないからである。指令5条1項が濫用防止措置の整備につきいずれかの選択肢をとるよう要求していることと、このような解釈とは、矛盾しないとされている。

(4) 履行確保

有期の濫用防止規制に違反したときの措置は、必ずしも無期契約への転換でなくてもよい。指令においても、どのような条件をみたす場合に有期契約を無期契約とみなすものとするのかということは、加盟国が労使との協議を経て（あるいは労使が）決定するものとされる（5条2項(b)）。

もっとも、欧州司法裁判所によれば、加盟国は、指令5条1項により、実効性のある防止措置をとるよう要求されている。加盟国は一般に、指令の目的に照らして最も適切な形式・方法を選択することで指令の実効性を確保するよう求められると解されている。したがって、濫用事案に対して十分な実効性・抑止力を備えた措置を用意しておかなくてはならない。その措置は、類似の状況下で用いられる既存のルールと比較して不利であってはならないし、その権利行使を事実上不可能にするか、または著しく困難にするものであってもならない。

具体的には、民間部門について無期契約への転換規定を置く一方で、公共部門については、恒常的な需要のために濫用的に更新されてきた有期契約に関して転換を禁止し、ほかに何ら濫用防止措置を講じていなかった事案において、このような無期転換禁止規定は指令に反すると解されている。その一方で、無期転換が禁止されていても、濫用事案について当該労働者に対する金銭の支払いを使用者に命じたり、責任者が罰則や懲戒処分の対象になりうるとされているならば、それらが濫用の防止・制裁という目的を達成するために十分な措置であるといえる限り、指令に違反しない。

---

24) 前掲注（9）Adeneler事件判決、前掲注(18) Angelidaki事件判決。

(5) 労働条件変更

濫用防止措置の実効性確保に関しては、使用者が、労働者の有期契約を無期契約に転換するとき、併せてその労働条件を引き下げることが許されるかが問題になりうる。このことが争われたのが Huet 事件である[25]。

この事件は、フランスの大学で有期契約のもとで勤務していた労働者の事案である。フランスの公務員に関する法規定においては、6年以上引き続き有期契約で雇用された労働者との契約を更新する場合、その契約は無期でなければならないと定められていた。この規定に基づき、当該労働者は6年以上勤務した後、大学と無期契約を締結したが、その際、職名は「研究者」から「研究職員」に変更され、賃金も引き下げられたため、その無効を求めて出訴したものである。欧州司法裁判所の判断が求められたのは、加盟国が濫用防止措置として一定期間継続後の無期転換を定めているとき、その無期契約は、先行する契約の主要な条項を同一条件のまま引き写したものでなくてはならないのか、ということである。

欧州司法裁判所によれば、加盟国はこのような義務を負わない。ただ、当該労働者の作業の主たる内容やその職位の性質が無期転換に伴って変わることがない場合には、指令の実効性・目的を損なうことのないよう、当該労働者に全体として不利益になる実質的な変更は行ってはならない。これは、不利益な労働条件の提示によって無期契約の締結を抑止し、それによって労働者保護の主要な要素である雇用保障の利益を失わせることのないようにするためである。

5　均等待遇

(1)　概要・趣旨

指令の規制のもう1つの柱は、有期労働者への不利益取扱いの禁止である。すなわち、有期労働者は、有期契約を締結しまたは有期関係にあることを理由として、比較可能な常用労働者（無期労働者）よりも不利益に取り扱われてはならない（枠組協約4条1項）。また、特定の労働条件に関し勤続期間の要件が定

---

25) Case C-251/11 Huet v Université de Bretagne Occidentale [2012] ECR I-000.

められる場合においては、有期労働者についての勤続期間要件は、無期労働者についての要件と同一でなければならない（同条4項）。

この規定を把握するうえで重要なのは、性差別禁止などの人権保障に係る差別禁止との違いであろう。規制趣旨の違いはすでに述べたが、規制の枠組みをみても、この規定では間接差別が対象に含まれず、客観的事由を示すことで正当化される場合があることを認めている。この点において両者は異なる[26]。間接差別が規制されないと、たとえば勤続期間に応じた異なる取扱いはカバーされないことになる。

もっとも、この4条について、欧州司法裁判所は、EUの「一般原則の1つである平等取扱原則と反差別原則の重要性にかんがみると」、指令の不利益取扱い禁止規定は、EUの「特別に重要な社会法のルールであるから、一般的に適用されるべきものである」、EUの「社会法の原則であるから、限定的に解釈されてはならない」として[27]、拡張的な解釈を示してきている。このような重要性は、前掲1989年の憲章（7条および10条）やローマ条約（Treaty Establishing the European Community。前文および136条）において、労働者の生活・労働条件の向上が、また、労働者がその地位にかかわらず社会的保護を受けるべきことが定められていたことなどから導かれている[28]。欧州司法裁判所は、有期ゆえの不利益取扱い禁止は、性差別など人権保障に係る差別規制とは区別しつつ、しかし労働条件改善の手段としての不利益取扱い禁止の重要性を強調しているのである。

(2) 「労働条件」の意義

規制対象たる「労働条件（employment condition）」（4条1項）は、期間満了による終了はこれに該当しないと解されているが[29]、その点を除くと、広範なも

---

26) 川田知子「EC指令における差別禁止事由の特徴と相違」亜細亜法学44巻2号（2010）77頁以下。
27) Case C-307/05 Del Cerro Alonso v Osakidetza-Servicio Vasco de Salud [2007] ECR I-7109.
28) Case C-268/06 Impact v. Minister for Agriculture [2008] ECR I-2483.
29) C. Barnard, *EU Employment Law*, 4th ed., (OUP, 2012) 440.

のと解されている。職域年金や賃金は労働条件に含まれる[30]。内部昇進に関する選考手続において有期契約で勤務していた期間を考慮しないという扱いも、当該職位へのアクセスの問題ではあるが、労働条件に該当する[31]。そうでなければ差別禁止規制の適用範囲が縮減してしまうからである。

この点に関連して、有期契約労働者が後に無期契約を締結するに至った場合において、その無期契約の労働条件に関し、有期契約で勤務していたことゆえの不利益取扱いが行われたとき、本条違反を惹起するのかということも問題になる。この点が争われたのが Santana 事件である。この事件では、スペインにおいて臨時的公務員（有期）を経てキャリアの公務員（無期）に任用された者が、その任用後、一定の地位への昇進に応募したところ、その昇進要件として、一定のカテゴリーの職にキャリア公務員として10年以上勤続していたことが求められており、同人は、キャリア公務員任用後の期間のみが考慮され臨時的公務員として勤務した期間が考慮されなかったために昇進要件を満たさず、昇進の選考手続から外された。

欧州司法裁判所によれば、臨時的公務員として勤務した期間についての差別がその争いの対象であるから、キャリア公務員に任用されたことで、この4条が適用されなくなるわけではない。同条の文言・趣旨は、このような適用を妨げるものではない。差別禁止と濫用防止という指令の目的はむしろ、これを肯定する方向に働く。本件のような事案を適用範囲から外すと、差別からの保護の範囲を実際上縮小し、不当に限定的な解釈をすることになり、本条の目的が考慮されないことになってしまう、とされる。

(3) 「比較可能な常用労働者」との不利益な取扱い

第2に、有期労働者への取扱いが有期ゆえの不利益かどうかということが問題になる。まず、指令の文言上、その規制対象は、労働者が有期契約を有すること「のみ (solely)」を理由とするものとされているので（4条1項）、一定の因果関係を有することが求められる。

---

30) 前掲注(27)Del Cerro Alonso 事件判決、前掲注(28)Impact 事件判決。
31) Case C-177/10 Rosado Santana [2011] ECR I-000.

この因果関係は、「比較可能な常用（無期）労働者（comparable permanent worker）」との比較によって判断される（4条1項）。「比較可能な常用労働者」は、指令において定義されている。①無期の労働契約または労働関係を有し、②同一の事業所において、③同一または類似の労働または職業に従事する者とされている（3条2項）。③の判断に関しては、指令においては資格または技能を考慮するものとされており、欧州司法裁判所の判例によってさらに、労働の性質、訓練要件および労働条件が考慮されることが明らかにされている[32]。当該労働者の義務の性質は、下記の「客観的な」事由の判断の要素となるだけでなく、比較可能性の判断における基準の1つでもあるということになる。②については、場合によっては、同一使用者の他の事業所で就労する労働者との比較も許されると解されている[33]が、過去にいた労働者やいわゆる仮想的比較対象者との比較を認めるものではない。それゆえ、常用労働者に代替する者として有期労働者を雇い入れてきた事案や、初めから無期・有期で職域が分離してしまっている事案では、比較対象者がいないために保護されない可能性が高い。

(4) 「客観的な」事由

上記の点がみたされていてもなお正当化の余地は残されている。指令においては、異なる取扱いが「客観的な（objective）事由によって正当化される場合においては、この限りではない」と定められているからである（枠組協約4条1項、同条4項）。

欧州司法裁判所によれば、「客観的な事由」については、濫用防止措置においても同一の「客観的な事由」という概念が用いられていることを踏まえ、前述の Adeneler 事件判決が示したのと同一の解釈がここでも類推して適用されるべきである[34]。したがって、法や労働協約等の一般的・抽象的な規範によって

---

32) 前掲注(31)Santana 事件判決。
33) Barnard, above n. 29, 440. 同条2項によれば、この比較は、同一の事業所に比較対象者が存在しない場合には、適用可能な労働協約を参照することによって、または適用可能な労働協約がない場合においては国内法、労働協約または慣行を参照することによって行うことができる、とされているからである。
34) 前掲注(27)Del Cerro Alonso 事件判決。

定められていることを根拠とする正当化は許されない。不利益取扱いが行われている当該事情のもとで、その労働条件の性格を定める明確かつ具体的な事情がなければならない。また、不利益な取扱いが実際に、現実の必要性に応じるものでありかつ目的達成のために適切かつ必要なものであることを裏づけることができるよう、客観性・透明性のある基準に基づいていなくてはならない。業務の特質やその内在的性格、社会政策目的などが正当化の要素になりうる。

この判断基準に関し、さらに次の3つのことが明らかになっている。まず、単に、その雇用の特質が一時的・臨時的なものであるということは「客観的な」事由にあたらない[35]。これは、キャリアの公務員の職位に職員を補充できない場合に採用される臨時的公務員に対して、キャリアの公務員に対して行う昇給をしていなかったスペインの Iglesias 事件等において示されている。そうでなければ、有期労働者に不利益な状況を残存させてしまい、指令の目的に反することになる、とされる。

第2に、人事管理の厳しさは、財政上の考慮に立つものであり、差別を正当化することはできない。オーストリアの Tirol 事件[36]における欧州司法裁判所の判断である。6カ月未満の雇用等の州公務員に対し、賃金・年休など様々な不利益な取扱いが行われていた事案において、政府側は、常用の職位を設けることは管理運営上、困難であり負担が重く、正当な社会政策目的の追求や労働市場の整備を妨げることになってしまうと主張していたが、このような主張は欧州司法裁判所において認められなかった。裁判所は、性差別に関する判例を引用して、財政上の考慮は差別の正当化理由とならないと述べ、枠組協約4条は常用の職位を求めているわけではないことを指摘している。

その一方で、第3に、必要な資格や義務の性質によって正当化する可能性は認められている。前掲 Santana 事件において、昇進の要件としての勤続期間の算定において臨時的公務員だった期間を考慮しないことにつき、スペイン政府は、臨時的公務員はその任用や能力の証明においてより緩やかな要件しか課

---

35) Joined cases C-444/09 and C-456/09 Gavieiro Gavieiro and Iglesias Torres [2010] ECR I-000.
36) Case C-486/08 Land Tirol [2010] ECR I-000.

されておらず、最初の職位から配置を変更される可能性がないこと、一定の義務はキャリアの公務員にのみ課されており、経験・訓練の質において臨時的公務員とキャリアの公務員は異なることから正当化されると主張していた。欧州司法裁判所は、加盟国には裁量が与えられており、このような事由は原則として正当化の事由になりうるとしつつ、昇進の可否が問題になったその特定のポストに関する客観的要件としての正当化が行われなくてはならないとしている。

6 その他の規制

指令6条1項により、企業や事業所において欠員が生じた場合、使用者は、有期労働者に対し、その欠員が生じた職位について情報提供をしなければならない。有期労働者が、他の労働者と同様に、常用（無期）の職位を確保するための機会を持てるようにするためである。その方法については、企業・事業所の適当な場所において一般的な告知文を掲示するものとされている。このほか、使用者は、可能な限り、有期労働者がその技能、キャリア開発および転職可能性を向上させるために適切な訓練の機会を利用できるようこれを促進すべきことが規定されている（6条2項）。

有期労働者は、労働者代表組織を設置できるかどうかの分かれ目となる従業員数の算定において考慮される（7条1項）。使用者は、可能な限り、既存の労働者代表組織に対し、当該企業における有期労働についての適切な情報を提供することを考慮すべきものとされている（3項）。

7 おわりに

以上で論じたEU指令の趣旨・内容を要約すれば、以下のようになる。

不利益取扱いの禁止については、その規制の枠組みに着目すると、指令は、比較対象となる無期契約労働者の存在を求めており、職域分離や常用代替が行われているような職場では機能しにくい枠組みとなっている。また、間接差別が禁止されず、客観的な事由があれば正当化を認めるとしており、その点で性差別禁止規制とは異なるということが注目される。欧州司法裁判所の判例にお

いても、その正当化は特定の業務との関係で説明されなくてはならないとしているものの、その判示にあたって人権の尊重や、性差別規制等の人権保障に係る差別禁止の延長にあるといった考慮によるのではなく、むしろ濫用防止措置における客観的事由の判断基準を採用している。また、政策的理由も客観的事由に含まれるとしている。

ただ、その一方で欧州司法裁判所は、有期から無期に転換した労働者の労働条件に関し、過去に有期契約で就労していたことによって不利益に取り扱っていることも含めるなど、規制対象について拡張的解釈を示してきている。不利益取扱いを正当化する「客観的な」事由も決して広いものとは解されておらず、単に短期間の雇用しか予定されないということでは正当化されないし、財政状況の厳しさによって正当化することも認められていない。採用試験や職業訓練、配転の有無の違いによる正当化の可能性を認めるが、当該職務にそれが必要な要件かどうかが吟味される。こうした判断においては、有期労働者の労働条件の改善という指令の目的が強調されている。また、反差別という原則がとられたことも影響している。

EU指令のもう1つの柱は、有期の濫用的利用の防止のための国内法整備の要求であるが、この枠組みについて一定の柔軟性が確保されている。初回の有期の利用についての規制は求められない。2回目以降の有期の利用に対する規制も、客観的事由や総継続期間・更新回数上限の3つの措置から選択・組み合わせて実施することができる。労働協約による柔軟化も可能とされている。職業訓練中の者などについて適用を除外することもできる。しかも、規制に反した場合に必ずしも無期転換を定めなくてもよい。EU指令の枠組みは、有期労働契約の濫用的利用の防止にあり、無期転換は、ありうる制裁措置の1つという位置づけである。濫用防止のための実効性・抑止力を備えた措置がほかに用意されていればよい。このように柔軟性が確保されたのは、雇用促進が目指されていたからではないかと指摘されている。[37]

しかしその一方で、欧州司法裁判所は、無期雇用が原則であるとの出発点に

---

37) 指令の意義について疑問も提起された。J. Murray, 'Normalising Temporary Work', (1999) 28 *ILJ* 269, 271-275.

立ち、指令が目指す目的・実効性を確保するという観点から、「客観的な」事由は特定の業務との関係で認められなければならないとする。2以上の有期契約が「継続」するとみるべきかどうかの判断にも一定の枠を設けている。無期転換に際して労働条件を変更するときも、労働者に不利益な実質的変更が行われてはならないとする。このような一連の判例法理によって、有期の利用に関しては、特定のタイプの労働者・業務のニーズによる場合を除き、これを制限することで雇用の安定性を確保しようとする建前がなお堅持されているように見受けられる。

　EUの有期労働契約規制の展開は、今後日本もこれを見習うべきだとか、あるいは逆に追随すべきでないと即断できるものではない（解雇法制や賃金システム等の違いを踏まえて議論する必要がある）。しかしその法制は、雇用形態による格差規制の1つのあり方を示すものとして、また日本の現行法を理解するうえでは特に参考になる。

第1節　ヨーロッパの有期労働契約法制―〔2〕ドイツ[1]

本庄　淳志

1　はじめに
2　規制の沿革
3　パートタイム・有期契約法（TzBfG）の規制内容
4　まとめにかえて

1　はじめに

　ドイツでは、2000年12月の立法化以前には、法律上は有期労働契約の反復的な利用について特に制限がないなかで、判例法理による大幅な修正がなされ、他方でこれに対する部分的な規制緩和を時限立法で進めてきた経緯がある。判例法理による修正は、1951年に無期雇用に対する解雇規制が立法化されたことを受け、有期雇用による解雇規制の潜脱を防止することを目的としていた。以下では、まずはドイツの解雇規制について概観する。
　ドイツ法のもとで、期間の定めのない労働契約は、合意解約のほか、労使双方からの解約告知によっても終了しうる（民法典620条2項）。しかし、このような民法典の規定とは別に、使用者による解雇に対しては、解雇制限法（KSchG）による特別な規制がある[2]。すなわち労働者は、合理的理由のない解雇のケースで、訴訟によって当該解雇の無効確認を求めることができる。この解雇制限法は、雇用の存続保護を保障するものであり（4条以下）、労働契約に期間の定めがない場合には、使用者の解雇に広く一般に合理性が求められる点

---

[1]　ドイツ法の概要については、本文で指摘するもののほか次の各文献による。
　　Glöge/Preis/Schmidt, Erfurter Kommentar zum Arbeitsrecht (=ErfK), 9. Aufl., 2009.; *Schaub,* Arbeitsrechts Handbuch, 15. Aufl., 2013.; *Henssler/Willemsen/Kalb,* Arbeitsrecht Kommentar, 2. Aufl., 2006.

[2]　Kündigungsschutzgesetz（BGBl. I 1951, S. 499）.

で、日本と類似した状況がみられる。

　解雇制限法は、労働者の一身上（Person）または行為（Verhalten）に解雇理由が存する場合、もしくは、緊急の経営上の必要に基づく場合に限り解雇を認めるものである（1条2項）。この点、緊急の経営上の理由による解雇の場合、使用者は被解雇者の選定に際して、法律上の一定の基準（Soziale Auswahl＝社会的選択）を考慮しなければならない（同条3項）。つまり、いわゆる整理解雇に際しては、被解雇者選定の合理性が必要とされ、具体的には、勤続期間や年齢、扶養義務、重度障害の有無が考慮される。「社会的選択」の基礎にある考え方は、解雇による打撃の少ない者から解雇を認めていくというものであり、たとえば先任権ルール（勤続期間の短い者から解雇するという準則）のような明確性には欠ける。

　もっとも、このような解雇規制に対しては、大別して2つの例外がある。第1は、解雇が、労働契約を締結してから6カ月以内の待機期間（Wartezeit）に行われる場合である（1条1項）。労働契約の締結後、最初の6カ月間は解雇制限法の適用を除外することにより、いわば試用期間が原則的に認められる仕組みとなっている。なお、この期間中であっても、たとえば母性保護法など他の個別立法に抵触する場合や、恣意的な解雇については、民法典の一般原則である信義則を媒介に法的保護が図られる余地はあるが、あくまで例外的なケースにとどまる[3]。第2の例外として、労働者数が10人以下の小規模事業所においては、解雇制限法の適用が排除されている（23条1項2文）[4]。そして、1996年の

---

3) ErfK, a. a. O. (N1)/*Oetker*, §1 KSchG Rn. 32ff.; *Schaub,* a. a. O. (N1), S. 1602ff/*Linck.*; *Henssler,* a. a. O. (N1), *Quecke,* §1 KSchG Rn. 7.
4) 解雇制限法の適用を免れる零細事業所として、2004年1月施行の労働市場改革法による改正により、現行法では、①従来通り、労働者数が5人以下であれば適用を除外すること、②他方、11人以上の事業所には、同法をそのまま適用することとされた。③これに対して、6人以上10人以下の事業所については、2004年1月1日以降の新規採用者について、同法の第1章（1条ないし14条）の規定のうち、公序違反の解雇や提訴時期等に関する一部の規定（4条ないし7条、および13条1項1文、2文）を除いて適用されないこととなった（Gesetz zu Reformen am Arbeitsmarkt（BGBl. I 2003, S. 3002).）。審議過程では、③の点で、有期労働者の人数をどのように算入するのかという問題や（当初は、すでに労働関係にある場合には全く考慮しないこととされていた）、施行後5年間の時限立法とすることも検討されたが、結局は上のような制度とされた。こうした制度改革は、零細事業所における雇用創出を目的とする。

就業促進法以来、小規模事業所への適用除外の範囲と、整理解雇における「社会的選択」基準をめぐっては、法改正が相次いでいる。

また、雇用関係の終了に関しては、一定の金銭解決も制度化されているが、裁判所での解雇無効の判断、あるいは労働者の訴権放棄（同意）が前提となっているなど、雇用調整手段として使用者が一方的に利用できるものではない。ドイツでは、少なくとも法制度上は、雇用の存続保護が重視されている[6]。こうした解雇規制をめぐっては、特に近年、法律の適用除外となる零細事業所の範囲や、解雇の合理性をめぐる「社会的選択」基準を緩和するとともに、解雇の合理性の判断基準を明確化することを目指して立法改正が続いているが、制度の根幹的部分は維持されている。

2 規制の沿革

(1) 民法典の規制

有期労働契約法制をみると、ドイツでは、2000年12月にパートタイム・有期労働契約法（TzBfG）[7]が成立する以前には、民法典をはじめとする立法において、有期労働契約の利用目的や期間設定に対して特別な制限は設けられていなかった。そして、有期労働契約は、中途解約については特約がない限り認められない一方で、期間満了によって、予告なしに当然に終了することが原則である（民法典620条1項）。

(2) 判例法理による規制

しかし、1951年に解雇制限法が制定され、期間の定めのない労働契約における解雇に対して原則的な制限が課されるようになると、期間満了によって当然に終了する有期雇用との雇用保障のバランスが問題視されるようになる。この

---

5) Arbeitsrechtliches Beschäftigungsförderungsgesetz (BGBl. I 1996, S. 1476).
6) 解雇の金銭解決制度については、山本陽大「ドイツにおける解雇の金銭解決制度に関する研究——解雇制限法9条・10条の史的形成と現代的展開」同志社法学62巻4号（2010）357頁を参照。
7) Gesetz über Teilzeitarbeit und befristete Arbeitsverträge (BGBl. I 2000, S. 1966).

問題に対して、1960年の大法廷決定により、連邦労働裁判所（BAG）は次のような判例法理を示すこととなる。[8]

すなわち、連邦労働裁判所は、解雇制限法に対する法律の回避（Gesetzesumgehung）を防止するという考え方のもとで、有期労働契約の利用に対して制約を課す。連邦労働裁判所によると、法律の回避とは、「他の法形式を濫用的に用いることによって、強行法規の目的の実現が阻害されること」を指す。このような法律の回避の有無について、使用者が強行法規を故意に潜脱する意図を有していることは必要でなく、むしろ、法律行為の客観的な機能違反（Funktionswidrigkeit）の有無が重要とされる。そして、このような法律の回避が認められる場合には、有期雇用という法形式を用いることは許されない。

もっとも、同決定によると、解雇制限法は、労働契約に期間の定めがない場合に、使用者の解約告知から労働者を保護することを定めているにとどまる。このような労働法上の解雇制限を有期労働契約に対して原則的に拡張することは適切でなく、労働契約に期間を定めることが一律に違法となるわけではない。この両者のバランスを調整するために、「労働契約に期間を定める場合には、ドイツ労働法の基本的原理に照らして、客観的に合理的と考えられる理由を有さなければならない」。具体的には、労働契約当事者の経済的または社会的な事情により、期間設定を客観的に正当化できる理由、すなわち、解雇制限法が適用されないことを正当と評価できるだけの理由が必要である。こうした正当事由を欠く場合の処理として、契約全体を無効とすることまでは必要でない。解雇制限法に対する法律の回避を防止する目的からすると、使用者は法律上、労働契約の期間の定めを労働者に対して主張できない、というのが連邦労働裁判所の立場である。

要するに、連邦労働裁判所は、①（無期雇用で試用期間として許容される）6カ月を超える期間を定める労働契約を締結する場合に、「正当な理由」を求め

---

[8] z. B. BAG (GS), v. 12. 10. 1960, AP Nr. 16 zu §620 BGB. 当時の判例・学説の展開については、さしあたり、小西國友「連鎖労働契約に関する一考察」石井照久先生追悼論集『労働法の諸問題』（勁草書房・1974）211頁、藤原稔弘「ドイツにおける有期労働契約の法理――合理的理由をめぐる BAG の判例理論の検討を中心として」法学新報101巻 9 = 10号（1995）357頁を参照。

ること、②期間設定に正当な理由がない場合には、当該期間設定は無効となり労働契約には期間の定めがないものとみなされること（したがって、使用者からの一方的な契約解消に対しては解雇規制が適用されること）を確認した。同事件の後、裁判例では、大法廷決定で示された期間設定の「正当な理由」をめぐって紛争が多発することとなる。

(3) 立法による規制緩和

もっとも、その後、このような判例法理による制限とは逆に、ドイツでは、立法によって有期雇用の利用を拡大する規制緩和も続けられてきた。まず、1985年の就業促進法（BeschFG）では、①労働者を新規に採用する場合、②または職業訓練後に訓練生を採用する場合で、それぞれ最長18カ月までの期間を定めるケースでは、労働契約に期間を定める合理性を問わないこととなった（1条1項）。さらに、上の①か②に該当し、かつ、企業を新設するケースで、その従業員数が20人に満たない場合には、許容される最長期間は2年間までとされた（同条2項）。

この点、第1項の「新規雇用」とは、必ずしも、ある当事者間で最初に契約が締結されるケースに限らない。過去に無期または有期の労働契約が締結されていた場合であっても、2つの契約関係の間に「密接な客観的関連性（sachlicher Zusammenhang）」がない場合には、新たに有期雇用を利用する余地が認められていた。具体的には、4カ月のクーリング期間を設定することによって、「密接な客観的関連性」の有無が推定される仕組みとなっていた（1条1項参照）。立法理由によると、このような規制緩和の目的は、当時の厳しい雇用情勢のなかで、たとえ不安定であっても、失業よりは雇用されるチャンスを拡大することが望ましいとの価値判断に基づいている[10]。

就業促進法は、当初は5年間の時限立法として予定されていたが、その後、1989年および1994年の2回にわたって延長されることとなる。さらにその後、

---

9) Beschäftigungsförderungsgesetz (BGBl. I 1985, S. 710). このうち②については、期間の定めなく労働契約を締結できない場合にのみ許容される。

10) BT-Drucks. 10/2102 vom 11.10. 1984, S. 15.

内容面でも、1996年の法改正で修正が加えられている。すなわち、正当事由がなくとも許容される有期雇用の最長期間が2年にまで延長されるとともに、上記の①について、労働契約を新規に締結する場合だけでなく、最長2年の期間内であれば、3回までの契約更新までも許容されることとなった（1条1項）。③さらに、新たに、60歳以上の高年齢者に対しては、最長期間や更新回数の制限もなく、有期労働契約を締結するための正当事由を原則的に問わないという改正が図られてきた（同条2項）。[11]

しかしながら、民法典をはじめ立法上の規制がないにもかかわらず、従来の判例法理が有期雇用の利用事由を原則的に制限してきたことと、新たな就業促進法で一部の有期雇用の利用が規制緩和されたこととが、法制度上、どのような関係にあるのかは不明確な状況にあった。この問題については、2001年1月1日に施行された、前述のパートタイム・有期労働契約法（TzBfG）による立法的な解決を待つことになる。[12]同法は有期労働者およびパートタイム労働者に関する処遇改善を目指すものであるが、こうした法整備が図られた背景事情として、①EUのパートタイム労働指令、[13]および有期労働に関する指令[14]——正確にはそれぞれの枠組協約の実施指令——により、加盟国は2000年12月（パートタイム）および2001年7月（有期労働）までに、指令に則して国内法を整備する必要があったこと（本節〔1〕を参照）、②ドイツ国内において、有期雇用について時限的に規制緩和を進めてきた就業促進法の1条1項ないし4項の規定が、2000年12月末に効力を失うこと、③厳しい雇用情勢のなかで、パートタイム労働の促進によりワークシェアリングを図ることや、有期雇用を積極的に活用することにより、失業問題の改善を図る必要性が高かったことなどが挙げられる。

---

11) Arbeitsrechtliches Beschäftigungsförderungsgesetz (BGBl. I 1996, S. 1476).
12) 現在では、民法典620条3項でも、有期労働契約についてパートタイム・有期労働契約法（TzBfG）の規制に服することが確認されている。
13) Council Directive 1997/81/EC of 15 December 1997.
14) Council Directive 1999/70/EC of 28 June 1999.

3 パートタイム・有期労働契約法（TzBfG）の規制内容[15]

(1) 適用範囲等

パートタイム・有期労働契約法（TzBfG）の有期雇用に関する規定は、期間を定めた労働契約に適用される。さらに同法は、解除条件（auflösenden Bedingung）を付した労働契約にも一部が適用される（21条）。このうち有期労働契約の「期間」には、日本をはじめ他の比較対象国と同様に、暦日による期間（kalendermäßig befristeter Arbeitsvertrag）、および一定の目的達成のための不確定期間（zweckbefristeter Arbeitsvertrag）の双方が含まれる（3条1項）。ただし、後述の各規制のうち、労働契約の期間設定に正当事由を要さないのは、このうち暦日による期間設定の場合に限られる。換言すれば、一定の事業完了を目的とする有期労働契約（さらには解除条件付の労働契約）については、いずれも正当事由が必要となる。

すなわち、現行のパートタイム・有期労働契約法14条のもとでは、労働契約の期間設定には正当事由を要することが原則であり（1項）、例外的に——ただし現実には広範に——正当事由がない場合にも、法所定の出口規制のもとで期間設定が許容される余地がある。そして、法所定の要件を満たさない有期労働契約は、期間の定めのない労働契約とみなされ、解雇規制がそのまま適用されることとなる。こうした規制体系のもとで、有期雇用を用いる正当事由の有無、あるいは例外に該当するか否かについては、使用者側に立証責任がある。

なお、同法が規制対象とする労働契約の範疇には、民間事業の労働者だけでなく、特別法による規制がある場合を別にして（23条）、原則として公共部門の

---

15) Gesetz über Teilzeitarbeit und befristete Arbeitsverträge（BGBl. I 2000, S. 1966）. 同法の内容や意義については、川田知子「ドイツにおけるパートタイム労働並びに有期労働契約をめぐる新動向——パートタイム労働・有期労働契約法の制定とその意義」中央学院大学法学論叢15巻1＝2号（2002）161頁、「ドイツ、フランスの有期労働契約法制調査研究報告」労働政策研究報告書 No. L-1（労働政策研究・研修機構・2004）、石崎由希子「ドイツにおける有期労働契約規制」労働問題リサーチセンター編『非正規雇用問題に関する労働法政策の方向』（労働問題リサーチセンター・2010）176頁も参照。

労働者も含まれる[16]。また、解雇制限法とのバランスを考慮して、立法理由書では、零細事業所を対象として有期雇用の利用を柔軟に認めることも検討されていた[17]。しかし、現在の通説によると、同法は、6カ月未満の有期労働契約を締結する場合や、零細事業所においても等しく適用される[18]。もっとも、いずれも解雇制限法そのものの適用除外が妥当するために、仮に、有期雇用が無期雇用に転換して解雇規制が適用されるとしても、実質的には問題とならない。

(2) 期間設定の合理性（入口規制）

労働契約に期間を定める場合には、原則として正当な理由（sachlichen Grund：客観的な理由）が必要である（14条1項）。ここでいう「正当な理由」については法律で列挙されており、①労務給付に対する経営上の必要がただ一時的にのみ存在する場合（一時的な労働需要）、②労働者の安定的な雇用への移行を容易にするために、職業教育課程または大学課程を修了した直後に労働契約を締結する場合、③常用労働者の疾病、兵役、その他の休暇取得等に伴い、一時的な代替要員として利用する場合、④放送局での番組製作等で労働者を一時的に雇用する場合や芸術分野での講演など、労務給付の特性から期間設定が許容される場合、⑤試用目的の場合、⑥労働者の個人的理由から正当化できる場合（たとえば、労働者が兵役や進学、すでに決定した他の使用者の下での雇用などの前に、一時的に就労する場合）、⑦雇用創出を目的とした、公的な財源に基づいて賃金支払いがなされる場合（たとえば、特定の研究調査プロジェクト等で臨時的に雇用される場合）、⑧裁判上の和解に基づいて労務提供をする場合に、労働契約に期間を定める余地がある（14条1項参照）。

これらの事由は、従前の裁判例で期間設定が正当と評価されてきたものを集

---

16) BT-Drucks. 14/4374 vom 24. 10. 2000, Art. 1 §14, S. 15. なお、パートタイム・有期労働契約法（TzBfG）の施行前には、民間の労働者のうち、派遣労働契約については労働者派遣法において期間設定について特に厳格な規制が課されていた。しかし現在では、派遣労働契約の期間設定の可否についても TzBfG の定めるところによる。
17) BT-Drucks. 14/4374 vom 24. 210. 2000, Art. 1 §14, S. 18.
18) Meinel/Heyn/Herms, Teilzeit-und Befristungsgesetz, Kommentar, C. H. Beck, 2009, §14 Rdn. 3.

積したものであり、現行法のもとでも例示列挙であると解されている[19]。もっとも、たとえば、企業活動における将来の不確実性といった一般的なリスクは使用者が負うべきと解されており、労働契約に期間を定める正当な理由とはならない。なお、従来の判例法理を踏襲し、正当事由の有無については、契約の締結時点の事情に基づいて（更新の場合には最後の有期労働契約に関して）判断される[20]。

このような正当事由があれば、契約の最長期間について制限はない。ただし、期間が長期になる場合には、期間設定の正当性は否定されやすいことが指摘されている[21]。また、試用目的の場合（⑤）には、解雇制限法とのバランスを考慮して、通常は、契約期間を6カ月以内に制限することが必要と解されている。

労働契約に期間を定める正当な理由を欠く場合には、当該期間設定は無効となり、当該労働契約は期間の定めがないものとみなされる[22]。また、正当理由が客観的に存する場合であっても、書面で契約期間が定められていない場合には、期間設定は無効となる（14条4項、16条）。なお、書面要件に関連して、書面の作成時期について裁判例では厳格に解されており、原則として、実際の労働開始日より前の書面化が必要であり、これを欠く場合には労働契約の期間設定は無効となる[23]。

---

19) たとえば、立法解説をみても、政策的な雇用助成措置（＝積極的労働市場政策）の一環として期間設定をするケースでも、正当な理由に該当することなどが指摘されている。Vgl. Entwurf eines Gesetzes über Teilzeitarbeit und befristete Arbeitsverträge und zur Änderung und Aufhebung arbeitsrechtlicher Bestimmungen, BT-Drucks. 14/4374 vom 24. 10. 2000, Art. 1 §14, S. 18.

20) BAG v. 12. 10.1960, AP Nr. 16 zu §620 BGB Befristerter Arbeitsvertrag; BAG v. 8. 5.1985, NZA 1986, S. 569ff.

21) BAG v. 6. 12. 2000, NZA 2001, S. 721ff. この点については、労働政策研究報告書・前掲注(15)19頁［橋本陽子執筆］を参照。

22) ただし、この場合にも、当初の契約で予定された期間が満了するまでの間は、労働契約の両当事者の解約告知は原則として認められない（BAG v. 19. 6.1980, AP Nr. 124 zu §620 BGB Befristerter Arbeitsvertrag）。

23) BAG v. 1. 12.2004, AP Nr. 15 zu §14 TzBfG（就労開始から10日後に書面化をしたケースで書面要件の充足が否定された事例）.; BAG v. 16. 3.2005, AP Nr. 16 zu §14 TzBfG. 書面要件をめぐる裁判例の動向については、石崎・前掲注(15)191頁以下を参照。

(3) 期間設定の正当事由を問われない場合（出口規制）

このように、ドイツでは、労働契約に期間を定めることについて、法制度上は、正当な事由を求めることが原則となっている。ただし、この原則に対しては3つの重要な例外が認められており、ドイツ法で、いわゆる「入口規制」が堅持されているとはもはや評価し得ない状況がある。

(a) 新規に労働契約を締結する場合

第1の例外は、ある当事者間で、新規に労働契約を締結する場合である。この場合、最長2年間までは、正当な理由がなくとも有期雇用を利用することが許容され、かつ、この期間内であれば、最高3回までの更新も認められる（14条2項）。

こうした規制は、すでに1985年以来の就業促進法でもみられたものであった。ただし、同法のもとでは、必ずしも新規の労働契約に限ることなく、当事者間の2つの契約関係の間で「密接な客観的関連性」が認められない場合には、過去に労働関係にあった当事者間でも有期雇用を利用する余地が認められており、具体的には4カ月のクーリング期間によって「密接な客観的関連性」の有無が推定される仕組みとなっていた。

これに対して、現在では、客観的事由を要さない有期労働契約の利用は、法所定の他の例外に該当しない限り、完全な新規契約のケースに限定されている（同条2項2文）。したがって、たとえば、ある当事者間において、期間設定に合理性のある有期労働契約が締結され（14条1項）、その後に有期で労働契約を締結する場合には、もはや14条2項に基づく「新規契約」とは評価されず、必ず正当事由が必要ということになる。換言すれば、使用者は当該労働者との過去の労働関係の有無を把握しておく必要がある。立法理由書では、使用者は労働者に対して過去の労働関係の有無について質問する権利があり、労働者が故意に誤った回答をした場合には、詐欺を理由に期間の定めのない労働契約であっても取り消す余地があることが示唆されている。なお、正当事由なしに有期雇

---

24) BAG v. 6. 11. 2003, AP Nr. 7 zu §14 TzBfG（過去の労働契約の終了時期から新たな有期労働契約の締結までの間で12カ月間の空白があるケースで、新規契約ではないとされた事例）。
25) BT-Drucks. 14/4374 vom 24.10. 2000, S. 19.

用を用いた場合であっても（14条2項）、後続の労働契約について期間設定の合理性が認められれば（同条1項）、当該の期間設定は有効である。[26]

さらに、この第1の例外については、最長期間や更新回数について、労働協約で「別段の定め」をする余地も認められており（同条2項3文）、有期雇用の反復継続のケースですべてに正当事由が求められるわけではない。労働協約で「別段の定め」をする余地を法律で定めることは、EUの有期労働指令でも認められた規制手法であり、他の加盟国の立法例でもこうした例外を残すケースは少なくない。さらに、労働協約の適用範囲（Geltungsbereich）であれば、個別合意によって協約を参照することで、協約に拘束されない労働者や使用者でも最長期間の延長や更新回数を変更することが認められている点にも、ドイツ法の特徴がある（同条2項4文）。

(b) 高年齢者雇用

第2に、高年齢者については、さらに広範な例外が認められている。前述の就業促進法により、高年齢者については従来から規制緩和が図られていた。パートタイム・有期労働契約法（TzBfG）でもこうした立場を維持する目的は、高年齢者層の失業率が特に高いなかで、公的年金の支給開始に向けて有期雇用での雇用を促進することにより、年金生活への移行を円滑に進めることにある。[27]

2007年改正による現行法では、有期労働契約を締結する直前に、失業状態が4カ月以上続いた満52歳以上の労働者については、最初の5年間は有期労働契約の利用事由や更新回数の制限はない（14条3項）。[28]

(c) 新設企業の場合

第3の例外は、もっぱら使用者側の事情に配慮したものである。すなわち、使用者が新たに事業を開始する新設企業の場合には、最長4年間までは、労働

---

26) 同上。
27) BT-Drucks. 14/4103 vom 11.09. 2000, S. 5.
28) 2007年の改正以前の同条では、52歳以上の高年齢者について、一律に労働契約の期間設定が許容されていた。しかし、欧州司法裁判所が、いわゆるMangold事件（EuGH v. 22. 11. 2005, C-144/04）において、こうした規制がEU指令に違反する年齢差別に該当して無効としたなかで、現行法では年齢に加えて失業等の要件が加重されている。

契約の期間設定および更新について正当事由は必要とされない。ただし、これは完全な新設のケースに限られ、企業グループの再編に伴う「新設」は対象外とされている（14条2a項）。この4年という期間の長さについては、労働協約で「別段の定め」をする余地が認められている（同項4文）。他方、更新回数の点では、第1の例外と異なりそもそも制限がない。類似の規制は、従前の就業促進法でもみられたが、同法では最長2年間で企業規模にも制限があったことと対比すると、現行法は、さらなる規制緩和を図ったものと評価できる。

(4) その他の規制

以上のほか、有期労働契約に関する特別な法規制としては次のようなものがある。

まず、パートタイム・有期労働契約法では、有期契約労働者について、比較可能な期間の定めのない労働者と異なる取扱いをすることは、それを正当化できる場合を除いて禁止される。勤続年数によって労働者の処遇を異ならせる場合には、有期契約労働者についても同様に扱うことが義務づけられ、正当な理由がない限り異別取扱いは認められない（4条2項）。比較対象とされる労働者の範囲は、期間の定めなく雇用される労働者のうち、①同一事業所内における、同一または類似の職務に従事する労働者を基本とするが、②事業所内で①が存在しない場合には、援用可能な労働協約の基準をもとに画定され、③いずれにも該当しない場合には、各産業部門（Wirtschaftszweig）で一般に比較対象となる無期契約労働者にまで拡張される（3条2項）。

また、使用者には、有期契約労働者に対する無期雇用のポスト情報を提供することが義務づけられるとともに（18条）[29]、有期契約労働者の人数や従業員に占める割合に関しては、事業所委員会（従業員代表）に対しても情報提供義務を負う（20条）。

---

29) 情報提供の方法としては、事業所および企業内で労働者がアクセス可能な場所において、公示で行うことができる（同条）。

4　まとめにかえて

　ドイツでは、民法典の規制とは別に、1951年の解雇制限法により、解雇一般に合理性を求め、それを欠く解雇を無効とすることで雇用の存続保護が重視されている。こうしたなか、有期労働契約法制をみると、たしかに、反差別原則などにより有期労働者としての処遇改善も目指されてきたが、有期雇用が反復継続する場合には無期雇用へと誘導（転換）する仕組みが重視されている。契約形態が異なるなかで無期雇用を重視する考え方は、たとえば、パートタイム労働者についてフルタイムへの誘導がみられず価値中立的であることと対比すると、より鮮明となる。[30]

　有期雇用の雇用保障について、伝統的には特別な規制がないなかで、解雇制限法に対する脱法防止という考え方のもと、判例法理による救済が図られていた。すなわち、連邦労働裁判所は、1960年の決定以来、労働契約の期間設定に合理性を求め（入口規制）、それを欠く場合には当該労働契約に期間の定めはないものと評価する――したがって、使用者からの一方的な契約解消に対し解雇規制を適用する――ことで、有期契約労働者についても一定の雇用保障を図ってきた。他方、厳しい雇用情勢のなかで、1985年の就業促進法を契機に、立法を通じて判例法理の規制緩和も図られてきた。

　こうした判例と立法との衝突を調整しつつ、EU指令にも適合した法整備を図るために制定されたのが、2001年1月施行のパートタイム・有期労働契約法（TzBfG）であり、現在も有期労働法制の中核となっている。有期契約労働者の雇用保障に関しては、同法14条で規定されており、労働契約の期間設定に合理性を求める判例法理を踏襲する面と（1項：入口規制）、合理性を問うことなしに有期雇用の利用を認めつつ、反復継続に対しては一定の制約を課すという

30）　たとえば、パートタイム・有期労働契約法8条および9条では、一定要件のもとで労働者に労働時間の短縮や延長の請求権を認めている。また、7条では、あるポストで募集（内部募集も含む）を行う場合には、職務内容がパートタイム労働に適する限り、パートタイムでの募集も同時に行うべきことが義務づけられ（1項）、労働時間の変更を希望する労働者について、時間の延長のほか、短縮に関しても情報提供義務が規定されている（2項）。

規制手法も維持・拡大されている（2項：出口規制）。

　現行法は、有期雇用の入口規制を大枠としては維持しながらも、新規採用者や就職状況の厳しい高年齢者のケース、あるいは新設企業を対象として、法規制を緩和することで雇用促進を図るものとなっている。そして、14条2項による例外のうち、新規雇用のケースで最長2年、その間に最高3回までの契約更新を自由に認める点に着目すれば、ドイツの有期労働契約法制について入口規制を堅持しているとは評価できない状況にある。

　他方で、従来とは異なって、現行法はこうした例外を「新規採用」に厳格に限定することで、いわゆる「クーリング期間」を認めていない。この場合、使用者には、当該労働者との間で、過去の労働契約関係の有無について把握する必要性が高いが、少なくとも立法上は、この問題に対して特別な配慮はみられない。ただし、出口規制については労働協約による「別段の定め」の余地を残すことで、規制が過度に硬直的とならない仕組みもある。さらにドイツ法の特徴として、──EU指令と適合的かどうかは疑問の余地もあるが、──こうした労働協約の適用範囲であれば、個別の労働契約によっても法規制からの逸脱が許容されている点を指摘できる。

　要するに、ドイツの有期労働契約法制においては、有期雇用の利用自体を制限する考え方はかなり後退している。ただし、雇用保障に関して、雇用の存続保護を重視する解雇制限法とのバランスを考慮し、有期雇用についても同種の救済を図りつつ、他方で、法規制の硬直性から生じる副作用を防止する仕組みがある。

第 1 節　ヨーロッパの有期労働契約法制—〔3〕フランス

関根　由紀

1　はじめに
2　有期労働契約の法規制の概要
3　まとめにかえて

1　はじめに

　フランスでは、労働法典において労働契約が無期であることを原則とし、例外である有期労働の利用に厳しい制約を課しているにもかかわらず、今日新たに締結される労働契約の 7 〜 8 割が有期契約であり、終了時に無期契約に転換されるのはこのうちの半数未満であるという、法制度と実態の不一致が起きている。
　フランスでは、多くの EU 諸国と同様に有期労働契約は雇用の不安定化 (précarité de l'emploi) をもたらす危険な雇用形態の典型例として見られ、1980年頃より様々な規制を受ける一方で、若者、高齢者や長期失業者など就職が困難な者を雇用市場に包摂する手段としても活用されており、雇用政策的目的のために規制緩和がなされる側面もあった。しかし理念的には、全国政労使会議において近年改めて、雇用の安定化 (sécurisation de l'emploi) を高めるために労働契約の「無期原則」を保持ないし再確認する必要があることと、その手段を労使対話によって模索していかなければならないとの明確な意思表示がなされた。このことは、フランスで特に若者が有期労働契約の下で働いている割合が高く（雇用される若者のうち無期の労働契約を締結している割合が OECD 平

1）C. trav., art. L. 1221-2, al. 1.
2）Documentation d'orientation "Négociation nationale interprofessionnelle pour une meilleure sécurisation de l'emploi"（7 sept. 2012）.

均の79.5％に対しフランスでは49.5％と低い)、企業による法の逸脱行為が、すでに問題の多い若者の雇用状況に深い影響を及ぼしていることとも関係している。

他方でこのような「労働契約の無期原則」の再確認が有期労働契約の存在そのものを否定する、あるいはその正当な利用を過剰に制限する結果をもたらさないかという問題意識も存在し、また過度な労働者保護規制が結果的に若者を含めた雇用全体に悪影響を及ぼしているとして、反対に有期・無期の区別を取り払ってすべての労働契約を無期契約とするかわりに解雇規制、特に経済的理由による解雇を制限するルールを緩和したほうがよいとする、いわゆる「単一労働契約（contrat unique）」の新たな考え方も提示されている。

しかしこのような議論、問題意識にかかわらず、有期労働契約に関するフランス法の規制はなお厳しく、まず有期労働契約を締結しようとする際、それが可能な事由が限定されるいわゆる「入口規制」が設けられており[3]、これに加えて、有期労働契約の更新回数や合計期間に関する規制（出口規制）、無期契約労働者との平等取扱い等の「内容規制」も整備されている[4]。

2 有期労働契約の法規制の概要[5]

フランスも、他のEU諸国と同様に、国内法に加えてEU法（1991年の91/383/CEE指令、および労働協約から指令に転換した1999年の1999/70/CE指令）が適用される（本節〔1〕EC指令参照）が、国内法による規制のほうがEU指令よりも全

---

3) 指摘したように、実際上これを監視することは難しく、企業はこの制限を容易にかいくぐることができている現状が明らかになっている（P. Cahuc et F. Kramarz, *De la Précarité à la Mobilité : Vers une sécurité sociale professionnelle, Rapport officiel,* La documentation française, 2004, p. 135)。

4) P. Cahuc et F. Kramarz, 前掲注(3)。

5) フランスの有期労働に関する法規制の概要については、主に以下を参照した。P-H. Antonmattei, A. Derue, D. Fabre, G. François, D. Jourdan, M. Morand, G, Vachet, P-Y. Verkindt et Barthélemy Avocats, *Le contrat de travail à durée déterminée,* Lamy, 2012 ; J. Pélissier, A. Lyon-Caen, A. Jeammaud, E. Dockés *Les grands arrêts du droit du travail, 4ème édition,* Dalloz；フランスの有期労働法制の詳細な紹介として、「ドイツ、フランスの有期労働契約法制調査研究報告」労働政策研究報告書 No. L-1 (労働政策研究・研修機構・2004) 72頁以下 [奥田香子執筆]。

体的に厳しく、労働者保護も強力であるため、EU法による影響はこの分野においてあまり大きくないとされている。以下では、主として労働法典において規定される有期労働契約に関する規制を概観する。

フランスの労働法典には有期労働契約の明確な定義は置かれていないが、一般的な契約法における有期契約の概念を単に用いて、有期労働契約を当事者が合意した期間の経過によって解消される労働契約の一形態として見ることはできない。それは、労働法典L.1221-2条が「労働関係の通常且つ一般的な形態は無期労働契約である」としたうえで、有期労働契約（contrat de travail à durée déterminée）を例外的な雇用形態と位置づけ、L.1242-1条からL.1248-11条で「通常で一般的な労働契約」に適用されるものとは別の、有期労働契約に特有の様々な規制を定めているからである。

有期労働契約が例外的な雇用形態であるから、有期労働契約に関する特別規定に違反した場合は、「労働契約は通常、無期である」という労働法典L.1221-2条の一般原則に立ち返ることとなり、違反契約は無期の労働契約に転換（requalification）される。また、無期原則を徹底するならば例外は限定的に解釈されなければならず、すなわち裁判所は、例外である有期労働契約の利用が認められる場合を厳格に解釈している。

(1) 入口規制
(a) 有期労働契約の利用事由の限定列挙

労働法典はL.1242-1条において「いかなる理由であっても、有期労働契約をもって企業の通常かつ恒常的な活動に係る雇用に労働者を長期的に充ててはならない、またそのような効果を及ぼす契約を締結してはならない」としている。有期労働の制約の中心的な概念である「企業の通常かつ恒常的な活動」（"l'activité normale et permanente" de l'entreprise）は破棄院が有期労働契約の利用の違法性を判断する際に最も頻繁に用いる概念でもある。たとえば、①18カ月に渡り、短い中断を挟む35回の有期労働契約の締結により、1人の女性を高速道路の同一の料金所で同一の職務に従事させていたことは、企業の通常かつ恒常的な活動に係る雇用に長期的に有期契約の労働者を就かせることに該当するとした判決や、②雇用支援契約（L.1242-3条に規定される例外）すなわち失

業対策・雇用政策上の目的で、就職困難者の雇用を促進するために規制を緩和した特定有期労働契約、あるいは若年失業対策として職業訓練をともなう特定有期労働契約（contrats aidés）であっても、企業の通常かつ恒常的な活動に係る雇用を充足する目的をもって利用されていないか、またはそのような効果がもたらされていないかを裁判所は判断しなければならず、それを怠った控訴審判決は違法であるとした判決がある。[7]

「企業の通常かつ恒常的な活動」に有期雇用の労働者を充てることの一般的な禁止に続き、労働法典 L. 1242-2 条は「L. 1242-3 条に規定される場合（雇用政策）を除き、有期労働契約は明確且つ一時的な職務を遂行することを目的としてのみ締結が可能であり、且つ以下の場合に限られる」としたうえで、有期労働契約を利用できる場合を限定的に列挙している。これら利用事由は、(i)人事管理上の必要性（L.1242-2 条）、(ii)企業活動の円滑な運営に係る必要性（flexibilité）を確保する目的をもつ必要性（同条）、(iii)事業の存続のために事業主の代替が必要な場合（同条）、そして(iv)雇用政策の目的をもつ、失業対策としての利用（L.1242-3 条）というそれぞれ目的の異なる利用が列挙される。

(i)　人事管理上必要な例外として L.1242-2 条は以下の利用事由を定める。
- 特定の労働者の代替―その１：休職中の労働者。育児休業等で労働者の欠勤の期間が予測できる場合と、病気療養のための休暇で期間が予め明確に予想できない場合とがある。ただし例外の例外として、労使紛争中の労働者の代替[8]、および構造的人員不足への対応としての有期労働の利用は禁止される。[9]
- 特定の労働者の代替―その２：労働者が一時的にパートタイムで労働する合意を使用者と行ったとき、その特定の労働者の減少された労働時間を補うための有期労働の利用。
- 特定の労働者の代替―その３：特定の労働者の契約の停止期間中の有期労働の利用。

---

6) Cass. soc. 11 juillet 2012.
7) Cass. soc. 15 février 2012.
8) L. 1242-6 条, L. 1251-10 条：Cass. soc. 2 mars 2011, n°10-13.634.（破毀院2011年3月2日判決）
9) Cass. soc. 26 janv. 2005, n°02-45.342.（破毀院2005年1月26日判決）

- 特定労働者の代替―その４：廃止が決定しているポストに就いている労働者がポスト廃止前に離職した際の代替（このような代替の際、使用者は企業委員会（comité d'entreprise）または従業員代表者と事前に協議しなければならない）。
- 特定労働者の代替―その５：採用が決定している通常労働者が実際に就労するまでの代替。この場合、代替される労働者の採用は決定していなければならない[10]。またこのような場合の有期労働契約の期間は最大９カ月に限られる。

(ii) 企業活動の円滑な運用のために必要な有期労働の利用として、L. 1242-2条は以下の利用事由を定める。
- 事業の円滑運営―その１：企業の一時的な活動の増加への対応としての有期労働の利用。一時的な企業活動の増加は、企業の通常且つ恒常的活動との区別が困難で、多くの紛争の原因となっている。特に、一定の曜日・時期に企業活動の増加が発生する場合、その頻度や反復性により認められる場合とそうではない場合が起こりうる。一時的な企業活動の増加として有期労働の利用が認められるケースとしては、突発的な輸出注文の発生[11]、企業の安全のために必要な緊急作業がある。新商品の発売開始[12]、新店舗の買収[13]は一時的な活動の増加として認められていない。
- 事業の円滑運営―その２：季節的業務、またはその性質上、有期雇用で行うことが慣行となっているもの。デクレ（省令）または労働協約によって定められ、多数の裁判例も出されている。この場合も「明確且つ一時的な業務での利用原則」が優越することも確認されている。

(iii) 事業の存続のため（事業主の代替）の利用
- 職人業務、商業的個人事業、自営業において、事業主または家族従事者の一時的、または恒常的な活動休止により、事業の存続が脅かされる場合での有期労働の利用による業務代替（L. 1242-2条４項）。

---

10) Cass. soc. 9 mars 2005, n°03-40.386.（破毀院2005年３月９日判決）
11) L. 1242-8条
12) Cass. soc. 5 mai 2009, n°07-43.482.（破毀院2009年５月５日判決）
13) Cass. soc. 13 janv. 2009, n°07-43.388.（破毀院2009年１月13日判決）

● 農林業、漁業の事業に関しても、事業主・家族従事者の業務休止に際して有期労働をもってこれを代替することができる（L. 1242-2 条 5 項）。

(iv) 雇用政策としての利用（雇用支援契約（contrats aidés））

L. 1242-3 条は、雇用政策として特定の就労困難者に対する雇用促進を目的に、または若年者・長期失業者に対し追加的な職業訓練を行う際に特殊な有期契約の締結を活用している。典型的には若年者、中高齢者、障害者、長期失業者の雇用促進および職業訓練促進を目的とする各種の「雇用支援契約」（contrats aidés）を指す。

(b) **有期労働契約の利用の禁止**

入口規制としては、有期労働契約の利用事由を限定的に列挙するのみならず、労働法典 L. 1242-5 条および L. 1242-6 条がその利用が積極的に禁止される場合も定めている。これらは目的の異なるいくつかの類型に分けられ、不安定雇用のもう 1 つの典型例である派遣労働（travail temporaire ou intérimaire）の利用禁止事由（L. 1251-9 条、L. 1252-10 条）と類似する。

全く例外を許さない場合として、(i)ストライキ中の労働者の代替としての利用、例外が特別な場合にのみ認められる場合として、(ii)労働法典で定められる特に危険な業務での利用、最後に、例外が許される場合として、(iii)経済的理由による解雇の直後（6 カ月以内）に解雇の対象となった職務に有期労働を利用すること、が定められている。

(i) ストライキ中の労働者の代替の禁止（L. 1242-6 条）

ストライキ権は憲法が保障する労働者の基本的な権利であり、その実効性を確保する理由から来る禁止である。違反した場合には有期労働者の無期契約への転換申請権のみならず、刑事罰も規定される。ただし、病気休暇中等、他の理由での欠勤労働者の代替として雇用された有期労働者をストライキ中の労働者の業務に就かせることは禁止されておらず、労使紛争発生以前に雇用された有期労働者に禁止が及ばないことから、違反の審査は難しく、裁判所は詳細な事実認定による厳格な適用を行い、使用者の違反意思を調査する。刑事罰の有効性はあまり高くないと評価されている。[14]

(ii) 特に危険な業務での利用の禁止（労働法典 D. 4154-1 条に列挙）

有期労働が前提とする臨時的雇用が当該業務に従事することの危険性を高めること、健康状態のモニタリングが短期雇用の場合に常用雇用よりも困難であること等の労働者の安全と健康の保護が禁止の理由となっている。この利用禁止に関しては、厳重な手続を経て、医療等の専門家の意見を聴取した上で例外が認められる場合もある。

(iii) 経済的理由での解雇後6カ月以内に同一職務での利用の禁止

経済的理由による解雇を行った後6カ月以内に、一時的な業務の増加等を理由として解雇の対象となった職務に、有期雇用の労働者を充てることは禁止される。ただし、例外の例外として、①更新のない3カ月以内の契約による一時的活動の増加への対処、または②通常の人員・設備では対処しきれない特別な輸出注文に対応するための有期労働の利用は認められる。この場合、予め企業委員会または従業員の代表との協議を行う必要がある。

(2) 有期労働契約の手続的要件

(i) 書面による締結（L. 1242-12条・L. 1242-13条）

有期労働契約は書面により締結し、使用者はどの利用事由に基づくか記さなければならない。また契約書面には、以下の項目の記載が義務づけられており、締結後2日以内に契約書面を労働者に送付しなければならない。

- ●労働契約書面の記載事項：
  - ✓ どの締結事由に依拠する雇用であるかの記載および説明
  - ✓ 労働者の代替の場合、被代替労働者の氏名・職務の詳細
  - ✓ 契約期間（明確に定められる場合にはその期間、明確な期間が定められない場合には最低期間、更新の有無）
  - ✓ 従事する職務・危険な業務の場合はその詳細・雇用支援契約（contrat aidé）の場合はその種別
  - ✓ 適用を受ける労働協約
  - ✓ 試用期間を定める場合には、その期間
  - ✓ 報酬額・内訳

---

14) P-H. Antonmattei 他。前掲注(5)p. 176。

✓ 補足的退職年金金庫が適用される場合にはその名称・所在地、その他の社会保険機関に加入している場合にはその名称・所在地
 (ii) 契約締結時の契約期間の決定（L. 1242-7条）
 有期労働契約の期間は、契約締結時に原則として明確に定められなければならない。ただし締結の時点で契約の終了時期が明確に定められない場合には、締結の目的（定められた業務の履行等）が達成された日を契約の終了日（「不確定期限」(terme imprécis) という）と定めることもできる。このような場合は労働法典の L. 1242-7条2項で限定列挙されており、最低契約期間が定められる。この2項に該当しないにもかかわらず明確な期限を設定していない、または最低契約期間を定めていない有期労働契約は、裁判所により無期契約に転換 (requalification) される可能性がある。
 ● 明確な期限を必ず定めなければならない場合（L.1242-7条1項）：
   ✓ 労働者の代替のうち、①一時的にパートタイムで働く合意をした労働者の代替、②ポストが廃止される労働者が、実際の廃止より以前に退職した場合の代替
   ✓ 企業活動の一時的な増加
   ✓ 雇用政策上の雇用支援契約（contrats aidés）
 ● 明確な期限を契約締結時に定められず、「不確定期限」(terme imprécis) を定めることができる場合（L.1242-7条2項）（この場合、最低契約期間を定めなければならない）。
   ✓ 欠勤中、または契約停止中の労働者の代替
   ✓ 期間の定めのない労働契約で採用された労働者が実際に就労するまでの期間の代替
   ✓ 季節的労働のための契約、または慣行により期間の定めのない契約が締結されない職務での利用
   ✓ 個人事業（農林業、職人等）の存続のための、事業主または家族従事者の代替
 (iii) 試用期間（L.1242-10条）
 有期労働契約に試用期間を設ける場合には、その期間を契約書面に明確に記載しなければならない。この記載がない場合には試用期間が存在しないと見な

される。有期労働契約における試用期間の長さの限度は、無期契約よりも以前から立法者により設定されており、現在では労働法典 L. 1242-10 条に規定される。試用期間の効力は無期契約と同様であり、試用期間中の契約関係解消に関し、有期契約であることから特別のルールが適用されることはない。

- 6 カ月以下の有期労働契約の場合の試用期間は、14日を最大とし、契約期間 1 週間につき 1 日で計算された日数を限度として、当事者間で定めることができる。
- 6 カ月よりも長期の有期労働契約の試用期間は、最大 1 カ月として定めることができる。限度を超えた試用期間が設定され、その間に契約解消された労働者は、無期契約への転換を求めることはできないが、解約権の濫用 (rupture abusive) であることを主張できる。

(3) 内容規制

フランスの労働法制において、有期労働契約の労働者等、「非正規の」労働者であっても、契約期間を除くすべての労働条件および労働者の権利に関して無期契約の労働者と同様の扱いを受けることが法によって定められている。この権利は、労働組合への参加および組合活動、労働者代表としての職務等に関しても同様であるが、有期契約という契約の性質上、これらの集団的労働権の行使にあたっても、利用の濫用がないかに関して他の労働者代表による監視がなされている。

- 労働法規、労働協約等の適用における平等取扱い (L. 1242-14 条)

労働法典 L. 1242-14 条に従い、有期労働者は契約期間を除くすべての労働法規、労働協約等の適用に関して無期労働者と均等の扱いを受ける。

これらは、労働時間、夜間労働および休日労働、休憩および有給休暇、労働条件、労働安全衛生、企業内規律および懲戒、福利厚生、会社設備の利用、労働者福祉等のすべての部面において無期労働者と均等に扱われなければならず、これに違反する規定を含む労働協約は違法となる。

- 賃金に関する平等取扱い (L. 1242-15 条)

有期労働者の賃金は、同じ会社内で同様の資格を持ち、同じ職務に就く、試用期間を経過した無期労働者よりも低い賃金であってはならない。本原則

は、有期労働者の場合、試用期間の有無にかかわらず初日から適用される。

　賃金に関する平等取扱い原則は、当初有期労働者の保護を目的として設けられたが、逆に被代替労働者が、休職中の代替有期労働者が自分よりも高い賃金を支払われたことに対して行った訴えの根拠ともなり得る。この場合、使用者側に有期労働者に対し、高い賃金を支払ったことの合理的な理由が必要である（たとえば、保育園の園長の代替において、有期契約での候補者が少なく、短期間で代替者を雇用しなければ園を閉鎖すると福祉局にいわれていたことが理由となった）[15]。

- 賃金以外の労働条件に関する平等取扱い
    - ✓ 有給休暇の取得に関して、有期労働者は無期労働者と同様の権利を享受することとなっている。これは、実際の休暇取得を前提としたルールであり、企業内で定められている有給休暇の取得要件により、有期労働者がこれを行使することができない場合には、実際に労働した日数に応じた有給休暇補償手当（Indemnité compensatrice de congés payés）が支払われなければならず、この額は租税等控除前の給与総額の10％未満であってはならない（L. 1242-16条）。
    - ✓ 有期労働者は企業内の職業訓練に関し、無期労働者と同様の権利を有するが、特に危険な業務等、労働者の安全と健康の保護のため、より高度な職業訓練が要請される場合があり、使用者は該当する職務に関しこれをリストアップし労働監督官が閲覧可能な状態にしておかなければならない。この危険業務に係る高度な職業訓練の義務を怠り、労災が発生した場合、使用者の重度過失（faute inexcusable）が推定される。この他、企業外での職業訓練を受講する個別の権利（個別職業訓練休暇（CIF）、個別職業訓練権（DIF））に関しては、有期労働者の取得を可能にする受講時期、財政的支援等の規定が設けられている（D. 6323-1条）。
    - ✓ 有期労働者の集団的労働権に関し、労働組合に加入する権利は通常労働者と同様に規定される。労働者代表としての活動権に関しては、企

---

15) Cass. soc. 21 juin 2005, n°01-42.648.（破毀院2005年6月21日判決）

業内での勤続要件を満たすために、当該企業内での継続する有期契約（contrats successifs）の期間を合算することにより充足することができる。また労働者代表である有期労働者が、契約期間満了により契約関係が終了する際には、労働監督官による差別意思（わが国でいえば不当労働行為意思）の不存在確認が必要となっている。労働者の集団的権利の行使のための、従業員数の算定に際しては、有期労働者はその雇用期間に応じて算定されるが、休職中または契約停止中の労働者の代替雇用の場合には算定されない。

(4) 出口規制
(a) 有期労働契約の更新（renouvellement）（L. 1243-13条）

有期労働契約の更新は1回のみ認められ、更新を含め超えてはいけない最大期間が定められている。この期間は基本的に18カ月であるが、L. 1242-2条からL. 1242-3条に列挙される締結事由のうち、どれに該当するかによって、異なる最大期間が適用される場合があり、更新の回数（1回限り）は、雇用政策を目的とした雇用支援契約（contrats aidés）に関しては、その趣旨に基づきいくつか例外が定められている。

- 有期労働契約の更新を含めた最大期間は原則的に18カ月である。これは、休職・契約停止中の労働者の代替、および企業活動の一時的増加の場合などに適用される。
- すでに採用されている無期契約労働者が実際に就労するまでの期間の代替の場合の最大期間は9カ月に縮小されている。
- 反対に、ポストが廃止される労働者が実際の廃止以前に退職した際の代替の場合は24カ月と、より長い期間が定められている。

また、有期労働契約を更新する際には締結事由が存続していることが当然必要となっており、たとえば代替する労働者が職場に復帰してからの契約の更新はできない。更新後の契約期間は、最初の契約と同一の期間である必要はなく（これは最大期間が定められていることからも当然であるが）、より長い期間、または短い期間で締結することができる。また、契約締結時の書面に更新の可能性を明記する必要があるかどうかに関し、明記されていなくても更新は可能であ

ると行政解釈されている。

　最大期間を超過しての有期労働契約の更新、または締結事由が存在しないのに契約を更新した場合、当該契約は無期契約に転換される可能性を持つ。なお、契約の更新が可能なのは、契約期間が明確に定められている場合のみであり、「不確定期限」（terme imprécis）の場合には、ある事象の実現が契約終了の原因となるため、更新は理論的に不可能である。

(b)　**有期労働契約の再締結**（succession de contrats）（L. 1244-1 条・L. 1244-3 条）
　有期労働契約をすでに締結した当事者間で新たに有期労働契約を締結する場合、つまり更新ではなく別個の有期労働契約として新たに締結する場合（succession de contrats）には、2 度目以降の契約の締結以前に待機期間（クーリング期間（délai de carence））を置かなければならない。同一職務での再契約の場合、この待機期間の長さは、契約期間が14日未満であれば期間の1/2、14日以上であれば1/3以上でなければならない。

⑸　**労働契約の終了時の規制**
　有期労働契約は、期間満了により終了するが、期間満了前の解約が認められる場合もある。契約を解消された有期労働者は、無期労働者と同様に離職票等を受領する。

(a)　**契約期間満了前の契約解消**
　(ⅰ)　当事者間合意による契約解消：当事者双方による明確な解消意思が確認できる場合において、有期労働契約の期間満了以前の解消が可能となっている。ただし、労働者による単なる辞職の意を表わす文書では意思表示として不十分であり、明確な意思表示が必要とされている。[16]
　(ⅱ)　重大な非行を原因とする契約解消：使用者による重大な非行を原因とする期間満了前解消では、労働者は一方的に契約を解消する権利を有するが、救済の方法は労働法典で定められていないため、通常の損害賠償手続によってな

---

16)　Cass. soc. 20 mai 2009, n°07-44.260.（破毀院2009年 5 月20日判決）

される。この損害額は少なくとも期間満了までの賃金額であると解されている。労働者側の重大な非行が原因の契約解消の場合には、通常の懲戒解雇のルールが適用され、無期労働者と同様に速やかに実施されなければならない。なぜなら、懲戒解雇は雇用関係の継続を不可能ならしめるほどの重要性を持つことが必要であり、構成事実を知った後、使用者はこれを直ちに実施しなければならないからである。労働組合の幹部、労働者代表等、特別な保護を受ける労働者の契約解消に関しては、使用者は労働監督官による許可を得なければならない。

(iii) 不可抗力による契約解消：不可抗力の発生により契約は直ちに解消されるが、手続保障のために当事者（一方、できれば双方の）による確認が必要とされている。

(iv) 労働者の身体的労働不能：2011年5月17日付けの2011-525号法により、労働者の身体的労働不能を原因として、使用者は契約期間満了前に契約を解消できることとなった。ただし、産業医によって認定された身体的労働不能であり、使用者はまず配置転換によって解消を回避する努力をしなければならない。またこの際、使用者は労働不能が労働災害を原因としない場合には法定解雇手当分以上の、労働不能の原因が労働災害である場合には法定解雇手当の2倍以上の額を終了手当として労働者に支払わなければならない。

(b) **契約終了手当** (indemnité de précarité) (L. 1943-8条)

期間の満了によって終了した有期労働契約が、無期労働契約によって引き継がれない場合、使用者は契約終了手当（indemnité de fin de contrat）を支払わなければならない。この手当は「不安定手当」(indemnité de précarité) とも呼ばれ、有期労働の不安定 (précaire) な性質に対する補償の意味合も持ち、有期労働契約の期間満了時に無期契約の提案が労働者に対してなされなかった際に、使用者が労働者に支払う。契約終了手当は、有期労働者に支払われた租税等控除前の給与総額の10％に相当する額である。

(6) **違法な有期労働契約に対する制裁：民事・刑事**

(a) **有期労働契約法違反に対する民事上の制裁** (L. 1245-1条・L. 1245-2条)

有期労働契約に関する規定に違反して締結された有期労働契約は、期間の定

めのない労働契約が締結されたものとする反証を許さない推定（présomption irréfragable）により、無期労働契約に転換される（Requalification du contrat）。無期労働契約への転換を請求できるのは労働者のみであり（使用者は不可）、労働審判所（conseil de prud'hommes）に対しこれを請求することができる。請求を受けた労働審判所はこれを直接、判決部（bureau de jugement）に送付し、判決部は双方当事者の言い分を聴取したうえで1カ月以内に決定を下すこととなっている（L. 1245-1 条）。労働審判所の決定は仮執行される（R. 1245-1 条）。

違法な有期労働契約を締結し、無期契約に転換された場合、これに加えて使用者は労働者に対して無期転換手当（indemnité de requalification）を支払わなければならず、その額は最低でも有期労働者に支払われた最後の月給に相当する。

(b) **有期労働契約法違反に対する刑事制裁（罰金）**

L. 1248-1 条：L. 1242-1 条に違反して企業の通常の活動に係る雇用に充てる目的または効果をもって有期労働契約を締結した場合、またその他の有期労働契約に関する法規に違反した際、使用者は3,750€の罰金（再犯の場合には7,500€の罰金および6カ月以下の拘禁）を科される。

(7) **有期労働契約法制に対する批判・懸念**
(a) **単一労働契約（contrat unique）の提案**

見てきたように、フランスの労働法は有期労働契約に対し特に厳しい制限を設けている。入口規制に加え、出口規制、内容規制のほぼすべてが整備されている。しかしこのような厳しい法制度にもかかわらず、冒頭で述べたように実態としては新たに締結される労働契約の7割が有期労働契約だという、法制度との不一致が発生していることが指摘される[17]。単一労働契約を提案するPierre Cahucは、「不安定雇用から雇用流動化へ」と題する報告書において、フランスの解雇規制および有期労働契約締結の制限は1980年代終盤から1990年代終盤

---

17) P. Cahuc et F. Kramarz, 前掲注（3）。

にかけて、他の EU 諸国および OECD 諸国の動きに反して唯一、強化されており、このことがフランスにおける雇用の状況、および不安定雇用と安定的雇用との間の格差拡大に悪影響を及ぼしていると指摘する[18]。

とりわけ、経済的理由による解雇と、有期労働契約の締結に対する厳しい規制が企業による法の構造的潜脱行為を促し、結果的に労働者の保護の役割を全く果たさなくなっていると推定する。特に有期労働契約の締結に関しては、雇用市場において重要性を増しているサービス産業において「有期雇用が慣行となっている産業での利用」を名目に非常に増加しており、締結事由の正当な利用の監視は実質的に不可能であることから、労働法や自己の権利に関する知識が乏しい、立場の弱い労働者が最も悪影響を受け、不安定雇用による被害を被っていると指摘する。このような状況を打破するためには、有期・無期という雇用形態による差別をなくし、労働契約をすべて無期労働契約とし、経済的理由による解雇の条件を緩和することにより企業の柔軟な経営判断を可能にし、かえって雇用の状況を改善できると提案する。この提案に対しては、主に労働法学者からは異論が出ており、適法な有期労働契約の必要性を以下のように指摘する（第 3 章 4(3)も参照）。

(b) **有期労働契約の必要性と過度な締結制限の弊害**

単一労働契約の考え方への反論も含め、労働法学者からは過度な有期労働契約に対する制限を批判する意見もある[19]。

この批判は、有期労働契約、特に濫用の対象となっていると指摘される、「慣行となっている産業での利用」は労使双方の切実な要請に応えるものであり、これをなくすことは、これらの産業に最も適した雇用形態を廃止することとなり、適切ではないと指摘する。また、問題の本質はフランス労働法における過度に厳しい解雇規制だとし、これを簡易化することが優先課題だと主張する。また休職中の無期労働者の代替としての有期労働契約の利用を制限すれば、休職中の労働者を無期労働契約者で代替せざるを得なくなり、労働力調整が困

---

18) 同上、p. 133。
19) J. Barthélémy, G. Cette, P-Y. Verkindt «A propos du contrat unique». *JCP La Semaine Juridique,* Ed. sociale, 6 février 2007, p. 63.

難になること、労使紛争の増加につながることを指摘する。現状における不安定雇用の増加と有期労働・無期労働間の格差の是正には、過度な規制の簡素化・緩和、および健全な労使対話による双方の要望要請の調整であるとする。

3 まとめにかえて

　フランスの有期労働契約に関する規制は、1980年代から2000年代にかけて、EUの他国において規制緩和が行われた動きに反して、強化され、さらに厳格になった。しかし実態は新規に締結される労働契約の大部分が有期労働契約であるという矛盾として現れており、法による規制を厳格にすることが有期労働の締結に対する抑制効果を持つことに成功しておらず、かえって経営判断を阻害された企業の雇用の抑止と法の潜脱に近い状況での有期労働契約の利用の増加をもたらしていることが指摘されている。

　一方で、フランスでは若年者の失業問題が深刻であり、解雇規制が非常に厳しいことがその要因の1つであることも指摘されているが、有期雇用であっても雇用市場への導入効果があり、若者のうち有期労働契約の下で働く者の割合が比較的高いことから、実際上、有期雇用が若者の試験的雇用として機能している可能性も示唆されている。

第1節　ヨーロッパの有期労働契約法制―〔4〕イタリア

大木　正俊

1　はじめに
2　初期の有期労働契約法制
3　2001年法の制定とその内容
4　2012年労働市場改革法による有期労働契約法制の改正
5　考察：イタリアにおける有期労働契約の位置づけ

1　はじめに

　イタリアは、有期労働契約の締結に合理的な理由を要求し、また、反復更新などにも制限を課すという強い規制を当初より採用していた国である。現行の制度は2001年の立法を基礎としているが、このモデルは現在も維持されている。
　もっとも、入口規制については1970年代後半以降には、合理的理由をより広く認めようとする動きがみられる。最近では、2012年の改正によって入口規制が一部撤廃されるという大きな制度変更も行われた。以下では、初期の法制度を紹介したうえで、現行の規制の基礎となっている2001年法の概要を紹介し、また2012年の改正でいかなる制度変更が行われたのかを述べたうえで、有期労働の位置づけを考察する。

2　初期の有期労働契約法制[1]

(1)　1962年法の制定

　1865年民法典1628条では、期間の定めのない労働契約を締結することが禁止

---

[1] 詳細については、大木正俊「イタリアにおける有期労働法制の変遷」季労242号（2013）165頁以下を参照。

されており、有期労働契約しか締結できなかった。しかし、産業革命以降その不便性が認識されていくなかで同条を空文化する判例が定着し、期間の定めのない契約が一般化する。

その後、無期労働契約に付随して支払われていた諸手当（勤続手当（退職手当）の支給など）を回避する目的で有期労働契約が締結される例が増えてきたため、1924年の立法や1942年制定の民法典で有期労働契約の利用を臨時的な場合に限定するという規制が導入された。しかしながら判例は実質的に有期労働契約の利用を広く認めており、規制の実効性はほとんどなかったといわれる。

その弊害が認識されるようになったため、1962年には改めて有期労働契約の利用を厳しく制限する立法がなされる。すなわち、1962年4月18日法律230号（以下「1962年法」）では、入口規制について、「労働契約は原則として期間の定めのないものとする」（1条1項）と定めて、無期労働契約が原則であって有期労働契約が例外的な制度であることが確認され、さらに、期間の設定には、書面による締結という形式的な要件と法律に列挙された有期であることを必要とする理由の存在という実質的な要件の双方を要求した（同条2項）。これらの要件を満たさなかった場合には、期間の設定は効果を発生しないものとされ、契約締結当初より期間の定めのない契約として扱われる（同条3項）。

更新または延長は、当初の契約期間を上限として1回だけ可能である（2条1項）。そして、当初の期間満了後あるいは更新による期間の満了後も労働関係が継続していた場合には、当初の契約より無期労働契約とみなされる（同条2項）。期間満了後15日（6ヵ月未満の契約の場合）または30日（6ヵ月以上の契約の場合）以内に新たな有期労働契約を締結する場合で、かつ1962年法の諸規定を回避する目的で有期契約の締結をした場合にも、労働契約は無期労働契約とみなされる（同条3項）。

均等規制として、有期労働契約の労働者は、無期労働契約の労働者に対して付与されている年次有給休暇、賞与、退職金、諸手当などが労務の提供期間に比例して与えられる。もっとも、客観的にみて有期労働契約の性質と両立しない場合にはこの限りではない（5条1項）。労働契約の期間満了時には、労働協約に定められた勤続手当と同等の契約期間に応じた退職時の手当が支払われる（同条2項）。この規制のねらいは、無期労働契約に付随する諸手当等を回避す

ることを目的とした有期労働契約の利用を阻むことにあり、無期を原則的な雇用形態とする1962年法の基本的な理念と結びついている[2]。

(2) 1962年法の実効性と入口規制の緩和

1962年法は、従来にくらべて有期労働契約の利用を厳しく制限していたものの、制定当初は有期労働契約が広く用いられてきた従来の実務にそれほど影響を与えなかった[3]。その理由は、そもそも解雇規制がまだ弱い形でしか存在しておらず、仮に期間の設定が違法とされて無期労働契約とみなされても、恣意的な解雇が実務上常態化しており雇用の不安定性は解消されなかったこと、また、仮に解雇が違法と認定されたとしても、救済内容は貧弱であったことにあった[4]。

しかし、1970年に労働者憲章法が制定され、同法18条によって違法解雇の救済が強化されると有期労働契約の有効性をめぐる紛争が急増する。なぜならば、使用者は解雇規制を回避するために有期労働契約の利用を増やす一方で、労働者にとっては期間の定めのない契約になれば従来よりも安定した地位を得られることになり期間設定の違法性を争う動機が強くなったからである。

判例も次第に有期労働の利用は例外的に認められるものであるとして、法律が認める列挙事由の範囲を限定的にとらえる立場へと変化していった[5]。

もっとも1970年代後半からイタリアは不況期に入り、1962年法による厳しい入口規制は、雇用の減少を招くという批判がなされるようになった。この時期以降、入口規制の緩和が有期労働契約法制の中心的テーマのひとつになり多くの改正等がなされることになる。

特に重要なのが1987年法律56号である。同法は、労働協約が自由に期間設定

---

2) L. Menghini, *L'apposizione del termine*, in M. Martone e M. Marazza (a cura di), *Trattato di diritto del lavoro vol. IV Contratto di lavoro e organizzazione Tomo I*, CEDAM, 2011, p. 228 ss.

3) L. Menghini, op. cit. nella nota (2) p. 230.

4) L. Menghini, op. cit. nella nota (2), ivi. 1966年に解雇規制が立法により導入される以前から労使の総連合間協定を通じた解雇規制は存在したが実効性はそれほどなかった。1966年解雇制限法を含めたイタリアの解雇法制の変遷とその内容については、大内伸哉「イタリアの新たな解雇法制」季労239号（2012）231頁を参照。

5) 判例の傾向について、L. Menghini, *I problemi interpretativi del lavoro a termine nella recente giurisprudenza* in RIDL, 1984, I, p. 127.

可能事由を定めることを認め、これによって有期労働契約の利用を労使の裁量に委ねた。これは、1962年法が作り上げた法律による厳しい入口規制に大きな例外が導入されたことを意味する。

3　2001年法の制定とその内容

(1)　2001年法の立法にいたる経緯

　以上のように1970年代後半以降有期労働の入口規制は緩和の方向性を示していたところ、1990年代になり、他国と比べて硬直的と評価されてきたイタリアの労働市場の柔軟化が立法政策上の重要課題となっていくが、その中心の１つは非典型労働の利用の幅を広げることであった。そのような国内事情に加えて、EUレベルでも1999年に「有期労働に関する欧州枠組協約」が締結され、それがEUの二次立法である指令となったことから、イタリアでも法改正が必要となった。

　当時の1962年法の保護水準は、指令の要請を概ね満たすものであり、大きな変更をともなう国内的な措置を特別に行う必要性はなかったが、時の政府は1962年法に代わって新たに2001年９月６日委任立法368号（以下「2001年法」）を制定した。現行の有期労働契約規制はこの立法が基礎となっている。

(2)　無期原則規定の削除

　2001年法は、従来の1962年法を廃止して、新しい制度を構築した。まず、期間の定めのない契約を原則と位置づける条文はなくなり、有期労働契約が例外的存在であるということを明文で定めたものはなくなった。もっとも、この点については2007年改正によって、2001年法の１条１項として新たに「従属労働契約は、原則として期間の定めのないものとして締結される」という定めが置

6）　この時期の労働市場改革については、大内伸哉「イタリアの労働市場法制の動向」神戸法学年報15号（1999）119頁以下を参照。
7）　指令の内容については、本節〔1〕を参照。
8）　新立法の必要性を疑問視する見解として、G. Pera, *La strana storia dell'attuazione della Direttiva CE sui contratti a termine,* in LG, 2001, p. 305.
9）　2007年改正の背景については、大木・前掲注（１）173頁以下を参照。

かれ、無期が原則である旨がふたたび法文上定められた。[10]

(3) 入口規制

有期労働契約締結の要件については、法に定められた合理的理由の存在および書面による締結が必要であるという従来の枠組みは維持されている。

もっとも、期間設定を可能とする合理的理由は「技術、生産、組織あるいは労働者代替に関わる理由に対応する場合」（1条1項）とされており、1962年法で限定列挙されていた事由とくらべると文言が抽象的になった。しかも、従来用いられていた事由に共通する要素であった臨時性を要請していないようにも読める文言になっており、解釈によっては相当広い範囲で有期労働契約の利用が認められる規制に置き換わっている。[11] 書面がない場合および合理的理由がない場合には、契約は期間の定めのないものとなる。

労働協約との関係では、1987年法律56号によって導入された期間設定可能事由を規定する権限の労働協約への付与はなくなった。これに代えて、あらたに有期労働契約を締結する労働者の量的な制限を設ける権限が与えられた（10条7項）。[12] この協約による上限設定については、2007年改正によって利用率の上限を定めることができる領域が拡大されている。

このように2001年法では、無期労働契約を原則とする規定がなくなり、期間の設定を可能とする事由の範囲が抽象的になった。このほか、後述のように無期労働契約へと転換する場合がより限定されるなど、一見したところ有期労働契約に関わる規制を大きく緩和したようにみえる。

しかしながら、その後の判例は、同法が制定された当初に予見されたほどには有期労働契約の利用に積極的ではなかった。判例は、抽象的な表現となった

---

10) 後述するように、2001年法制定以降も判例は1962年法以来の無期を原則とする立場を大きく変えていなかったため、この条項の挿入の実際的な意味はそれほどなく、政治的な色彩が強い。Cfr. L. Menghini, op. cit. nella nota (2), p. 244.

11) 従来の限定列挙方式から「一般条項」方式へ変化したといわれている（Cfr. M. Biagi continuato da M. Tiraboschi, *Istituto di diritto del lavoro*, 2a ed., 2004, Giuffrè, p. 155 ss.)。

12) 労働協約については、このほか、期間の定めのない雇用に関する情報提供の方法、および有期労働契約に関して労働者代表に行う情報提供の方法と内容を定める権限（9条）、優先雇用権の付与対象などを決定する権限（10条9項）が与えられている。

期間設定可能事由を限定的に解釈し、期間を設定する理由を明示する義務は使用者にあること、期間設定は無期労働契約との関係では例外的な措置であること、期間設定事由が存在することの立証責任は使用者側にあることなどを判示して、従来通り、臨時性を備えた例外的な場面にのみ有期労働契約の利用を認める立場を維持している。[13]

(4) 更新等の上限の規制

　反復更新を防止するための更新等の上限については以下の規制がある。まず、延長（更新）は当初の契約期間が3年未満である場合に1回に限り可能である。この延長（更新）は、客観的事由によって要請されるものであり、かつ当初の契約と同一の労働活動についてなされる必要がある。また、この場合でも契約期間全体が3年を超えてはならない（4条）。

　労働契約が当初合意された期間を超えて事実上継続した場合には、使用者は、期間満了後10日までは1日につき20％の割増賃金、10日を超えて以降は40％の割増賃金の支払いを義務づけられる（5条1項）。そして、期間が6カ月未満の契約においては期間満了後20日を超えて労働関係が継続した場合、6カ月以上の契約においては期間満了後30日を超えて継続した場合には、当該契約は期間満了の時点から無期労働契約とみなされる（同条2項）。

　このほか、6カ月以下の契約においては、期間満了後10日以内に有期労働契約で再雇用された場合、あるいは6カ月を超える契約においては、期間満了後20日以内に有期労働契約で再雇用された場合にも、再雇用後の契約は無期労働契約とみなされる（同条3項）。このとき、当初の契約と間を置かずに有期による採用を連続で行った場合には、再雇用時からではなく、最初の契約の締結時から当該労働関係は無期労働契約とみなされる（同条4項）。

　さらに、2007年改正によって、同等の職務について同一の労働者を引き続き雇用することについて36カ月の上限も付された（同条4の2項）。これは、たとえ途中に無期労働契約への転換をもたらさない空白期間をはさんだとしても、総契約期間が36カ月を超えてはならないとする規制である。もっとも、当時す

---

13) 代表的な判決として、Cass. 21 maggio 2002, n. 7468, in D&L, 2002, p. 609.

でに36カ月を超える雇用継続は回避するという実務が定着していたため、この新規制の導入はそれほど大きな実務的影響を及ぼさなかったといわれる。そもそも、同等の職務という要件の「職務」が狭く解されているため、規制の回避はそれほど困難ではないとも指摘されている。この36カ月の上限については、直後の2008年改正により労働協約においてその例外を定めることが可能となっている。

(5) 差別禁止規制

1962年法と同様に、有期労働契約の労働者は、比較可能な無期労働契約の労働者、すなわち労働協約において同一水準の格付けにある労働者に与えられるのと同じ年次有給休暇、賞与、退職金、諸手当などが、労務の提供期間に比例して与えられる。もっとも、客観的にみて有期労働契約の性質と両立しない場合にはこの限りではない（6条）。

(6) 優先権の付与

2007年改正によって2001年法5条4の4項および同条4の5項が定められ、有期契約労働者が無期契約労働者になることを促す措置が新たに導入された。具体的には、同一使用者との間で6カ月を超えた契約期間を経過した有期契約労働者は、その使用者が、12カ月の間に同一職務について無期労働契約で採用をする場合には優先して雇用される権利をもつこと、季節的労働で雇用された有期契約労働者については、同一使用者が同一の季節的業務について採用する際にも優先権をもつこととされている。もっとも、直後の2008年改正では労働協約で一定の制限をかけることが可能となるように変更されている。

(7) 違反に対する制裁

2008年改正ではあらたに違反の際の制裁が定められている。2001年法に4条

---

14) L. Menghini, op. cit. nella nota (2), p. 244.
15) 2008年改正の背景については、大木・前掲注(1)174頁以下を参照。
16) これにより優先権を付与する対象を労働協約に委ねていた2001年法制定当時の規定（10条9項）は廃止された。

の2が追加され、書面による締結や期間設定可能事由がなかった場合や法で定められた更新がなされなかった場合に、使用者は賃金の2.5カ月から6カ月分の手当を労働者に支給することと定められている。[17]

4　2012年労働市場改革法による有期労働契約法制の改正

(1)　2012年労働市場改革法成立にいたる経緯

　南欧の経済危機を背景に2011年に誕生したモンティ政権は、国際的な競争力強化のために労働市場のさらなる柔軟化を目指して、2012年6月28日法律92号(「労働市場改革法」)を制定する。同法は、「派遣労働」「見習い労働」「訓練実習」「導入契約」「パートタイム労働および間歇労働」「プロジェクト労働」などの規制を見直して労働市場の「入口」に柔軟化をもたらすと同時に、「出口」についても違法解雇の際の金銭解決の幅を大きく拡げる措置などをとっている。[18]この「入口」に関する柔軟化の一環として有期労働契約に関する規制も改正された。

(2)　「通常の形態」としての有期労働契約

　2012年改正によって、2001年法1条1項が改められ「期間の定めのない契約は『通常の形態 (forma comune)』である」との文言に置き換わった。
　「通常の形態」という文言は無期労働契約が中心的な雇用形態であることを示しているようにみえるが、1962年法および2007年改正後の2001年法で用いられていた「原則」という文言とくらべると表現が弱まっているようにも感じられる。この点の解釈については学説上も様々な議論があるが、見解の一致をみていない。また、この「通常の形態」という表現は、EUの1999年指令の中で用いられている表現であるが、指令においてもこの用語がどのように解釈されるかは明らかでない。

---

17)　この条文による上限設定は実質上損害賠償を制限する性格をもつため、違憲と判断されている。違憲判決以降この規定は空文化し、2010年法律183号では上限を6カ月分から12カ月分に引き上げた新しい規定が定められた(2010年法律183号32条5項)。
18)　同法による改正後の解雇規制については大内・前掲注(4)を参照。

(3) 入口規制の一部撤廃

　2012年改正によって、一定の場合には期間設定可能事由なしに有期労働を利用できるようになった。2012年改正後の2001年法1条1の2項前段では、新たに、最初の有期の労働関係の場合であって、かつ12カ月を超えない期間であれば、2001年法同条1項で要求される合理的理由は不要との定めが置かれている。[19]

　この変更は、有期労働契約の利用に合理的な理由を求めるという原則を維持しつつも、それに大きな例外を持ち込んだことになる。

　従来の法制では、有期労働の利用はそれを必要とするような臨時的な要請がある場合に限られていたが、今回の改正で、臨時性のない業務についても有期労働契約を利用することが可能になり、この原則が大きく変更された。

　労働省の通達によれば、この変更は、試用目的で有期労働を利用することを可能とするためだと説明されている。[20] しかし、6カ月を事実上の上限として期間途中はいつでも正当な理由なく解約が可能な試用期間の制度をもつイタリアにおいては、労働者の職業能力の評価のために有期労働を利用する必要性は小さく、説得力のある説明とはいいがたい。

　また、2012年改正後の2001年法1条1の2項後段によれば、「全国レベルで比較的代表的な労働組合および使用者団体」によって締結された労働協約は、総連合間レベルあるいは産業レベルにおいては直接的に、それより下位レベルにおいては上位レベルの協約の委任により、2001年法5条3項で定められる一定の生産段階（事業の立上げなど）の労働について、生産単位の全労働者の6％を上限に有期労働契約を利用することを認めている。

　この部分はさらに2013年8月9日法律99号（当初は2013年6月28日立法命令76号）によって改正され、6％の上限や事業の立上げなどの業務の制限をすべて取り払って、比較的代表的な労使団体によって締結された労働協約（企業レベルも含む）に定められた事由に基づけば、2001年法1条1項に定められた合理

---

[19] 派遣労働もこの規定の対象になっており、2003年9月19日委任立法276号20条4項に基づいた有期の派遣契約における労働者の最初の派遣の場合も期間設定を可能とする事由なしに利用できることになった。

[20] Circolare del Ministero del Lavoro del 18 luglio 2012, n. 18. 同趣旨を述べるものとして、V. Speziale, *La riforma del contratto a termine nella legge 28 giugno 2012, n. 92*, in WP C.S.D.L.E. "Massimo D'Antona".IT—153/2012, p. 6 ss.

的理由がなくとも有期労働契約を利用できるようになった。これは1987年法律56号による労働協約への権限付与が再び規定されたことを意味する。

(4) 出口規制の変更

2012年法律92号では、2001年法5条2項に定められた期間満了後にも事実上労働契約が継続した場合の救済について、無期労働契約へと転換する期間を従来の期間満了後20日ないし30日を超えた場合から30日ないし50日を超えた場合（いずれも前者は6カ月未満、後者は6カ月以上の契約）へと延長している。

さらに、2001年法5条3項に定められた期間満了後の再雇用が無期労働契約とみなされる期間、いわゆるインターバル期間も大幅に延長された。従来は10日ないし20日以内に再雇用された場合が対象となっていたが、今回の改正で60日ないし90日以内の場合（いずれも前者は6カ月以下、後者は6カ月超の契約の場合）に延長されている。もっとも、「全国レベルで比較的代表的な労働組合および使用者団体」によって締結された労働協約によって、20日ないし30日以内を下限としてインターバル期間を短縮することが可能である。

ただし、このインターバル期間については2013年法律99号（当初は2013年立法命令76号）によってふたたび従前の日数（10日ないし20日）に短縮されている。そのうえ、従前よりもさらに規制を緩和して、労働協約（企業レベルも含む）によって定められた事由が存在する場合には、この規制は適用されないこととなった。

5 考察：イタリアにおける有期労働契約の位置づけ

1962年法以後、イタリアでは有期労働契約の締結に合理的な理由を要するという法制を基本的には維持し続けている。その理由は、無期労働契約に付随している諸利益、とくに解雇規制を回避する目的で有期労働契約を利用することを禁止することにあった。解雇規制との関連をみると、1970年に一定規模以上の企業における違法解雇の救済として労働者が原職復帰を選択できるようになった時以来、1962年法の入口規制をめぐる紛争が増えたことからもうかがえるように、有期労働契約法制と解雇規制は強い関連をもっているとみていいだろ

う。なお、均等規制については、少なくとも制定当初は、無期労働契約よりも待遇が低いことを理由とした有期労働契約の利用を阻止することを目的としており、無期労働契約を原則とする1962年法の基本理念と結びついたものであったと考えられる。[21]

ただし、1970年代後半以降は基本的には入口規制を緩和する流れが続いており、特に、2012年改正では、最初の契約であること、そして12カ月以内の期間を定めたものであることという要件を満たした場合には、合理的理由が不要とされた。これは有期労働契約の締結に合理的な理由を求めるという基本的な制度を一部放棄したことを意味する。

この動きは、どちらかといえば入口規制をめぐる紛争の回避というよりは、雇用の拡大を目的としたものであろう。入口規制をめぐる紛争の回避については、労働監督官による認証制度や労働協約への有期契約締結可能事由の設定権限付与という従来採用されていた制度がある程度効果的であったことが認められるからである。

一方で、出口規制については、1962年法以降多少の規制強化や規制緩和がされているものの、基本的な規制は変わっておらず、長期間の有期労働契約の利用を許さないという姿勢は維持され続けている。更新の回数は制限され、また、2007年改正以降は、同一使用者で同等の職務について、たとえ途中に空白期間があったとしても36カ月を超えて有期労働契約を利用することを禁止した絶対的な利用期間規制も導入された。注目されるのは、2007年改正によって有期労働者に無期雇用への優先権を付与していることである。優先権の付与は、使用者に新たな雇用の創出までは要求しないものの、新たに人員が必要とされたときに一定期間以上就労していた有期契約労働者の優先的な雇用を義務づけることで、使用者側の負担にも配慮しつつ有期契約労働者の安定雇用化を促す措置と捉えられる。

これら一連の変化の背景には、期間の定めのない契約を原則とみて、有期労働契約を例外的にのみ認められるものと位置づける従来の立場から、有期労働

---

21) EUの均等待遇規制はそれとは別の理念に基づくようである。またイタリアの規制根拠も現在では変容していると考えられるが、この点に関して、これまでのところ目立った議論は存在しない。

契約を労働市場参入の第一歩と位置づけて、雇用拡大のためにそれを利用する立場へとイタリアの労働市場政策を移行させようとする動きがあったと考えられる。[22] というのも、イタリアの有期労働契約法制の変化は、入口規制の緩和によって有期労働契約の締結を促進しつつ、有期労働の長期的な利用を規制することで、有期契約労働者が無期契約労働者へとステップアップすることを狙ったものと捉えることができるからである。

　しかしながら、入口規制の緩和を狙った法制度の変更は常に実体をともなったものだったわけではない。判例は、2001年法の制定後も、「立法者の意思に反する」という批判を受けながらも、例外的な場面にのみ有期労働の利用を認めるという姿勢を維持し続けたからである。判例がそのような態度を保ち続けた理由は定かではないが、有期労働の安易な利用拡大は解雇規制の空洞化につながり、単に不安定な雇用を増やすだけにおわることを警戒したものと見ることはできるのではないだろうか。2012年改正によって違法解雇の救済に大きな変化がみえたため、これまで入口規制の緩和に消極的だった判例の傾向は今後変わるかもしれないが、それでも、同年の改正は救済方法の変更（違法解雇時の金銭解決の余地の拡大）にとどまったことを考えれば今後も判例の傾向は変わらない可能性もあり、この点には不透明な部分が残る。

　また、そもそも、有期労働契約を労働市場参入への第一歩とするという目的を達成するために、現在の法規制が十分に機能するのかにも疑問が残る。試用期間という制度がすでにあるなかで、有期労働を労働者の能力評価のために用いる例がどれほど出てくるのかは不透明である。出口規制にしても空白期間はそれほど長くはないし、空白期間をはさんでも超過を許されない36カ月の最長期間制限も回避が絶対に不可能な規制ではない。2012年改正は、結局は不安定雇用を増やすだけに終わる可能性も否定できない。これらの点が明らかになるには、今後数年かかることになるだろう。

---

22)　少なくとも、2012年改正の行政解釈からは、その意図を読み取ることはできるだろう。

第1節　ヨーロッパの有期労働契約法制―〔5〕オランダ[1]

本庄　淳志

1　はじめに
2　規制の沿革
3　更新回数・最長期間の制限
4　無期雇用ポストに関する情報提供義務（民法典657条）
5　差別禁止規制（民法典649条）
6　改正をめぐる動き
7　まとめにかえて

1　はじめに

　オランダでは、労働契約に期間を定めるか否かは、日本と同様に、当事者の契約自由の範疇にある。しかし、有期雇用が反復継続する場合には、無期労働契約への転換を図ることによって（出口規制）、解雇規制がそのまま適用される。この点、オランダの解雇規制には、行政機関が事前に許可しない解雇が原則として無効となるなど、他国ではみられない独特の仕組みがある。[2]

---

1) 本節の内容は、拙稿「オランダの解雇規制と有期労働法制」労働問題リサーチセンター編『非正規雇用問題に関する労働法政策の方向』（2010）208頁を加筆修正したものである。オランダ法の概要については、本文で指摘するもののほか次の各文献による。Bakels e. a., Schets van het Nederlandse arbeidsrecht (22ᵉ druk), Kluwer, 2013.; Loonstra e. a., Sdu Commentaar Arbeidsrecht 2011, Sdu, 2011.; Heijden e. a., Arbeidsrecht ― Tekst & Commentaar (7ᵉ druk), Kluwer, 2012.; Verhulp e. a., Flexibele arbeidsrelaties, Kluwer, 2002.; Jacobs, Labour Law in The Netherlands, Kluwer, 2004.

2) 以上のほか、民法典（Burgerlijk Wetboek）では、労働契約は、労働者の死亡など一定の法定事由が生じた場合に終了する旨の規定もあるが、本書では省略する。なお、オランダ民法典は、第1巻～第7巻、第7A巻、第8巻の全9巻で構成されている。このうち、労働契約（Arbeidsovereenkomst）に関しては第7巻10編（610条ないし692条）で詳細な規定があり、現在のオランダ労働法の中核となっている。本書で民法典の条文を参照する場合には、特に断りのない限り第7巻に所収のものである。

第1節　ヨーロッパの有期労働契約法制—〔5〕オランダ　　169

　まず、1945年の労働関係特別命令（BBA³⁾）を根拠として、解雇には、原則として被用者給付実施機構（以下、UWV⁴⁾）による事前の許可が必要とされ、事前許可のない解雇は無効となる。使用者は、UWVが解雇を許可してから8週間以内に限り、一定の予告期間を遵守したうえで、当該許可に基づいて労働者を解雇することができる（民法典667条6項、669条）。これは、日本や他のEU諸国とは大きく異なるオランダ法の特徴といえる。そして、使用者による解雇には、法律で列挙された解雇禁止事由（差別的解雇や、産前産後の解雇、徴兵期間中の解雇等）に該当しなくとも、いわゆる整理解雇のケースも含め、広く一般に正当性が必要とされている。つまり、解雇による労働力の需給調整に対して原則的に合理性が必要とされ、雇用の存続保護が重視されている点では、日本や他のEU諸国の法制度と共通する⁵⁾。

　また、以上で述べた解雇のほか、労働契約の当事者は、「重大な事由（gewichtige redenen）」を理由として、裁判所に契約の解消を申し立てることができる（民法典685条）。これは、厳密には、使用者の一方的な意思表示としての「解雇」とは区別するべきであるが、実務上、解消手続を利用する使用者も約半数に及んでいる。そして、このような裁判所ルートでの紛争解決においては、契約解消に際して金銭解決を図る実務が定着している。

3）　Buitengewoon Besluit Arbeidsverhoudingen［1945］.
4）　被用者給付実施機構（Uitvoeringsinstituut Werknemersverzekeringen：UWV）とは、失業給付の支給事務や公共職業紹介などの職業安定事業に携わる行政機関であり、日本の職業安定所に相当する。なお、従前はこうした業務は労働センター（CWI：Centrum voor Werk en Inkomen）の管轄であったが、2009年1月の組織改編によって、CWIはUWVと統合されることとなった。これによりUWVに設けられた一部署がUWV WERKbedrifであり、アムステルダムの中央組織のほか、オランダ国内に約130カ所の拠点をもつ。
5）　なお、個別的な解雇制限に関するオランダ法の特徴として、長期間にわたって疾病労働者に対する解雇が禁止されている点を指摘できる。すなわち使用者は、私傷病を含む病気により就労不能となった労働者について、原則として解雇を禁止される。例外は、労務に従事することのできない休職期間が2年を超過した場合や、使用者が行政機関（UWV）に対して解雇の許可申請をした後に労働者が病気となった場合（民法典670条1項但書）、あるいは、労働者が職場復帰に向けたリハビリに協力しないケースや、他の軽易業務等に従事しないケースで、合理的な理由を欠く場合（同670b条3項）等に限られる。

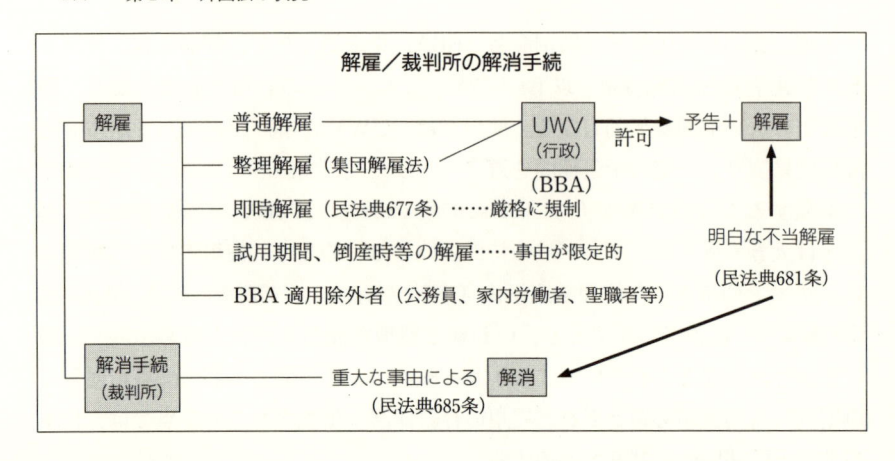

```
                解雇／裁判所の解消手続
    ┌解雇───┬─普通解雇────────┐  UWV    許可   ┌予告＋解雇┐
    │       ├─整理解雇（集団解雇法）┘ (行政)  ──→   └─────┘
    │       ├─即時解雇（民法典677条）……厳格に規制         ↑
    │       ├─試用期間、倒産時等の解雇……事由が限定的   明白な不当解雇
    │       └─BBA 適用除外者（公務員、家内労働者、聖職者等）（民法典681条）
    │
    └解消手続──重大な事由による─解消←──────────┘
     （裁判所）  （民法典685条）
```

2　規制の沿革

　有期労働契約法制をみると、まず、有期労働契約（arbeidsovereenkomst voor bepaalde tijd）とは、労働契約に期間の定めがあるものを指すが、法律上の明確な定義規定はない。本書で扱う他の比較対象国と同様に、オランダでも、暦日によって期間を定める労働契約のほか（確定期限）、特定の仕事（bepaald werk）が完了することによって終了する労働契約、または、たとえば病気休職者の復帰など一定のイベント（gebeurtenis）が生じた場合に終了する労働契約（不確定期限）のいずれもが、有期労働契約の範疇に含まれると解されている[6]。その根拠として、有期労働契約の終了時のルールを定める民法典667条において、こうした有期雇用の利用が明示的に排除されていない点が指摘されている[7]。もっとも、契約当事者の主観的な意思によって雇用関係を終了させるような労働契約――たとえば、「使用者が必要とする期間」の雇用を約するといった労働契約――は、有期雇用の概念には含まれない[8]。

　このような有期雇用に対する法規制として、オランダでは、伝統的に、有期

---

6) Kamerstukken II 2000–2001, 27 661 nr. 3, p. 3.
7) *Verhulp* 2002（zie noot 1), p. 85.
8) *Verhulp* 2002（zie noot 1), p. 86.

労働契約の締結や更新について「合理的な理由」は必要とされていない。たとえ労働力の利用に対するニーズが継続的な場合であったとしても、有期雇用を利用することは妨げられないのである。なお、有期雇用の締結に関する手続的な規制として、民法典655条1項e号によると、労働契約に期間を定める場合には書面による合意が必要とされており、これを欠く期間設定の効力は認められない（同条8項）。ただ、前述のように、オランダでは有期雇用の利用事由はそもそも問題とならず、書面によって期間を定めるだけで有期労働契約としての法的効力が認められる点で、有期雇用を利用すること自体は容易であるといってよい。

そして、有期雇用では、契約期間の満了までは労使双方が拘束され、中途解約は書面による事前の合意がある場合でなければ認められない（民法典667条3項）。この書面による合意がある場合であっても、使用者による一方的な中途解約は解雇に該当するものとして、一般的な解雇規制に服する。したがって、行政機関（UWV）の事前の許可のない中途解約は無効となるほか、勤続期間に応じて解雇予告も必要となる。あるいは、中途解約に関する書面の合意がないケースなどでは、裁判所において契約関係の解消手続を利用することとなる。

一方、期間満了となれば、有期労働契約は当然に終了することが原則であり（民法典667条1項）、解雇規制による制約は受けない。契約終了に関する予告についても、①契約で特則がある場合や、②特別法または慣行によって予告が必要とされるケースで、書面での特約により予告を排除する余地があるにもかかわらず、こうした合意をしていない場合を除き必要でない（同条2項）。また、たとえばフランス法のように、期間満了に際して、雇用期間に応じて労働者に対し特別な金銭支払いが使用者に義務づけられることもない。ただ、民法典668条によると、期間満了後に当事者のいずれからも意思表示がなく、かつ、期間満了後にも労働が実際に継続している場合には、従前と同期間で契約が更新されたものとみなされる（なお、当初の契約期間が1年以上である場合には、更新後の契約期間は1年に短縮される）。

---

9) Kamerstukken II 1995-1996, 26 263 nr. 6, p. 10.; *Verhulp* 2002 (zie noot 1), p. 83.
10) ただし、予告を欠く解雇は直ちに無効とはならず、損害賠償責任が生じるにとどまる（*Verhulp* 2002 (zie noot 1), p. 89）。

オランダ労働法は、1999年の「柔軟性と保障法」を境にドラスティックな改正が続いている。有期労働契約法制を歴史的にみると、同法が成立する以前には、判例上、有期労働契約の期間満了後1カ月（31日）以内に契約を更新した場合には、労働契約に期間の定めがないものとみなされていた。このような規制は、一見すると厳格なものにみえる。しかし現実には、期間満了後のクーリング期間中（1カ月間）に当該労働者を派遣労働者として継続的に受け入れることによって、容易に回避することができた。

こうした「回転ドア構造（draaideurconstructies)」と呼ばれる脱法的措置に対しても、判例による制限が加えられてきた。すなわち最高裁は、使用者が異なる場合であったとしても、労働者の業務内容の点で客観的にみて契約の連続性が認められる場合には、使用者の主観的な意図（脱法目的）とは無関係に、前後の契約関係を同一視し、後続の使用者（opvolgende werkgever）に対して労働者の雇用保障責任を転嫁することを試みてきたのである。もっとも、こうした判例法理では、使用者が業務上の必要性を立証すれば連続性が否定されるなど、その射程について明確でなかったと評価されている。

「柔軟性と保障法」は、こうした裁判例の考え方について、内容面で緩和しながらも立法規制として明文化するとともに、EU指令（本節〔1〕）に即して国内法の整備を図ったという意義を有している。この点、「柔軟性と保障法」の立法時の議論においても、有期雇用は必ずしも好ましい雇用形態として位置づけられていない。むしろ、労働契約の中核（hoofdweg）は無期労働契約であることが確認されており、これを根拠として、オランダ法では、明文の規定はないものの、無期雇用が雇用の原則的形態であると解されている。

---

11) HR 22 november 1991, NJ 1992/707.; HR 27 november 1992, NJ 1998/273.; HR 12 april 1996, JAR 1996/114.

12) たとえば、経営規模の縮小に伴う労働者の再配置等のケースで、連続性を否定した例がある（HR 25 october 1996, JAR 1996/234)。

13) *Jan Heinsius*（川田琢之訳）「20世紀末期のオランダ労働法──雇用関係における『フレキシキュリティ』化の傾向」日本労働研究雑誌464号（1999）112頁以下。

14) *Houwing/Verhulp*, Flexibility and Security in Temporary Work-A Comparative and European Debate : The Netherlands, WP C.S.D.L.E, 2007, p. 64.; *Verhulp* 2002（zie noot 1), p. 79-.

15) Kamerstukken II 1995-1996, 24 543.; *Verhulp* 2002（zie noot 1), p. 80.

しかし他方で、「柔軟性と保障法」の立法理由をみると、使用者には、経済情勢に応じて有期雇用によって労働力の調整をする必要性があり、仮に有期雇用に対して過度な規制を課すとすれば、たとえば個人請負のような、法的保護の不十分な労務の提供手段が促進されうる、という問題が指摘されている。立法者は、有期雇用に対して厳格な規制を課すことは、かえって労働者層の全体の保護に反すると考えていたのである。こうした観点から、たとえばフランス法やかつてのドイツ法のように、有期雇用について利用事由を列挙し、業務内容が臨時的な場合に限り有期雇用を認めるといった立法政策（入口規制）については、①有期雇用を利用する合理的理由の存否をめぐり、当事者間の紛争を増加させること、②また、有期雇用の柔軟性確保という点からも望ましくないとして、明確に否定されている。

現在の有期労働法制のうち、雇用保障に関わるものとしては、次のような規制がある。

3 更新回数・最長期間の制限

(1) 民法典668a条の概要──3×3×3ルール

有期労働者の雇用保障に関しては、民法典668a条に次のような定めがある。

> 1. 有期労働契約は、次の場合には期間の定めのない労働契約とみなされる。
>   (a) 有期労働契約が、3カ月未満の中断期間を含めて連続して締結され、中断期間を含む合計期間が36カ月以上となる場合には、最後の有期労働契約は、その締結日をもって期間の定めのない労働契約とみなされる。
>   (b) 有期労働契約が、3カ月未満の中断期間を含めて3回以上にわたり更新された場合には、最後の有期労働契約は期間の定めのない労働契約とみなされる。
> 2. 労働者が複数の異なる使用者との間で労働契約を締結する場合であっても、合理的にみて継続的な労働をしていると評価される場合には、第1項を同様に適用する。
> 3. 労働者と使用者の間で、36カ月以上の有期労働契約が締結されている場合であって、その終了の直後に同一の当事者間で3カ月未満の有期労働契約を締結する場合には、

---

16) Kamerstukken II 1996-1997, 25 263 nr. 6, p. 12.
17) 同上。

第1項a号の規定は適用しない。
4. 解雇予告の期間は、第1項a号、b号でいう最初の労働契約の締結時からの期間に基づいて算定する。
5. 労働協約または権限を認められた行政官庁が定める規則による以外には、第1項から第4項までの規定に反して、労働者に不利な約定をすることはできない。

すなわち、民法典668a条によると、有期労働契約は、反復継続によって合計期間が3年以上となるか、3回以上更新された場合には、無期労働契約とみなされる。オランダ法は、有期雇用が反復継続した場合の雇用保障としては、無期雇用へと転換させることによって、通常の解雇規制をそのまま適用するというアプローチ（出口規制）を採用している。

(2) 反復更新による最長期間の制限

第1に、有期労働契約が、3カ月未満の中断期間をはさんで更新をくり返し、中断期間を含めた雇用関係の総期間が3年以上となる場合には、当該雇用関係は無期雇用に基づくものとみなされる（民法典668a条1項a号）。ここで問題となる期間の長さは、労働契約で約定された期間や現実の就労期間の合計に必ずしも対応するものではない。反復継続される各契約の間に中断期間があり、したがって約定された契約期間を合算しても3年に達しないケースであっても、こうした中断期間が連続して3カ月以上ある場合でなければ、最初の契約締結時から暦日で3年が経過すると無期雇用への転換が図られる。また、算定の際には、同一使用者との間で雇用関係が継続しているだけで十分であり、職務内容や労働条件が同一である必要はないと考えられている（この点で、回転ドアの防止を目的とした同条2項の規制とは異なる）[18]。

この規制は、有期雇用が反復継続するケースのみを対象としているので、当初から長期間の契約を締結している場合、たとえば、期間を5年とする有期労働契約を締結した場合には、3年を超過した時点で無期雇用へと転換することはなく、5年の期間が満了することによって当該契約は適法に終了する。ただし、期間満了後に、同一の当事者間で有期労働契約を締結（更新）する場合に

---

18) *Verhulp* 2002（zie noot 1), p. 96-.

は、新たな契約の期間が3カ月未満の短期である場合を除いて、無期雇用への転換が認められる（民法典668a条3項）。

　なお、オランダでは、日本の労基法14条1項に相当するような、各契約の長さそのものを制限する上限規制はない。したがって、たとえば、契約期間を20年とする有期労働契約を締結することも、理論的には可能だと考えられている。ただし、5年以上の有期労働契約においては、6カ月前に予告をすれば、労働者は自由に辞職することが認められている（民法典684条[19]）。

(3) 更新回数の制限

　第2に、有期労働契約の更新回数についても規制がある（民法典668a条1項b号）。すなわち、有期労働契約が3回以上更新される場合には、4度目の労働契約は、たとえ、それまでに継続してきた雇用関係の総期間が3年未満であったとしても、期間の定めがないものとみなされる。

　この更新回数に対する規制についても、3カ月のクーリング期間が設定されている。したがって、ある有期労働契約が同一の使用者との間で断続的に利用される場合でも、従前の契約が満了した後で3カ月のクーリング期間が設けられていれば、後続の契約が無期雇用へと転換することはない。その一方で、前述の最長期間に対する規制と同様に、職務内容や労働条件が異なる場合であっても、同一使用者との間で有期労働契約を締結している限りは、規制の対象に含められる。

(4) 無期転換の意義

　以上のように、オランダでは、有期雇用が反復継続する場合に、最長期間と更新回数による制限があり、これは、最長期間（3年）、更新回数（3回）、クーリング期間（3カ月）に着目して、一般に「3×3×3ルール（regel）」あるいは「連鎖規定（ketenbepaling）」と呼ばれている。

　このような3×3×3ルールの目的は、有期労働契約の濫用（misbruik）に

　19）　これは、有期労働契約の中途解約には事前の書面合意が必要であるという、前述の民法典667条3項に対する特則である（*Verhulp* 2002（zie noot 1), p. 87）。

よって解雇規制が潜脱・回避されることを防止し、法制度のバランスを図ることにある[20]。そして、前述の「回転ドア」の問題を防止するために、使用者が形式的に異なるケースであっても、当該労働が合理的にみて継続しているとみなされれば、契約期間や更新回数が通算される仕組みである（民法典667条5項、668a条2項）[21]。

ある有期労働契約が、民法典668a条（3×3×3ルール）によって期間の定めがないものとみなされた場合には、その後の契約解消に対して解雇規制がそのまま適用される。すなわち、使用者が労働契約を終了させるためには、労働者との合意解約の場合を除くと、UWVの事前の許可を得て労働者を解雇するか、裁判所での解消手続によらなければならない。特に整理解雇については、事業所委員会（従業員代表）との間で解雇回避に向けた協議が求められ、解雇を避けることができない場合にはじめて許容される（集団解雇法6条2項）[22]。この場合、民法典上は勤続年数に応じた予告が必要となるほか、一般的には、合意に基づく金銭補償か、または明白な不当解雇（民法典681条）を争う手続のなかで、解雇の金銭的解決が図られることが多い。そして、解雇予告や補償金額について勤続期間が問題となる場合には、反復継続してきた最初の有期労働契約が締結された時点から、雇用関係が継続してきたものとして扱われる（同条4項）。つまり、有期労働者についても、無期雇用の場合と同様に、雇用期間の長さに応じて法的保護の程度が異なってくる。

もっとも、実際には、有期雇用が長期間にわたって違法に反復・継続的に利用されてきたようなケースを別にすれば、有期契約労働者の勤続期間は無期雇用に比して相対的に短い可能性が高い。被解雇者を選定する際に先任権ルールが徹底されているならば、結局は有期契約労働者が先に解雇されることが多いとみる余地もあろう。

この点、2006年以前には、被解雇者の選定は同一事業所内（bedrijfsvestiging）での先任権ルールが原則とされ、例外は、労働者に特別な能力があり、

---

20) *Bakels* 2013（zie noot 1), p. 60.
21) *Houwing/Verhulp* 2007（zie noot 14), p. 67.
22) Wet Melding Collectief Ontslag (Stb. 1976, 223).

当該労働者を解雇することによって事業に支障が生じることを使用者が証明した場合など、限定的な場合に限られていた。たとえば、労働者の年齢構成についても、当時は、CWI（現在のUWV）の管轄区域内で同時に10人以上の労働者を解雇するケースに限って、かつ、事業所単位で考慮する余地が認められていたにすぎない。ただ、こうした先任権ルールを徹底すると、結局のところ高年齢者を不当に優遇することになるほか、とりわけ零細企業にとっては、人員整理の過度な硬直性をもたらす等との批判を受けて、2006年および2009年に改正が行われている。

現在では、先任権ルールを準則としながらも、労働者の属人的な要素や、企業全体の人員構成を考慮することも許されている。特に、労働者の年齢構成については、15〜24歳、25〜34歳、35〜44歳、45〜54歳、55歳以上の5段階に区別したうえで、同時に解雇される人数とは無関係に、各年齢層のなかで先任権ルールを適用することが認められている。また、比較対象者の点でも、単に同一事業所内で同一職務に従事する労働者に限定するのではなくて、企業単位で、労働者の配転可能性や職務の変更可能性（uitwisselbare）を考慮する余地がある（解雇指針4：2条）。要するに、被解雇者の選定について、先任権ルールの準則としての機能は相対的には低下し、使用者の裁量の余地が拡大しているのであり、有期契約労働者の勤続年数が仮に短いとしても、それだけで不利になるわけではないと考えられる。

以上のような民法典668a条（3×3×3ルール）の有期労働法制については、2つの例外が規定されている。

(5) 例　外
(a) 労働者派遣における規制緩和

まず、民法典691条1項によると、「派遣労働契約においては、民法典668a条の規定は、労働者が26週以上の労務提供をしたあとにはじめて適用される」。つまり、派遣労働者について有期労働契約を利用する場合には、最初の26週は、3×3×3ルールによる無期雇用への転換は図られない。26週という期間の長さについては、労働協約で「別段の定め」をする余地も認められており（691条7項）、実際に、派遣業界において支配的な労働協約（ABU-CAO）では、こう

した適用除外の期間は1年半（72週）にまで延長されている。

短期間の労働者派遣（典型的には短期の登録型派遣）を反復継続するケースにおいて、3×3×3ルールを原則通りに適用するとすれば、更新回数の点で無期雇用への転換が図られることとなるが、これでは短期間での就労に対するニーズを反映することができない。そこで、この民法典691条の特則は、労働者派遣のマッチング機能にかんがみて、立法者が特別に規制を緩和したものであり、最初の6カ月間は、最長期間や更新回数の制限を受けないことが原則とされている。[23]

(b) 労働協約による「別段の定め」

第2の例外は、労働協約（CAO）による場合である。すなわち、有期契約労働者の雇用保障に関する民法典668a条の規制については、最長期間（3年）、更新回数（3回）、クーリング期間（3カ月）のいずれについても、労働協約で「別段の定め」をする余地が認められている。同様に、当初から3年以上の期間を定めた労働契約を締結する場合の特別な規制についても、労働協約による逸脱の余地がある（民法典668a条5項）。

法律の文言から明らかなように、この「別段の定め」は、労働者にとって不利な内容であっても認められる。[24] さらに、国会答弁によると、たとえば更新回数や契約更新による最長期間の制限を、労働協約によって撤廃する余地までも認められており、実際にそのような労働協約も存在するようである。[25]

実務上は、「柔軟性と保障法」の制定当時から、労働協約で「別段の定め」をする傾向がみられた。すなわち、法律の施行直後の状況をみると、調査対象となった40の産別協約のうち、約3割（労働者のカバー率では約38％）で法律と異なる定めがされていたとの報告がある。[26] この調査は、有期雇用だけを対象と

---

23) その一方で、断続的な労働者派遣によって解雇規制等の労働法規制が回避されることを防止するために、クーリング期間を1年と長期に設定し、期間の算定についても週単位で行う（たとえば、1週間に1時間の労働であっても1週としてカウントする）などの工夫もみられる。
24) Verhulp 2002 (zie noot 1), p. 109.
25) Kamerstukken I 2001-2002, 27 661 nr. 322b, p. 2-.ただし、信義則（民法典611条）を根拠として、裁判官が例外的にこうした約定の効力を審査する余地が示唆されている。
26) Kamerstukken II 2000-2001, 27 661 nr. 3, p. 11.

したものではなく、たとえば前述の派遣労働に関する26週ルールの例外なども含まれているので、有期雇用の3×3×3ルールに限れば、「別段の定め」がある割合はより低かったものと推察される。ただ、その後、労働協約で「別段の定め」をする割合は徐々に高まってきており、現在では、約77％の労働協約（カバー率では全労働者の73％）で、「柔軟性と保障法」で導入された民事上の規制に関連して、何らかの「別段の定め」がある。

民法典668a条（3×3×3ルール）の規制に着目すると、「別段の定め」の内容は様々であり、3つのルールのいずれについても、法律の基準を上回るものと下回るものとがある。[27] たとえば、2007年には、「柔軟性と保障法」による柔軟化の程度を調べる目的で、社会労働省が労働協約の大規模な調査を行っている。[28] それによると、調査対象となった110の労働協約のうち、約21％で有期労働契約の更新回数について別段の定めがあり、法律の基準よりも厳格化（3回未満に短縮）しているものと、規制を緩和または撤廃（電気産業など）しているものがほぼ同数である。また、反復継続に対する最長期間の制限に対しては、約27％の労働協約で別段の定めがあり、最長期間を5年または6年にまで延長しているものも半数近くみられる。さらに、全体の約13％の労働協約ではクーリング期間について別段の定めがあり、そのうちの9割近くで期間の短縮（規制緩和）がみられる。具体的には、多くの場合にクーリング期間は1カ月に短縮されているようであり、農業分野の労働協約など、クーリング期間を7日にまで短縮する例もある。[29]

また、前述のように、当初から3年以上の長期の有期労働契約を締結している場合には、更新について特別な規制がある（民法典668a条3項を参照）。この規制についても、労働協約では、無期雇用への転換を促進しているものと、逆に、規制を緩和しているものとがほぼ同割合であり、後者のなかには、最長3年までの更新を認めるものもみられる。

こうした柔軟な法制度や労働協約による多様な規制の実態は、EU指令との

---

27) *Verhulp* 2002（zie noot 1), p. 108-.; *Houwing/ Verhulp* 2007（zie noot 14), p. 70-.
28) W. *Smits* e. a., DE WET FLEXIBILITEIT EN ZEKERHEID-een onderzoek naar de ¾ bepalingen in de cao's van 2006: SZW 2007.
29) 同上27頁以下。

抵触も問題となりうる。この点、一般には、労働組合の集団的な交渉力によって労使間の均衡が保たれている結果、適正な利益調整が図られるとして、EU指令との抵触は生じないと解されている。[30]

4　無期雇用ポストに関する情報提供義務（民法典657条）

以上のほか、民法典657条１項では、有期雇用を無期雇用へと間接的に誘導することも目指されている。すなわち、使用者は、「期間の定めのない労働契約のポストに欠員（vacature）が生じた場合には、有期労働者に対して、遅滞なく、明確に通知しなければならない（in kennis te stellen）」。

この規制は、EU指令の内容に則して情報提供を義務づけるにとどまり、使用者に、既存の有期労働者を優先的に採用（転換）することまでも強制するわけではない。また、こうした情報提供によって、実際にどの程度の転換が図られているのかは不明である。ただ、少なくとも法制度としては、有期労働者の常用化へのチャンスを拡大するものと評価できよう。

5　差別禁止規制（民法典649条）

次に、有期契約労働者の労働条件に関わる法規制についてみると（内容規制）、オランダでは、EU指令に則して、労働契約における期間の定めの有無による差別が禁止されている。すなわち、使用者は「客観的に正当化できる場合を除き、労働契約が臨時的なものかどうかで（al dan niet tijdelijke karakter）労働条件について異別取扱いをしてはならない」（民法典649条１項）。

このような差別禁止規制は、2002年の法改正で民法典に導入されたものである。[31]法律の文言上は、無期雇用の労働者に対する差別まで禁止されているよう

---

30) *Veldman,* Europese bescherming in geval van tijdelijk dienstverband : carrière voor een flexibele arbeidsmarkt?, SMA 2007, p. 92.; zie ook *Houwing / Verhulp* 2007（zie noot 14）, p. 74. なお、EU指令でも、労働協約で別段の定めをする余地は認められている。

31) Wet verbod van Onderscheid tussen arbeidsverhoudingen voor Bepaalde en Onbepaalde Tijd（Stb. 2002, 560）.

にみえるが、実際には、有期労働者に対する不利益取扱いを禁止することを目的としている。なお、民法典649条１項でいう臨時的な労働契約とは、直接雇用の有期労働契約を指し、派遣労働契約は含まれない（同条６項）。派遣労働者の労働条件水準の問題については、この規制とは別に、労働市場仲介法（WAADI）による特別な規制がある[32]。

オランダでは、こうした雇用上の差別禁止規制に違反するケースでは、人権擁護委員会（CRM[33]）と呼ばれる行政機関による特別な紛争処理手続がある。従来、差別禁止規制の履行確保に関しては、差別禁止に関する一般法である一般平等取扱法（AWGB）11条以下の規定に基づく均等待遇委員会（CGB[34]）が担ってきた。しかし、2012年10月の人権擁護委員会法[35]の施行により、従前のCGBは廃止され、その権限を拡大しつつ改組されたのが人権擁護委員会である。

人権擁護委員会（以下、CRM）は、議長１名と副議長２名を含む９〜11名の専門家で構成されており（2013年12月現在は11名[36]）、差別事件について自らの権限で調査を行うほか、申立てに対する書面審査と判断を行うことが任務とされている。差別を受けたと考える者は、裁判所のほかCRMに対しても、差別状態の是正や違法行為の禁止・除去（ongedaan te maken）を求めることができる。また、CRMに対しては、被差別者（労働者）のほか、使用者、労働組合、事業所組織法に基づく従業員代表、事件を扱う裁判官や調停人も、申立てをすることができる（人権擁護委員会法10条）。

CRMは、一般平等取扱法に違反する差別問題のほか、民法典646条[37]（男女差

---

32) Wet allocatie arbeidskrachten door intermediairs (Stb. 1998, 36). 具体的には、派遣労働者の賃金水準について、派遣先の直用労働者との異別取扱いの禁止が規定されている。ただし、この原則については、労働協約による「別段の定め」の余地があるなど、他の差別禁止立法とは明確に異なる特徴がみられ、いわば準則にとどまる。詳細については、拙稿「労働市場における労働者派遣法の現代的役割」神戸法学雑誌59巻３号（2009）を参照。
33) College voor de Rechten van de Mens.
34) Commisie Gelijke Behandeling.
35) Wet College voor de rechten van de mens.
36) 組織構成および任命手続については、人権擁護委員会法14条以下を参照。
37) 一般平等取扱法は、雇用関係も含め一定の公的生活（openbare leven）における差別を禁止するものであり、性別、民族（burgerlijke staat）、宗教、信条、政治的思想、人種、国籍、

別)、648条(労働時間による差別)、649条(有期労働に対する差別)、男女平等取扱法違反のケース、障害者差別や年齢差別等についても対象としている。した[38]がって、たとえば有期労働者が、労働契約の期間の定めの有無を理由として差別されている場合には、CRMへの申立てが認められている。このような申立てに対して、CRMは、法違反の有無を調査したうえで、その是正を勧告(aanbevelingen)することができる。CRMの勧告は当事者を法的に拘束するわけではないが、裁判官が訴訟において、CRMの判断に特別な意義(bijzondere waarde)があるとして追認することがある。さらにCRMは、申立人が反対する場合を除き、裁判における当事者適格を認められている。こうして、実務では、企業のほとんどがCRM(従前のCGB)の勧告に従うようであり、裁判例でも約65％がCRMの判断を追認しているなど、差別問題に関する紛争処理機関としてCRMの役割は無視できない。[39]

もっとも、有期雇用に対する不利益取扱いの禁止に限れば、CRMによる紛争処理手続は、ほとんど利用されていない。CRMの報告書によると、この領域では年間で数件程度の申立てがあるにすぎず(2012年では、全申立634件のなかで2件)、多い年でも、CRMによる紛争処理全体の2％未満にとどまっている。[40]この結果が、有期雇用の労働条件をめぐって、紛争そのものが少ないことを意味するのかどうかは、はっきりしない。差別禁止原則のもとでも、たとえば、労働者の実際の勤続期間に応じて処遇を異ならせることは許されるのであり、有期契約労働者は、特に教育訓練や年金支給の点で、実質的には不利となることも多いようである。ある調査によると、有期契約労働者の1/4が、期間の定めのない労働者よりも教育訓練の機会が少ないことを不満としているなど、

性的指向(hetero of homoseksuele geaardheid)を理由とした、直接差別と間接差別とを禁止している。なお、間接差別については、客観的な正当化理由がある場合には問題とならない。

38) 人権擁護委員会法は、10条以下で男女差別のケースでの手続を規定するにとどまるが、民法典をはじめとする個別の差別禁止立法において、こうしたCRMの手続に関する準用規定が設けられている。

39) CGB 2007年10月29日発表。

40) Jaarverslag College voor de Rechten van de Mens, 2012. 紛争の多い類型として、たとえば2012年の処理状況をみると、年齢(21％)、障害(18％)、性別(18％)、人種(14％)、国籍(8％)、宗教(6％)と続いている。また、CRMに対する正式な申立てでなく相談件数でみても、労働契約の期間の定めの有無による差別に関するものは、わずか8件にとどまっている。

潜在的には紛争が生じる余地が十分にある。有期雇用と無期雇用との労働条件格差の実態や、紛争処理のあり方を分析することは今後の課題である。

6　改正をめぐる動き

以上の有期労働法制をめぐっては、無期転換に関する3×3×3ルールを中心に、法改正に向けた動きも見られる。とりわけ、2013年4月の政・労・使による合意では、各種の財政支出の削減策のほか、労働法分野でも様々な改正を目指すことが合意されており、近い将来に実現する可能性が高い。このうち解雇規制については、2016年以降に再整理するかたちで延期された。

これに対して、有期労働契約法制をめぐっては、すでに2012年の段階で野党から改正法案が提出されている状況下で、2013年12月には、社会労働大臣から

---

41)　Velzen e. a., De regulering van scholingsvoorzieningen voor flexibele werknemers in Nederland en in de Verenigde Staten, HSI 2004.

42)　なお、以下で述べるのとは別の立法改正として、2008年のいわゆるリーマン・ショックに端を発する経済不況のなか、若年者の雇用情勢が悪化したことをふまえて、有期雇用の3×3×3ルールについては時限的に特別な規制緩和が図られた（Kamerstukken II 2008-2009, 32 058 nr. 3.)。すなわち、2010年7月から2011年末までの時限的措置として、27歳未満の若年労働者が新たに有期労働契約を締結する場合については、最長4年の期間中に、4回までの更新を認める特例が認められていた。

43)　解雇規制については、現在の2つのルートを再整理し、整理解雇および長期の疾病労働者に対する解雇についてはUWVルートに一本化し、他方、労働者側の個別事情に基づく契約解消については裁判所ルートへと一本化される可能性が高まっている。また、整理解雇のケースでは、勤続2年以上の労働者について再就職に備えた職業訓練に要する費用負担を使用者に義務づけることなども検討されている。こうした動きの背景には、現行制度の下では、同一事案であっても、2つのルートのいずれを用いるかによって労働者が受ける不利益の程度が大きく異なりうることが問題視されているほか、複雑化した制度を再整理するとともに、雇用保障を引き続き基軸としつつも、転職を容易にする環境を整備する狙いがある。

44)　Kamerstukken II 2012-2013, 33 499 nr. 3.これは、2012年12月に社会党のUlenbelt議員が提出したものであり、有期労働法制については、全体的に規制を強化する内容となっている。たとえば3×3×3ルールについては、①クーリング期間を現在の3カ月から24カ月にまで延長すること、②有期雇用の反復継続による最長利用期間についても、現在の36カ月から12カ月にまで短縮することなどが提案されている。さらに、③同ルールの例外として広く許容されてきた労働協約による「別段の定め」についても、全面的に許容する現行制度を改めて、一定の合理的理由がある場合にのみ認めるといった提案がなされている。また、新たな条文により、一定の有期雇用については期間満了の2カ月前に、更新の可能性について書面での通知を使用者

も改正法案が提出されている。[45]それによると、有期契約労働者のうち特に非自発的に有期雇用となっている者を念頭に、解雇規制が適用されないという問題に加えて、住宅等のローンを組めないという生活上の問題、無期雇用に比べてキャリア形成が不十分であり、結局は失業保険の財政悪化の一因になっていること等の問題点が指摘される。そして、2014年7月を目処に民法典668a条の改正が目指されている。

具体的には、①有期雇用の反復継続による最長利用期間を、現在の3年から2年に短縮すること、②クーリング期間については、現在の3カ月から6カ月に延長するとともに、労働協約による「別段の定め」も禁止すること、③他方、最長利用期間や更新回数の制限については、労働協約による「別段の定め」の余地を残すものの、その範囲を最長4年間で最高6回以内に制限すること、④プロスポーツ選手など高度の専門職については例外を認めること、⑤18歳未満の労働者についても通算の例外を認め、規制対象を原則として18歳以上の労働者に限定すること、⑥6カ月以上の有期労働契約については、更新の有無について、満了の1カ月前に書面での予告を使用者に義務づけること（これを欠く場合には、原則として1カ月分の賃金相当額の支払いを義務づけること）等が目指されている。現在、オランダでは、1999年の「柔軟性と保障法」以来の労働法分野の法改正が相次いで予定されており、有期労働契約法制をめぐっても流動的な状況にある。

7 まとめにかえて

オランダでは、伝統的に有期契約の締結そのものを制限するという発想はみられない。ただし、法制度としては、差別禁止規制（内容規制）によって労働条件の改善を目指すとともに、有期雇用を無期雇用へと誘導することも目指されている。このことは、たとえば労働時間の長短による差別が禁止されるなか

に義務づけることや（668b条の新設）、契約更新がなされない場合に使用者に一定の金銭支払いを義務づけること（668c条の新設）なども盛り込まれている。
45) Kamerstukken II 2013-2014, 33 818 nr. 3.

で（民法典648条）、制度上、フルタイムあるいはパートタイムのいずれか一方へと誘導する仕組みがみられないこととは対照的である。つまり、オランダでも、有期雇用が必ずしも積極的に認められているわけではなく、とりわけ有期雇用の反復継続的な利用については、解雇規制とのバランスを考慮した制限が課されている。

　この点、オランダでは、期間の定めのない労働契約を使用者が一方的に終了させる方法として、①UWV（行政機関）による事前許可を得た解雇と、②裁判所による契約解消手続という、2通りの方法がある。例外として、即時解雇や試用期間中の解雇等であれば、許可を得ずに労働者を解雇できる余地もあるが、これらに該当するケースは限られている。一般には、使用者による一方的な解雇は、厳格に規制されているといってよい。他方で、実際の運用状況をみると、UWVは多くのケースで解雇に事前許可を与えている。また、無許可の解雇を別にすれば、労働者を原職に復帰させるか、それとも紛争を金銭的に解決するのかは、最終的には裁判官の裁量に委ねられており、現実には、多くのケースで金銭的解決が図られている。そして、紛争処理手続に要する期間が比較的短期であることも併せて考えると、使用者にとって、解雇規制がどの程度負担となっているのかは不透明な部分もある。

　このように、オランダ法は独特の解雇規制をもち、その位置づけは難しい。ただ、日本をはじめ、本書で検討している他の対象国と比較するならば、次のような特徴を指摘できる。すなわち、解雇紛争について、最終的には金銭的解決の余地があり、あるいはUWVが多くのケースで解雇の許可を与えているにせよ、オランダにおいては、使用者の一方的な解雇（解消）に対して、裁判所や行政機関の事前のチェックがあるという点である。これは、日本をはじめ、多くの国で、労働者が提訴してはじめて解雇の適法性が審査されるのと大きく異なるオランダ法の特徴といえ、オランダ法も、理念として雇用の存続保護を重視する解雇規制をもつと評価してよいと思われる。

　こうしたなか、有期雇用に対する具体的な規制の仕組みとしては、いわゆる3×3×3ルール（出口規制）によって、反復継続に対する最長期間や更新回数の制限があり、有期雇用を一定の場合に無期雇用へと転換することで解雇規制とのバランスが図られている。また、無期雇用のポストに関する情報提供義

務を使用者に課すことによって、間接的にも無期雇用へと誘導する仕組みがある。

　このうち、有期労働法制の中核ともいえる３×３×３ルール（出口規制）については、日本の労契法19条のように予見可能性を欠くという問題はない。その一方で、３×３×３ルールを厳格に適用した場合には、たとえば、最長期間である３年が経過する直前に有期雇用を終了させるというかたちで、労使双方のニーズに沿わない雇止めを誘発するのではないか、との疑問が生じる。この点、オランダでは、３×３×３ルールについて労働協約で「別段の定め」をすることができ、出口規制の具体的な制度設計を協約自治に委ねる余地がある。実際に産業別の労働協約をみると、最長期間、更新回数、クーリング期間のいずれの点でも、規制の撤廃までも含む柔軟化が図られているケースも少なくない。

　また、そもそも外部労働市場の発展がみられるオランダでは、仮に有期雇用の雇止めによって雇用関係が終了したとしても、労働者が受ける不利益の程度は相対的には小さいとみることもできる。実際、有期雇用をめぐる最近の紛争事例は、事業譲渡に際しての雇用期間の通算のあり方など期間の算定方法に関わるものや、労働協約における「別段の定め」の解釈を争うものが散見される程度である。立法論としては、27歳未満の若年者を対象に、時限的な措置として、３×３×３ルールについて一定の規制緩和が図られてきた。また、法律の施行から10年以上を経て、無期雇用への転換を図る時期について微修正を図る動きもみられる。こうした動向には注意が必要であるが、一般には、３×３×

---

46) 日本の労契法18条ではこうした問題が生じうる。
47) Ktr. Leeuwarden 10 februari 2009, LJN : BI9318（事業譲渡における譲渡先は、民法典668 a条２項でいう「後続の使用者（opvolgende werkgever）」であり雇用期間が通算されるとして、無期雇用への転換が認められた例）; Rechtbank Arnhem 27 april 2009, LJN : BI6905（派遣終了後に派遣先で直用化されたケースで、派遣当時からの雇用期間の通算によって無期雇用への転換が認められた例）。
48) Rechtbank Arnhem 22 october 2009, LJN : BK3286（労働協約において無期雇用が原則とされ、有期雇用の利用事由が限定されていたケースにおいて、当該事由に該当しないとして無期雇用への転換が認められた例）; Hof's-Hertogenbosch 27 october 2009, LJN : BK6181（２回の契約更新後に労働者が雇止めされたケースで、更新回数の上限については労働協約で別段の定めがあったとして、協約に基づく無期雇用への転換が認められた例）。

3ルールを中核とする出口規制の手法そのものが問題視されているわけではないようである。

　以上、要するに、オランダの有期労働法制には、差別禁止原則によって労働条件を改善することと並んで、3×3×3ルールや情報提供という実体規制によって無期雇用への誘導が目指されていること、ただし、労働協約による広範な「別段の定め」を認めることで（手続規制）、規制の硬直化やそれに伴う弊害を防止する仕組みがある。日本の状況と比較する場合には、なによりもまず、有期雇用の利用事由そのものを制限することなく、出口規制によって解雇法制とのバランスを図ってきたという、基本的なアプローチの共通性が注目されよう。もちろん、伝統的な産業別の交渉システムや外部労働市場の発展の程度など、両国をとりまく状況の違いについては慎重に検討することが必要であるが、それでもなお、法律で明確な基準を定めたうえで、労使自治による柔軟化の手段も設けておくというオランダ法のアプローチには、注目すべき点も多いように思われる。

第1節　ヨーロッパの有期労働契約法制―〔6〕イギリス

櫻庭　涼子

1　はじめに
2　解雇規制と有期契約
3　有期契約の無期契約への転換
4　不利益取扱いの禁止
5　その他の規制
6　おわりに

1　はじめに

　2012年の労契法改正によって、日本では、有期労働契約における雇用の打切りに関し、二段階の規制が整えられることになった。通算期間が5年に至る場合には無期労働契約への転換申込権を労働者に付与し、転換後は、労契法16条等による解雇規制を及ぼす（第2段階）。5年に至る前でも、その期間満了による終了につき解雇権濫用法理が類推適用されうる（第1段階）。その適用の有無は、雇用の通算期間や更新回数、更新を期待させる言動、有期労働者が従事していた労働の内容などの諸事情を考慮して判断される。
　イギリスでは、雇用の通算期間が2年に達すると、期間満了による雇用終了に対して不公正解雇（unfair dismissal）規制が適用される。剰員整理手当（redundancy payment）の権利も発生し、使用者は、経営上の理由による雇用終了に際して一定額を支払わなくてはならない（第1段階）。期間満了による終了が解雇と同一に扱われ、有期契約労働者も2年の勤続という資格要件さえみたせば保護対象になるからである。そしてさらに、通算期間が4年に至ったときは、無期転換も行われる（第2段階）。このように規制が段階的に行われる点で、イギリス法は日本法と共通するが、異なるところもある。第1段階の解雇規制の適用の有無は、雇用の通算期間のみに依存し、しかもこの資格要件

の充足は無期雇用にも共通して求められる。第2段階の無期転換は、客観的事由により正当化される場合は行われないなど、一定の柔軟性が確保されている。

上記第1段階の規制は、解雇法制の中で導入され、発展してきたものである（本稿2）。第2段階の規制は、EU有期労働指令を国内法化するために制定された2002年有期労働者（不利益取扱防止）規則（Fixed-term Employees (Prevention of Less Favourable Treatment) Regulations 2002；以下、「規則」と略す場合がある）[1]による（本稿3）。この規則によって、有期ゆえの不利益取扱いも禁止されるなど（本稿4、5）、有期労働者への保護は拡大している。

2 解雇規制と有期契約

(1) 規制の経緯

イギリス法では当初、無期契約を結ぶか、それとも有期契約を結ぶかということは、当事者の自由に委ねられ、何回でも更新することが可能であり、更新を重ねても無期契約とみなされることはなかった[2]。しかし解雇規制が導入され

---

1) SI 2002/2034. この規則について紹介・検討する文献として、帆足まゆみ「有期契約に基づく労働者の救済法理」横浜国際経済法学17巻2号（2008）255頁、有田謙司「イギリスにおける有期契約労働・派遣労働の法規制」世界の労働59巻11号（2009）22頁、山田省三「イギリスにおける有期雇用契約をめぐる法理」法学新報119巻5=6号（2012）587頁。規則は、その適用対象を労働者（employee）に限っているため、不定期ないし間歇的に就労しており「労働者（employee）」概念にあたらない者には適用されない。労働者の概念については、岩永昌晃「イギリスにおける労働法の適用対象」日本労働法学会誌110号（2007）192頁。労働者の求職・就職支援を目的とする訓練や就労経験を提供するための政府・EUのプログラムで使用されている者、大学の授業の一貫として行われる1年以内の就労経験に従事する者、派遣労働者（agency worker）、徒弟（apprentice）は適用を除外されている（規則18-20条）。なお、イギリス法については「雇用契約」「被用者」が用いられることが多いが、本稿では、日本法について一般的に使われる「労働契約」「労働者」を用いる。

2) 有期契約規制の歴史的展開については。山下幸司「イギリスにおける有期雇用労働者の法的問題」関東学院法学1巻2号（1992）162頁以下。

3) このほか、使用者が有期契約労働者を期間の途中で解雇した場合、これは、契約違反（breach of contract）の違法解雇（wrongful dismissal）に該当し、労働者は、原則として、期間満了までの間に支払われるべきであった賃金・給付に相当する額の損害賠償を請求できる（藤本茂「イギリス雇用契約における契約違反の法的救済について」法学志林89巻3=4合併号（1992）203頁以下、有田謙司「イギリスにおける違法解雇の差止と雇用契約」九大法学62号（1991）1頁）。また有期労働契約の終了についても人種・性別等による差別禁止規制は及ぶ。

る際、有期契約の不更新による終了が「解雇」に含まれることになったため、一定の継続雇用期間に達していれば(この資格要件は無期契約でも充足することを要する)、解雇規制の保護を受けられることになった[4]。

ただ、有期契約については、上記の権利の放棄 (waiver) が、書面化その他の手続的な規制を受けつつも法律上認められていた。しかしこの権利放棄もEU有期労働指令採択後に認められなくなった(不公正解雇については、1999年雇用関係法 (Employment Relations Act 1999) 18条1項、44条および付則9。剰員整理手当については前記規則による)。特定の任務の完了によって終了する契約や事実の発生・不発生によって終了する契約も有期契約に含まれ、規制に服することとされた[5] (1996年雇用権法 (Employment Rights Act 1996) 235条2A項、同条2B項)。

現行法では、労働者が有期契約 (limited-term contract) のもとで使用されており、当該契約が、期限を定める事実の発生により更新されることなく終了するときは、解雇が行われたものと規定されている(1996年雇用権法95条1項b号、136条1項b号)。

(2) 資格要件としての勤続期間

もっとも、規制の構造をみると、使用者は、特定の労働者を長期間雇用していても、資格要件の充足を阻み、それにより規制を免れることが可能になっている[6]。

不公正に解雇されない権利を労働者に与える雇用権法94条は、労働者が2年以上継続雇用されている場合に適用するものとされている(108条1項)。剰員

---

4) この資格要件としての勤続期間はこれまで数回にわたり延長されたり短縮されたりしている。不公正解雇からの保護は1年とされていたが、2012年改正 (Unfair Dismissal and Statement of Reasons for Dismissal (Variation of Qualifying Period) Order 2012) によって2年に引き上げられた。

5) データベースの作成、住宅の塗装など任務の完了により終了する契約や、産休中の労働者に代替するために雇い入れ、その労働者の復帰により終了する契約などである。

6) 不公正解雇や剰員整理手当の規制については、唐津博「イギリスにおける整理解雇法ルール」季労196号 (2001) 111頁以下、盧尚憲「イギリスにおける剰員整理解雇の法理」東京都立大学法学会雑誌41巻2号 (2001) 178頁以下、神吉知郁子「イギリス不公正解雇制度における手続的側面の評価の変遷」季労210号 (2005) 149頁以下、小宮文人『現代イギリス雇用法』(信山社・2006) 226頁以下、有田謙司「イギリス」荒木尚志ほか編『諸外国の労働契約法制』(労働政策研究・研修機構・2006) 335頁以下を参照。

整理手当の権利も同様である（155条）。しかし、1週以上の空白期間を置くことで雇用は継続していなかったものとされるからである[7]。

この雇用の中断に関して例外がないわけではない。「一時的な休業（temporary cessation of work）」ないし「申合せ（arrangement）または慣行（custom）」によるとされると、ある有期契約と、空白期間を置いた後に締結されたその次の有期契約とは継続していたものとみなされ（212条3項b号・c号）、雇用期間は通算される。

有期契約の場合、期間満了によって終了しているのであり、それによる労務の不提供は予測可能であるから、「休業」にそもそも該当しないのではないかが問題になり得るが、そのような形式のいかん、予測可能性の有無は考慮されない[8]。

しかし、その空白期間は「一時的」と評価されるものでなくてはならない。判例によると、一時的であるとは、相対的に短い期間を意味する。最後の有期契約の期間満了日から振り返ってみて、先行する有期契約と後続の有期契約の間に間隔があり、その間隔の長さが先行の有期契約や後続の有期契約と比較して短期といえるときにはじめて「一時的な」休業として扱われ、雇用は継続していたと判断される。Sillars v Charrington Fuels Ltd事件では、燃料の運送会社の運転手として、季節的な需要の増大に応じて、10月から翌年5月あたりまでの6～7カ月にわたる勤務を15年間繰り返していた者について、就労しなかった期間が就労した期間に比較して短期であるとはいえないとされた。そのため、不就労の期間において雇用が継続していたとは解されないと判断され、同人の不公正解雇についての補償や剰員整理手当の請求は棄却された[9]。

---

7) 1週間のうち全部または一部において労働契約が存在する場合には、雇用期間に算入される（1996年雇用権法212条）。雇用の有無は、週ごとに判断され（210条3項）、継続雇用期間に算入されない週が1週でもあれば、雇用の継続は中断される（同条4項）。たとえば、ある週の火曜日に労働契約が終了し、翌週の木曜日に新たな労働契約が開始する場合、いずれの週もその一部につき、使用者・労働者の関係は労働契約によって規律されているので、先行する労働契約が開始したときから雇用は継続しているものとして取り扱われる。

8) Ford v Warwickshire County Council [1983] IRLR 126. カレッジの教員が、9月に開始し7月に終了する有期契約を8回にわたり繰り返し締結していた事案につき、雇用は継続していたものと判断された。

9) [1989] IRLR 152.

また、「休業」と評価されるためには、その雇用の終了は、事業の一部または全部を停止せざるを得ず、当該労働者の労務の提供を要しなくなったという理由によらなくてはならない。当該期間、業務自体は存続しており、他の労働者がその業務に就いているならば、この規定に依拠して雇用継続とみなされることはない[10]。このような解釈によれば、規制を逃れるためだけに雇用を終了させたような脱法的意図が認められる事案には規制が及ばなくなる。Booth v. United States of America 事件[11]は、アメリカ合衆国軍において、1年3カ月から1年11カ月程度の有期契約を3回締結して就労していた電機工等が雇用を打ち切られ、剰員整理手当と不公正解雇の救済を求めた事案である。それらの有期契約の間にはそれぞれ2週間の空白期間が置かれていた。この空白期間は、雇用の継続を中断させることを意図して設けられたものであった。裁判所の判断によれば、当該有期契約は業務量減少のために終了したわけではないから、空白期間は「一時的な休業」にあたらないとされた。

こうした事案では、前記「申合せまたは慣行」によるとして雇用が継続していたと認められる可能性もありそうに思える。しかし、「申合せ」という文言からすれば、雇用が中断した時点で、雇用継続とみなされると考えていたことを示す何らかの発言や行為が行われている必要があるところ、この事件では、労働者が法律上の権利を取得することを使用者側が望んでいなかったのは明らかであり、雇用が継続していたとみなすことができるような申合せがあったとはいえないとされている。

(3) 不公正解雇規制

上記資格要件をみたすと不公正解雇規制が適用される。不公正かどうかは、無期雇用における解雇であれ、有期雇用の期間満了による終了であれ、次の2つの点により判断される。すなわち、第1に、主たる解雇事由が、次のいずれかの事由に該当することを要する（1996年雇用権法98条1項・2項）。労働者の能力・資格、労働者の行動、剰員整理、法律による義務・制限であるが、「その

---

10) Byrne v City of Birmingham District Council [1987] IRLR 191.
11) [1999] IRLR 16.

他の実質的な理由（some other substantial reason）」によることもできる。使用者がこの立証に成功すると、第2に、使用者が当該理由を、その労働者を解雇する十分な理由として取り扱うために合理的に行動したか否かということと、衡平および事案の実質的争点とを考慮して、解雇の公正さが検討される（同条4項）。

有期契約の期間満了によって雇用が打ち切られた場合、期間満了によるということは解雇の「その他の実質的な理由」に該当しうるが、必ず該当するわけではない。しかしその労働者が特定の職に、あるいは特定の期間、臨時的に雇われたということを知っていた真正な事案であればこれは肯定される。Fay v North Yorkshire CC 事件[12]は、有期契約を締結して臨時の代替教員として勤務していた労働者の事案である。この有期契約は、一時的に欠勤している教員に代替するという真正な目的によるものであり、労働者もその目的を認識していたのであって、その職位が埋められたことで目的は達成されたのであるから、「その他の実質的な理由」による解雇だったとされている。

実質的理由があるとされる場合でも、解雇に際して使用者が合理的に行動したかどうかが検討されなければならない。しかし合理性判断においては判断の「幅」が認められており、必ずしも厳格な判断が加えられているわけではない[13]。公正さの判断の重要な要素の1つは、手続的公正さであるが、有期契約について使用者の手続面での負担は軽減されている。すなわち、一事業所で20人以上の労働者を解雇しようとするとき、使用者は30日以上前に労働者代表と協議を行わなければならず、100人以上の労働者を解雇しようとする場合、使用者は45日以上前にこの協議を行うとともに、国務大臣に届け出なければならない（1992年労働組合及び労働関係（統合）法（Trade Union and Labour Relations (Consolidation) Act 1992) 188〜194条）。この規制は、有期雇用の期間満了による終了に適用されないことが明らかにされているのである（282条）。

不公正な解雇を行った使用者には、労働者の復職や再雇用が命じられうるが、それが不可能なとき、裁判所は金銭補償のみ命じることもできる（112条、117条、

---

12) [1986] ICR 133.
13) Iceland Frozen Foods v Jones [1983] ICR 17.

118条以下）。復職・再雇用命令の可否は、①労働者の意思、②使用者側からみた実行可能性、③労働者が解雇を引き起こしたかまたは寄与しているときはこれら命令を行うことが公正かどうかを考慮して検討される（116条）。復職や再雇用が命じられることは稀であり、2011年4月から2012年3月までの統計によると、雇用審判所が扱った解雇事案の不公正解雇と認定された事件5,100件中、これらが命じられたのは、わずか5件であった（Employment Tribunals and EAT Statistics 2011-2012）。

(4) 剰員整理手当の権利

前述のように、資格要件としての2年間の勤続期間を満たしている限り、有期契約の労働者にも剰員整理手当の権利が発生しうる。手当の額は、労働者の年齢、勤続期間および週給額によって異なる（1996年雇用権法162条1項）。

ただ、剰員整理手当の権利の発生を基礎づけるような剰員整理を理由とする解雇でなければならない。剰員整理とは、使用者がその事業の実施を停止した場合や、特定の種類の仕事を当該労働者が遂行する必要性が消滅・減少したことなどによる解雇をさす（139条）。これを肯定した Nottinghamshire County Council v. Lee 事件[14]は、教員養成大学の教員が期間満了により雇用を打ち切られた事案であるが、少子化ゆえ必要な教員数が減少しているという理由によるものであり、剰員整理によるものだったと判断されている。

これに対し、臨時の代替教員として勤務していた者が常勤教員の職に応募したが採用されず、有期契約の期間満了とともに雇用が終了したという事案では、教員数が削減されたわけではなく剰員整理の状況にはなかったとされている[15]。

3　有期契約の無期契約への転換

以上の解雇規制に加え、EU有期労働指令採択後、有期契約の無期への転換の制度も設けられている。規則8条により、有期契約により雇用されている労

---

14) [1980] ICR 635.
15) Fay v North Yorkshire CC [1986] ICR 133.

働者は、①その有期契約が更新されたことがあるか、または、以前に同一の使用者によって有期契約で雇用されたことがあり、②4年以上[16]にわたってその当該有期契約により、あるいは従前の他の有期契約と併せて雇用されてきた場合には、当該期間の定めは無効になる[17]。

労働者は、使用者に対して、有期契約でないこと、あるいは、無期契約であることを確認する書面を交付するよう、書面により申し出ることができる（9条1項）。これに対して使用者は、21日以内に、労働者の申立てどおりの確認を行うか、確認しない場合には、なぜ有期契約が維持されているのか、その理由を示さなくてはならない。使用者が書面を交付しない場合、あるいは有期契約が維持されていると回答した場合には、労働者は、雇用審判所に対して、無期契約労働者であることの宣言判決を求めることができる（同条5項）。これらの申立て・提訴を理由として不利益に取り扱われない権利が労働者には付与されており、それが解雇であれば不公正解雇となる。使用者の規則違反を労働者が主張したこと、規則が付与する権利の行使を差し控えることを労働者が拒否したこと等を理由とする取扱いも、同様である（規則6条）。

もっとも、この規制は必ずしも強力に有期労働者を保護するものではない。

第1に、継続雇用期間は、解雇規制にいう継続雇用期間（2⑵参照）に従って算定される（規則8条4項）。簡明性を理由に、すでに定着した枠組みが採用されたのである。労働契約がすべての週において効力を有していたことが必要になる[18]。

第2に、無期転換の規制は、労働協約または労使協定（workforce agreement）[19]

---

16) 4年間の雇用継続という要件をみたすかどうかの判断に際しては、2002年7月10日以降の期間のみが参入される（規則8条4項）。使用者に不必要に負担を課すことを避けるためである。

17) 期間の定めが無効になるのは、次のいずれかのより遅い時点となる。当該有期契約が発効した時点もしくは最後に更新された時点、または4年間雇用が継続した時点である（規則8条3項）。

18) Adeneler事件判決を踏まえ（本節〔1〕4⑵）、指令の目的回避を防止するよう解釈することが求められると指摘されている。S. Deakin and G. Morris, *Labour Law,* 6th ed. (Hart Publishing, 2012) at 497.

19) 規則の付則1によれば、労働者集団から選出された労働者の代表、または労働者が20人以下の使用者については過半数労働者が署名する。署名の前に、適用を予定する全労働者に対して協定の写しが交付され、十分な理解のために説明が行われていなければならない。労働条件が

によって変更することができる（8条5項[20]）。有期契約を用いることが慣例となっているスポーツや演劇などの職業を代表する者の意見を反映したものである[21]。

第3に、有期雇用が4年以上継続した場合であっても、それが客観的な事由によって正当化される場合には、期間の定めは無効にならない（規則8条2項(b)[22]）。客観的といえる場合について、旧経済産業省（Department of Trade and Industry）の指針では、有期契約の利用が、①真正な業務上の目的など、正当な目的を達成するためのものであり、②当該目的を達成するために必要であり、③当該目的を達成するために適切な方法であることを示すことができる場合がこれにあたるとしている[23][24]。

第4に、無期転換を避けるために使用者が有期労働者を4年到達前に解雇する（ないし期間満了により雇用を打ち切る）ことにつき、これを直接に禁止する規定がないと指摘されている。政府によれば、規則に基づく権利の確保を理由とする解雇は、前述のように不公正解雇となる（6条）ので問題ないとしていたが、4年に満たない時点ではそもそも侵害の対象となる権利が発生していない[25]。有期契約の期間満了による終了は、後述する不利益取扱い禁止規定に違反するともいえないと解されている[26]。このような状況では、労働者は、解雇規制

　　労働協約によって定められる労働者には適用されない。これらの労働者を除く全労働者に選挙権・被選挙権が付与され、秘密投票が行われるなど、選出は公正に行われなくてはならない。
20) これらを締結する単位は、企業であっても、企業の一部であっても、職場であっても、逆に複数の使用者であってもよい。なお、有期契約の更新回数の上限を設けてもよいし（同条5項(b)）、有期契約の更新を正当化する理由を求める規制を置くこともできる（同条5項(c)）。
21) Government Response to the Public Consultation on the Fixed Term Work Directive, at 6.
22) 正当化の判断の基準時は、当該有期契約が更新されたことがある場合には最後に更新された時点、当該有期契約が更新されたことがない場合には当該有期契約が発効した時点となる。
23) Department of Trade and Industry, *Fixed-term work: a Guide to the Regulations*（2002, PL 512）at 18.
24) この点について、やや特殊な事案であるが、最高裁が判断を示している。イギリスにある欧州学校（European School. 欧州の機関で働く者の子供が通う学校）の有期契約の教師が、9年間雇用された後、無期であることの確認を求めて提訴したという事件である。欧州学校では、職員の雇用は9年を上限とする旨定められていたことから、最高裁は客観的事由に該当すると認めた。Duncombe v Secretary of State for Children, Schools and Families [2011] IRLR 840. この判決を翻訳・検討するものとして、小宮文人・外国労働判例研究第188回（イギリス）労旬1764号（2012）52頁。
25) S. Deakin and G. Morris, above, n. 18.

一般に依拠するほかない。

4 不利益取扱いの禁止

規則3条1項によると、有期契約労働者は、比較可能な (comparable) 常用 (permanent) 労働者よりも不利益な取扱いを受けてはならない。不利益取扱い禁止の対象には、労働契約の条件のほかその他の使用者の行為や不作為も含まれる。賞与や昇進の基準などもこれに含まれると解されている。勤続期間要件や訓練を受ける機会、当該事業所において常用（無期）の地位を得る機会の提供などにおいても、不利益取扱いをしてはならない（同条2項）。比例原則が適用されるべきことも規定されており（同条5項）、たとえば期間6カ月の契約で雇用された労働者は、比較可能な常用労働者に毎年支払われる賞与について、その半額の権利を有する。

不利益取扱いを受けたと思料する労働者は、雇用審判所に対して申し立てることができる（7条1項）。申立ては、当該行為がなされた日から3カ月以内、あるいは、継続した類似の行為等が問題になっている場合には、その最後の行為等から3カ月以内に、行われなければならない（同条2項）。不利益取扱いの理由は、使用者が示すべきものとされる（同条6項）。審判所は、①申立人への不利益を除去ないし緩和するために合理的と認める行為をとるよう使用者に勧告すること、②権利を宣言すること、③労働者への補償金の支払いを命じることが、それが公正かつ衡平である場合においては可能とされている（同条7項）。

有期契約労働者は、規則3条に基づく権利を侵害されたと思料し、当該取扱いの詳細な理由を示す書面の交付を使用者に対して書面により求めた場合においては、21日以内に書面を交付される権利を有する（5条1項）。この書面は、

---

26) 有期契約は単に適法であるだけでなく、指令前文において、使用者と労働者の双方のニーズに即したものと認められていることを踏まえた控訴院 (Court of Appeal) の判断である。有期契約が期間の満了により終了することは、有期契約の核心であり、有期契約の締結それ自体が不利益取扱いにあたらない限り、規則違反の不利益取扱いに該当しないとされている。Webley v Depantment for Work and Pensions [2005] ICR 577.

規則に基づく手続において証拠として認められうる（同条2項）。使用者が故意または合理的な理由なく書面を交付しないとき、または書面の記述が曖昧であるときは、審判所は、使用者が当該権利を侵害したなど、正当かつ衡平と考えられる推認を行うことができる（同条3項）。

この禁止規定の適用範囲を考えるうえで重要なポイントは、第1に、規制対象は、「比較可能な常用（無期契約）労働者」との間での不利益取扱いだということである。比較可能な常用労働者とは、当該有期契約の労働者と、①同一の使用者に雇用され、②同一のまたはおおむね類似の労働に従事しており、③同一の事業所で就労している場合に認められる（2条1項。③については、同一の事業所に①および②をみたす労働者が存在しなければ、異なる事業所で就労する①および②をみたす労働者が「比較可能な常用労働者」となる）。したがって、有期労働者が従事するのと類似した職務に従事する無期労働者が同じ使用者に雇われていない場合には（職域分離の状況下では）この規制は及ばない。過去に雇われていた無期労働者との比較は行われないので（同条2項）、常用代替が行われた事案についても、その職に新しく雇われた有期労働者が従前の無期契約者と比較して不利益取扱いを立証することはできない。

第2に、規則は、有期契約労働者であることを「理由とする」取扱いにのみ適用される（3条3項(a)）。ただ、この点の判断は必ずしも厳格なものではない。Coutts & Co Plc and Anor v Cure and Fraser 事件において、有期契約の労働者の賞与不支給の事案につき、それ以外の非典型雇用の労働者もまた支給されていなかったとしても、有期契約労働者であることを「理由とする」取扱いだといえるとされている。

第3に、客観的な事由（objective grounds）によって正当化の余地が認められていることである（3条3項b号）。旧経済産業省の指針では、①真正な業務上の目的など正当な目的を達成するためのものであり、②当該目的を達成する

---

27) 長谷川聡「雇用期間の定めを理由とする差別に対する法規制」中央学院大学法学論叢23巻1号（2010）200頁以下。
28) 櫻庭涼子「EU 社会法の柔軟性と正当性」濱本正太郎＝興津征雄編『ヨーロッパという秩序』（勁草書房・2013）57-58頁。
29) [2005] ICR 1098.

ために必要であり、③当該目的を達成するために適切な方法であることを示すことができる場合には、有期契約労働者への不利益取扱いは正当化される、とされている。使用者は、労働者のニーズ・権利を考慮し、業務上の目的とのバランスをとらなければならない。客観的正当化は程度問題でもあるため、使用者は、有期契約者に対して比例的に給付を与えることが可能かどうか検討すべきであるとされている。[30]

この点に関連して、「総体的アプローチ」が採用されていることも重要であろう。有期契約労働者が不利益に取り扱われている場合において、有期契約労働者の労働契約の条件が、全体として、比較可能な無期の労働者の労働契約の条件よりも有利である場合には、客観的に正当化されたものとみなされる（規則4条）。使用者と労働者が双方のニーズに即した条件を合意できるようにするために採用された手法である。[31]

5 その他の規制

使用者は、労働者に対し、雇用開始から2カ月以内に、一定の条件を記した書面を交付しなければならない（1996年雇用権法1条）。無期契約でない場合には、継続予定期間を記さなければならず、有期契約については終了予定日を特定する必要がある（同条(4)(g)）。

前述のように、規則では、事業所における常用（無期）の地位を得る機会に関し、有期契約者を無期契約者よりも不利益に取り扱ってはならないと定められている（3条2項c号）。また、この権利を有期労働者が行使できるようにするため、有期労働者には、事業所内に欠員の職位があることについて情報提供を受ける権利が与えられている（同条6項）。労働者がその雇用に関し目を通す合理的な機会がある掲示によって、あるいはその他の合理的な通知によって、欠員についての情報が提供されるべきである（同条7項）。

---

30) Department of Trade and Industry, above n. 23, at 7-8.
31) Department of Trade and Industry, *Fixed-Term Work : Public Consultation* (2001) at 8.
32) S. Deakin and G. Morris, above n. 18, at 202. ただし有期労働契約者は過小に推計されているとされる。

6 おわりに

イギリスでは、有期労働者の割合はそれほど高くない（2008年秋の時点で、労働力人口の5～6％だったとされる[32]）。これは、無期契約と有期契約との格差が小さいことによる可能性がある。格差が小さいというとき、双方について保護が厚いということも考えられるが、双方について保護が薄いという場合もありうる。イギリスはその後者であるように思われる。

まず、法律上、有期ゆえの不利益取扱いは禁止されること、有期契約の期間満了であっても解雇規制が適用されうることからすると、両者の間の格差は基本的に認められていないといえよう。

ただ、不利益取扱いの禁止については、比較対象となる無期契約労働者の存在が要求されるなど一定の限界を抱えている。

雇用保障については、無期契約についても、有期契約についても、不公正解雇・剰員整理手当規制が及びうるが、2年間の雇用継続という資格要件をみたしていなくてはならない。しかも、1週間の空白期間を挟むことで、雇用は継続していなかったとしてこの要件をみたさないようにすることができる。その例外としての「一時的な休業」による場合や「申合せまたは慣行」による場合が法律上は認められているが、業務量が減少していない状況下で意図的に空白期間を設けるような脱法的事案において、これらの例外に該当するとは判断されていない。解雇規制が及ぶ場合、当該労働の必要性が減少したことゆえの雇用終了であれば、剰員整理手当の権利は発生しうる。しかしそうでない場合は不公正解雇からの救済の可能性のみが残る。そこでは2つの審査がなされるが、有期契約の期間満了による終了は「その他の実質的理由」によるものと認められやすい。使用者が合理的に行動したかどうかの判断も一般に厳格なものではない。不公正解雇からの救済として、裁判所は、金銭補償のみ命じることが可能であり、実際、復職が命じられることはほとんどない。有期契約の期間満了による終了については、剰員整理解雇における労働者代表との協議義務は課されない。

はじめに述べたように、イギリス法は、有期契約の終了について段階的規制

を行うという意味では日本と共通する。しかしその第1段階の規制がもつ意味は、日本の雇止め法理のように無期雇用の手厚い雇用保障を類推して有期雇用にも及ぼすということではなく、無期・有期を通じ、一定の保護の必要が生じた者にある程度の規制を及ぼすということにすぎないように思われる。そして、第2段階の4年継続後の無期転換についても、労働協約による逸脱や、「客観的な事由」がある場合に転換を阻む可能性が認められているうえ、そもそも解雇規制と同様に1週間の空白期間を置くことで雇用継続を中断させることも可能になっている点で、柔軟性が確保されているのである。

第2節　アメリカの有期労働契約法制

天野　晋介

1　有期労働契約締結に対する規制
2　随意的雇用の原則
3　有期労働契約をめぐる問題点
4　おわりに

1　有期労働契約締結に対する規制

　有期労働契約について、アメリカ法が特徴的なのは、その規制の少なさである。契約目的が制限されているドイツや、契約期間が制限されている日本と異なり、アメリカにおいては、有期労働契約を締結する目的、契約期間等についての規制は、後に挙げる詐欺防止法との関係以外に存在しない。また、有期労働契約を更新することも、反対に更新の拒絶をすることについても基本的に当事者の意思に基づき自由に行うことができる。
　アメリカにおける労働契約は、日本同様、原則として、口頭の合意によって成立する。すなわち、使用者の賃金支払いの意思に対して、労働者の労務提供の意思が合致することによって成立するのである。しかしながら、雇用期間が1年を超える労働契約についてはその限りではない。アメリカの多くの州では、「詐欺防止法」[1] (Statute of Frauds) が存在し、同法は、締結後、1年以内に履行が終了しない契約は書面化が必要であり、書面化がされていない場合は、その法的拘束力を否定するとしている[2]。同法の規制は、労働契約についても妥当

---

1)　詐欺防止法の詳細については、樋口範雄『アメリカ契約法〔第2版〕』（弘文堂・2008）139頁。
2)　2003年の統一商事法典 Uniform Commercial Code の改正では、この規定は、削除された。樋口・前掲注（1）141頁。しかしながら、この改正を採択した州はなく、同改正自体も2011年に撤回された。曽野裕夫「詐欺防止法──適用例と否定例」『アメリカ法判例百選』（有斐閣・

する。そのため、1年の期間を超える労働契約については、同法に基づき、書面化が必要となる。一方、契約期間が1年に満たないもの（たとえば6カ月契約）については、同法の適用外であることから、書面化の必要はなく、口頭の合意によって法的拘束力が発生する。

2 随意的雇用の原則

有期労働契約に対するアメリカ法の規制は、詐欺防止法による1年の期間を超える有期労働契約についての書面化の必要性だけということになる。それでは、有期労働契約の法的拘束力とはいかなるものであろうか。この点を検討する上で、まずアメリカ労働法の大原則である随意的雇用の原則、ならびに同原則に対する修正について簡単に整理することとする。

(1) 随意的雇用の原則（Employment at-will）[4]

アメリカにおける労働契約は、各州のコモン・ローによって規律されている。そして、19世紀末から20世紀初頭にかけて、「期間の定めのない雇用契約は、各当事者が意のままに終了させることができる」という、いわゆる随意的雇用の原則が各州で確立されることとなった。同原則の下では、使用者ならびに労働者は、いつでも、またいかなる理由であっても、一方の意思によって、契約を当然に終了させることができる。これに対して、制定法や判例法は、使用者の解雇権の行使を制限するために、随意的雇用の原則に一定の修正を加えてきた。

2012）196頁。

3) 書面化されていない1年を超える有期労働契約は、法的拘束力が否定され、その結果、随意的雇用と推定される。したがって、その口頭で約束された期間内であっても、契約当事者は自由にその契約を解約することができる。McInerney v. Charter Golf, Inc., 176 Ill. 2d 482 (1997).

4) 随意的雇用の原則については、中窪裕也『アメリカ労働法〔第2版〕』（弘文堂・2010）305頁以下、同「アメリカにおける解雇法理の展開」千葉大学法学論集6巻2号（1991）81頁、同「『解雇の自由』雑感──アメリカ法からの眺め」中嶋士元也先生還暦記念論集『労働関係法の現代的展開』（信山社・2004）341頁以下を参照。

(2) 随意的雇用の原則に対する規制

まず、随意的雇用の原則は、連邦法および州の制定法による修正を受ける。代表的なものを挙げると、鉄道労働法（Railway Labor Act）および全国労働関係法（National Labor Relations Act）が、労働組合に所属していることや組合活動を理由とする解雇を禁止している。また、1964年公民権法第7編（Title Ⅶ of the Civil Rights Act of 1964）は、人種、性、宗教または出身国を理由とする差別的解雇を禁止している。また、労働協約の適用を受ける労働者については、ほとんどの場合、正当事由のない解雇の禁止を定める規定が労働協約に存在することから、同協約による雇用保障を得ることができる。その意味において、随意的雇用の原則は、修正されることとなる。

さらに、1980年代から、諸州の裁判例において、上記以外の方法で、随意的雇用の原則を修正しようとする動きが活発化してきた。それらは、公序違反の解雇の法理（Public policy exceptions）[5]、契約法理による解雇制限（Implied contract exceptions）、そして、契約における誠実・公正義務の法理（Covenant of good faith and fair dealing exceptions）である。また、1987年には、アメリカの州で初めて、モンタナ州が不当解雇から労働者を守るための法律である「不当解雇法（Wrongful Discharge From Employment Act）」を制定した。以下、それぞれの内容について紹介することとする。

(a) 公序違反の解雇の法理

公序違反の解雇の法理とは、連邦法や州法、または州の公序を侵害する解雇を禁ずるものである[6]。たとえば、使用者から、独占禁止法に違反する行為をするよう命じられた労働者が、それを拒否したことを理由に解雇された事案において、裁判所は、「使用者には、労働者に犯罪行為を行うよう命令する権限はなく、……違法な命令に従わない労働者を解雇するという圧力の下、犯罪行為を行うよう強制することはできない[7]」として、当該解雇が不当解雇であると判

---

5) 内藤恵「アメリカにおける雇用契約理論と解雇法理におけるパブリック・ポリシー」季労146号（1988）206頁。
6) 43の州と、コロンビア独立区が同法理を採用している。
7) Tameny v. Atlantic Richfield Company, 27 Cal. 3d 167 (1980).

断した。このように、随意的雇用の原則の下でも、公序を侵害するような使用者の解雇権の行使は、制限される。もっとも、公序の内容が、州法や連邦法の規定から明らかでない限り、同法理を用いることに消極的な裁判例も存在する。[8]

(b) 契約法理による解雇制限

　契約法理による解雇制限とは、使用者が一方的に作成・配布した従業員ハンドブックや人事管理マニュアル等から、解雇を制限する旨の明示的あるいは黙示的な合意を柔軟に認めることによって、随意的雇用の原則に対して、一定の修正を試みるものである。[9]たとえば、「労働者は、正当な事由がない限り解雇されない」という旨の規定が、企業の人事管理マニュアルに存在した事案において、ニュージャージー州最高裁は、「雇用保障について定めている企業の人事管理マニュアルは、労働者にとって重要でかつ根本的な保護を与えている……そのような約束がされた場合、使用者は、まさにそれを守らなければならない……裁判所はこれらの規定の法的強制力について嫌々認めるのではなく、労働者の合理的期待に従って、解釈しなければならない」とし、期間の定めのない労働契約であるものの、その解雇には、正当事由が必要であるとの判断を行った。[10]一方で、同最高裁は、仮に人事管理マニュアルの内容が契約解釈に含まれることを望まないのであれば、「人事管理マニュアルの規定にかかわらず、使用者は、正当事由なく労働者を解雇することができる」旨を規定すればよいとも述べている。このように、契約法理による解雇制限は、使用者が明確に随意的雇用である旨を定めているような事案においては、十分な制限とはなりえないのである。

(c) 契約における誠実・公正義務の法理

　公序違反の解雇の法理、ならびに契約法理による解雇制限は、随意的雇用の

---

8) ガスチューブを販売する営業担当者が、その製品の安全性に疑問を持ち、会社に報告したところ、問題のある労働者として解雇された事案において、製品が安全でなければならないという明確な法が存在しない以上、公序違反の解雇の法理は適用されないと判断した裁判例として、Geary v. U. S. Steel Corp., 456 Pa. 171（1974）.
9) 37の州とコロンビア独立区が同法理を採用している。
10) Woolley v. Hoffmann-La Roche, Inc., 99 N. J. 284（1985）.

原則を修正する機能を有するものの、その射程は、いささか限定的なものである。これに対して、契約における誠実・公正義務の法理は、随意的雇用の原則を広範に修正しうる点が特徴的である。契約における誠実・公正義務の法理とは、「すべての契約には黙示的な誠実・公正義務条項 (implied covenant of good faith and fair dealing) が存在する」という契約法の一般原則を用いて、同義務に反する解雇を規制するというものである。たとえば、18年間勤務していた労働者が正当事由なく解雇された事案において、裁判所は、「そのような長期間にもかかわらず、正当事由なく労働契約を解約することは、労働契約を含む全ての契約に含まれる、黙示的な誠実・公正義務に背くものである」として、当該解雇を不当なものとした。同法理は、仮に、使用者が書面において明確に随意的雇用である旨を示していたとしても適用される。このような点からも、随意的雇用の原則を大きく修正しうる可能性を持つものといえる。

(d) モンタナ州の「不当解雇法」

モンタナ州では、1987年にアメリカの州では初めて、不当解雇から労働者を守るための法律である「不当解雇法 (Wrongful Discharge From Employment Act)」が制定された。モンタナ州以外にこのような法を制定した州はいまだなく、アメリカにおける唯一の解雇についての制定法である。

同法4条は、3つのタイプの解雇を「不当解雇 (Wrongful Discharge)」と規定している。すなわち、①労働者が公序に反する行為を拒否したこと、あるいは公序違反の事実について通報したことに対する報復措置としての解雇（1項）、②正当事由 (good cause) のない解雇（2項）、③使用者が、書面による従業員取扱い方針に示した定めに反して行われた解雇（3項）である。同条2項は、正当事由のない解雇を禁ずるものであり、このことは、事実上、モンタナ

---

11) もっとも同法理を採用しているのは、わずか11の州にすぎない。
12) Cleary v. American Airlines, Inc., 111 Cal. App. 3d 443 (1980).
13) Fortune v. National Cash Register Co., 373 Mass. 96 (1977).
14) モンタナ州の不当解雇法がどのように解釈・運用されてきたかについて示す文献として、Leonard Bierman, "Interpreting Montana's Pathbreaking Wrongful Discharge From Employment Act: A Preliminary Analysis", 53 Mont. L. Rev. 53.
15) 試用期間中の労働者については、同条による保護はない。

州において、随意的雇用の原則が、州法によって修正されたということを表わしている。[16]したがって、他州とは異なり、不当解雇法によって、無期労働契約を締結している労働者は、正当事由がない限り解雇されないこととなり、その結果、一定の雇用保障を得ているということになる。

もっとも、有期労働契約については、同法の保護を得ることができない。同法7条2項は、「書面化されている労働協約の適用を受ける労働者、または、雇用期間の定めがある契約が書面によって締結された労働者の解雇」については、本法の適用外である旨を定めている。本法の目的は、「不当な解雇からの唯一（exclusive）の救済を与える（2条）」ことである。そのことからすると、労働協約によって解雇規制を受けられる労働者や、契約期間中の雇用保障が得られる有期契約労働者に対しては、別途本法による保護を与える必要がないのである。したがって、有期労働契約の期間内における解雇については、後述するように、正当事由の有無によって判断されることとなる。

(3) まとめ

このようにアメリカでは、無期労働契約は、随意的雇用の原則の下、いつでもいかなる理由でも両当事者は自由に解約をすることができる。使用者による解約である解雇については、前述した様々な規制が存在するものの、それら規制も随意的雇用の原則を完全に修正するには至っていない。そのため、随意的雇用の原則が適用される労働者については、事実上、雇用保障が与えられていないということができる。しばしば「不公平の容認（toleration of injustice）」と批判される随意的雇用の原則は、今なおアメリカ法の中心的原則として位置付けられているのである。[17]そのような観点からすると、有期労働契約は、随意的雇用の原則の適用から逃れることを可能とし、結果として、その契約期間内については、労働者に対して雇用保障を与えるという機能を有するものといえる。

---

16) Brown v. Yellowstone Club Operations, LLC, 255 P. 3d 205 (2011).
17) Clyde W. Summers, Employment at Will in the United States: The Divine Right of Employers, 3 U. Pa. J. Lab. & Emp. L. 65 (2000).

3　有期労働契約をめぐる問題点

　それでは、労働契約に一定の期間が定められている場合、その有期労働契約はどのように解されるのであろうか。この点については、各州法の解釈に委ねられているが、一般的に、労働契約に期間が定められている場合、随意的雇用の原則の適用が否定され、契約当事者は、その契約期間が満了するまでの間、契約を一方的に解約することはできないとされている。[18] もっとも、正当な事由がある場合については、例外的に、その期間途中の解約が認められている。連邦控訴裁判所第二巡回区は、「期間が定められている雇用契約について、使用者は、正当事由がない限り、その期間満了前に適法に解約することができない」と判断しており、また、各州の裁判所においては、表現に差異があるものの、「一般的に、期間を定めない雇用契約は、随意的雇用となり、契約当事者によって自由に解約することができるが、一方で、期間を定めた雇用契約は、正当な事由、両者による合意、契約において留保されている権利の行使なしに、期間満了前に解約することはできない[19]」と判断している。さらに、カリフォルニア州労働法（California Labor Code）では、「使用者は、期間を定めた雇用契約であっても、就業に際して、労働者による故意の義務違反があった場合、常習的な義務の不履行があった場合、あるいは、継続する就労不能状態があった場合は、いつでも解約することができる」と定められている。[20]

　このように、有期労働契約が締結された場合、労働者は、解約についての正当事由がない限りは、その期間内の雇用保障を得ることができる。このことは、随意的雇用の原則が支配するアメリカにおいて、期間の定めのない労働契約よりも期間の定めのある労働契約の方が、一定の雇用保障が与えられるという点から、労働者にとって有利であるということを示すものである。

---

18)　随意的雇用の原則は、契約において特段の定めがない場合のデフォルトルール（default rule）であり、契約当事者が一定期間の雇用保障等、特段の定めをした場合は、その特段の定めが優先することとなる。Glynn, Richman & Sullivan, Employment Law Private Ordering and Its Limitations, at 65 (2007).
19)　Griffin v. Erickson, 277 Ark. 433 (1982).
20)　Cal. Lab. Code §2924.

以下、本稿では、労働契約が有期労働契約か否かをめぐる問題、ならびに有期労働契約の期間満了後の更新がなされないことをめぐる問題について、分析を行う。

(1) **有期労働契約か否か**

前述したように、随意的雇用の原則が適用される無期労働契約とは異なり、有期労働契約については、その期間内の雇用保障が与えられている。そのため、労働者は自らの労働契約を有期労働契約であると主張して、契約期間内の解雇について争うことがある。では、いかなる場合に、有期労働契約と認められるのであろうか。

まず、詐欺防止法の適用がある州については、1年を超える期間を定める労働契約については、書面化がなされていない限り、その契約期間内の雇用保障を主張することはできない。[21] したがって、仮に口頭で、1年を超える期間を定めたとしても、書面化されていない以上、当該契約は随意的雇用と推定され、結果として、労働者は、当該契約期間内の解雇について、正当事由の有無を争うことはできないのである。

一方、ニュージャージー州のように、詐欺防止法の適用がない州や、また詐欺防止法の適用がある州であっても、1年に満たない期間を定める労働契約を締結する場合は、書面化の必要はない。ただし、このような場合は、契約当事者が明示的にあるいは黙示的に雇用期間を定めたか否かについて判断されることとなる。契約内容から、有期労働契約であると判断された場合は、一定の雇

---

21) 詐欺防止法との関係でしばしば問題となるのは、いわゆる「終身（life-time）契約」や「永続的（permanent）契約」と呼ばれるものである。一見すると、これらの契約は、労働者が死亡しない限り存続する契約であり、当然に1年の期間を超える契約として詐欺防止法が適用されるものといえそうである。しかしながら、一般的にこれら契約については、詐欺防止法の適用外であると解されている。なぜなら、当事者の消滅は、1年以内に起こりうることであり、契約が当然に1年を超えるとはされていないからである。このように詐欺防止法の規制がかかるのは、当然に1年の期間を超える契約に限られる。これに対して、近年では、終身契約や永続的契約についても詐欺防止法の適用を及ぼすべきであるとの学説、裁判例も存在する。Frank Vickory, The Erosion of the Employment-At-Will Doctrine and The Statute of Frauds: Time to Amend the Statute, 30 Am. Bus. L. J. 97 (1992), McInerney v. Charter Golf, Inc. 176 Ill. 2d 482 (1997).

用保障が労働者に与えられるが、一方で、有期労働契約と認められる事情が存在しない場合は、随意的雇用の原則の推定が働き、労働者は、使用者による自由な解雇権の行使という脅威にさらされることとなる。

ところで、契約期間について明確に定めていたとしても、それ以外の契約内容から、有期労働契約と判断されない場合もありうる。たとえば、書面で3年という契約期間について定めると同時に、「契約両当事者は、30日前の書面による通知によって、いかなる理由であっても契約期間途中に解約することができる」との規定が含まれていた Brown v. Yellowstone Club Operations 事件[22]では、結論として、同契約を随意的雇用と判断した。つまり、書面化された契約において明確に期間設定がなされていたとしても、その内容が実態として随意的雇用と同じであれば、もはや有期労働契約と評価することができないからである。[23]

このように、有期労働契約か否かは、結局のところ、一義的には、契約当事者の意思、言い換えると契約解釈に委ねられることとなる。契約解釈から期間設定が見出せない場合は、当該契約は、随意的雇用と推定される。また、期間設定が契約内容から明らかな場合であっても、実態として期間設定の意義が存在せず、随意的雇用と同様であると判断された場合は、有期労働契約であることが否定されることとなる。

(2) 有期労働契約の期間満了
(a) 雇用期間満了と契約の終了

有期労働契約は、その期間満了によって当然に終了すると解されている。たとえば、カリフォルニア州労働法には、「雇用は、定めた期間の満了によって

---

22) 前掲注(16)。
23) 本事案は、不当解雇法が存在するモンタナ州で争われたものである。モンタナ州においては、有期雇用であることよりも、むしろ無期雇用と判断される方が、同法による保護を享受できることから労働者にとって有利である。そのため、労働者が、有期雇用でなく無期雇用であると主張するケースが多く存在する。本事案では、「本件契約を雇用期間の定めがある契約と解釈することは、事実上、モンタナ州の雇用を随意的雇用の原則に戻すこととなり、解雇された労働者からほぼ間違いなく救済の機会を奪うものとなる。このような解釈は、本法の目的を弱体化させるものである」というように、不当解雇法の立法趣旨という点から有期労働契約か否かという判断を行っている点が注目に値する。

終了する[24]」という規定が存在する。ここで重要なのは、雇用期間の満了による終了とは、解雇の意思表示による終了とは異なるという点である。有期労働契約は、期間の満了によって当然に終了するものであり、その終了に対して、使用者の解雇の意思表示は介在しないのである。

たとえば、安全衛生法では、危険な職場環境についての報告をしたことを理由に行われる解雇は禁じられている。その一方で、使用者が、安全衛生法違反の事実について管理者に報告した有期契約労働者の契約を更新せず、期間の満了をもって契約を終了させた事案[25]では、契約の終了原因が解雇ではなく、期間の満了である以上、公序違反の解雇の法理を用いることはできないとの判断がなされている。

(b) 雇用期間満了と更新

期間が満了した有期労働契約を更新するか否かについては、原則として、使用者の広い裁量に委ねられている。したがって、使用者は、正当事由なしに、自由に契約の更新拒絶を行うことができる。この点については、Farris v. Hutchinson 事件[26]が参考となる。

労働者の Farris は、高等教育委員会 (Commissioner of Higher Education) との間で、契約期間を1年とする有期労働契約を、書面をもって締結した。同契約には、「適切な通知なしに契約を更新しないことができる」との規定も含まれていた。もっとも、高等教育委員会は、口頭で書面とは異なり、永続的な契約である旨をほのめかしていた。高等教育委員会は、契約期間が満了したことから、何ら理由を示さないまま、Farris との間の契約を更新しない旨、通知した。Farris は、正当事由のない更新拒絶は違法であると主張し、訴えを提起したが[27]、裁判所は、「使用者には、正当事由なしに有期労働契約を更新し

---

24) Cal. Lab. Code §2920.
25) Daly v. Exxon Corporation et al., 55 Cal. App. 4th 39 (1997). 本件は、契約の終了が、危険な職場環境についての報告をしたことを理由に解雇を禁ずる、カリフォルニア州の安全衛生法 (California-Occupational Safety and Health Act) に反するものであるとして、公序違反の解雇の法理の適用について争われた事案である。
26) Farris v. Hutchinson, 254 Mont. 334 (1992).
27) 本件は、不当解雇法が存在するモンタナ州の事案であり、労働者である Farris は、契約の更新拒絶を解雇と同視して、正当事由が必要であると主張したものである。

ない広い裁量権が与えられている」ことから、その訴えを退けた。このように、期間が満了した有期労働契約を更新するか否かについては使用者に広い裁量が与えられているのである。[28]

なお、契約期間が満了したにもかかわらず、従前と同様に雇用関係を維持していた場合は、従前の契約の更新について、当事者間で黙示の合意が成立すると判断されうる。たとえば、書面で1年間の雇用期間が定められていた医師と病院との間の労働契約が、契約期間満了後3週間継続していた事案において、裁判所は、医師と病院との間で、黙示の意思の合致によって従前の契約が更新されたと判断している。[29]

4 おわりに

アメリカの有期労働契約について概観してきたが、最後にアメリカ法の特徴をまとめておく。

第1に、有期労働契約に対する規制は、詐欺防止法によるもの以外に存在しない。そのため、有期労働契約の締結事由、期間の長さなどの契約内容は、契約によって自由に設定することができる。また有期労働契約を更新するか否かについても契約当事者が自由に決定することができる。有期労働契約の締結事由や期間、また更新に対する規制を行う諸外国と比べると、契約に委ねられているというアメリカ法のスタンスは、極めて特徴的なものであるといえよう。

第2に、随意的雇用の原則が支配的なアメリカにおいては、一定の規制が存在するものの、解雇が自由に行われうることとなり、結果として労働者の雇用

---

28) 使用者の更新拒絶に対する一定の規制の可能性を示す見解も存在する。たとえば、前掲注(26)判決において、Hunt 裁判官は、反対意見として、次のような意見を付している。すなわち、Farris は、永続的な契約であるという高等教育委員会の発言を信用して雇用契約を締結するに至ったのであり、本件書面による期間設定は、極めて形式的なものにすぎない。そのため、高等教育委員会の契約の不更新という判断は、契約における誠実・公正義務の法理に反する、との立場を示したのである。Hunt 裁判官の意見は、労働者の持つ期待を根拠に、契約における誠実・公正義務の法理を用いることによって、契約更新拒絶に一定の規制の可能性を示すものであり、注目に値する。ただし、本件救済の可能性としては、コモン・ローの立場からすると、基本的には、労働者の復職ではなく、損害賠償に限定されることとなろう。

29) Foster v. Springfield Clinic, 88 Ill. App. 3d 459 (1980).

は保障されない。一方、有期労働契約の場合は、その契約期間内については、正当事由がない限り、雇用が保障されるのであり、その意味では、労働者にとって有利な契約であるといえよう。つまり、無期労働契約が保護されている諸外国では、有期労働契約は、不安定な契約と評価されているのに対して、随意的雇用の原則を採用しているアメリカにおいては、有期労働契約は、雇用保障が与えられることから、労働者にとって有利な契約であると評価されるのである。

　このことは、モンタナ州の現状からも明らかである。随意的雇用の原則を「不当解雇法」によって修正しているモンタナ州においては、使用者が無期雇用を終了させるためには、常に正当事由が必要となる。一方、有期労働契約は契約期間内については、正当事由による雇用保障が与えられているが、期間満了による契約の終了については、正当事由は不要であり、契約関係を存続させるか否かについては、使用者の自由に委ねられている。そのような点からすると、むしろ無期雇用の方が、広く法による雇用保障を享受できることとなり、結果として、労働者にとって有利な契約となる。このように、他の州と比べると、モンタナ州では、不当解雇法によって、労働者の雇用保障の程度に対して、一種の逆転現象が起きていることを読み取ることができる。このことは、有期労働契約の持つ機能が、解雇規制のあり方と密接的に結びついていることを示唆するものであり、有期労働契約を検討する上で、注目すべき点であるといえよう。

　最後の特徴としては、有期労働契約は雇用保障という点からすると、労働者に有利な契約ではあるが、そのような契約を締結できる者は、専門的な技能・知識を持つ者（医師、弁護士、大学教員等）や、高い地位にある者など、労働者のごく限られた一部にすぎないという点である。雇用保障という点から労働者に有利な有期労働契約は、使用者側からすると、その契約期間内、労働者を拘束できる契約であるという利点が存在する。そのため、労働者を一定期間拘束する必要がない場合、たとえば雇用調整の手段としての雇用契約等については、有期労働契約を締結する利点が使用者側には存在しないこととなる。そのため、大多数の労働者については、随意的雇用の原則の下、有期労働契約のメリットを享受し得ない立場にあるということがいえる。

第3節　アジアの有期労働契約法制―〔1〕中国

烏蘭格日楽(オランゲレル)

1　はじめに
2　有期労働契約に対する規制
3　解雇規制
4　均等待遇に関する規制
5　まとめにかえて

1　はじめに

　中国では、1980年代ごろから、それまでの固定工制度における終身雇用に代わる労働契約制度が導入された。1995年7月1日から施行されている、中国の労働法分野の基本法である中華人民共和国労働法(以下、「労働法」)は、有期労働契約を労働契約の一類型と認めたが、その締結、更新、期間の長さ、期間満了時の雇止めのいずれに関しても規制はされなかった。こうして有期労働契約は、契約の自由に任され、そのなかで中国の雇用システムにおいて定着していき、典型的な雇用形態とされてきた。

　しかし、これは解雇規制の潜脱や雇用の不安定化という弊害をもたらしたため、2007年に制定された中華人民共和国労働契約法(以下、「労働契約法」、2008年1月施行)は、有期労働契約に対して重要な規制を導入することになった。これにより、中国の有期労働契約法制は、日本法との比較という観点から、いくつかの興味深い特徴をもつこととなった。

　第1に、有期労働契約の更新について、その回数の制限とトータルの雇用期間の制限という「出口規制」を導入したことである。そして、いずれかの制限を超えたときには、労働者に無期労働契約に転換する権利が認められた。

　第2に、これまでは解雇の場合に認められていた経済的補償金の支払い義務

が、有期労働契約が期間の満了に伴い終了したときにも、使用者に課されることになった。一定の事業の完了を目的とする有期労働契約の終了の場合においても同様である（労働契約法実施条例22条）。なお、この義務は、期間の定めの有無にかかわらず使用者からの申し込みによる合意解約の場合にも課されている。

日本には、このような解雇補償金のような制度は存在しておらず、ましてや有期労働契約の満了時にこのような補償金の支払い制度は存在していない。任意の制度（就業規則や労働協約上の制度）としての退職手当は広く普及しているが、通常は一定の勤続年数を超えた者にのみ支給されることになっており、有期労働契約の労働者には支給されないケースが多い。

第3に、中国法では、期間の定めの有無にかかわらず、労働者は30日前までに書面で予告することにより、辞職することができる（労働契約法37条）。使用者からの解雇についても、日本法のような「やむを得ない事由」の存在を求める規定はなく（日本の民法628条、労契法17条）、無期労働契約の解雇と同様の規制（後述）に服する。つまり、中国法では、有期労働契約であるからといって、無期労働契約よりも期間の拘束性が強いわけではないのである。

このように、中国の有期労働契約法制は、日本とはかなり異なる独特なものとなっている。本稿では、その内容を検討していくことしたい。

2　有期労働契約に対する規制

(1)　規制の沿革

中国で労働契約制度が導入されたのは、計画経済システムから市場経済システムへの転換を図る過程で、従来の硬直的な固定工制度が、経済発展の妨げと

---

1)　中国語では「雇用単位」という。本稿では、便宜的に、使用者と訳す。「雇用単位」とは、労働契約の当事者としての「使用者」と用いられる場合と、適用対象としての「事業主」や場所としての「事業所」の意味でも用いられる。「単位」制度については、山下昇＝龔敏編著『変容する中国の労働法——「世界の工場」のワークルール』（九州大学出版会・2010）2頁以下に詳しい。

2)　試用期間中は3日前の予告で足りる（労働契約法37条）。

3)　この点について主に以下を参照。山下昇「中国労働契約法の内容とその意義」日本労働研究雑誌576号（2008）35頁以下、「国有企業就業制度改革」中国社会科学院文庫・中国経済改革開

なることが懸念されたからである。つまり、政府は、1980年代初めごろから、企業に対して募集・採用の自由と雇用の解消の自由を徐々に認めるようになるが、このような労働契約制度の実施は、必然的に解雇や雇止めなどをともなうものであった。そこで、政府は、固定工の時代には十分に存在していなかった労働市場を機能させ、就業機会を増やすことを目的として、積極的な就業政策を打ち出した。1990年代初めごろから実施された「再就職プロジェクト」がその中心であり、パートタイム労働（中国語では、「非全日制用工」）、期間雇用、労働者派遣など様々な雇用形態による雇用の促進が目指された。[4]

　他方、労働契約制度の導入とともに、労働法制の整備も進められた。その中心をなすのは、1995年に施行された「労働法」である。同法によれば、労働契約は無期労働契約、有期労働契約、および一定の事業の完了を目的とする労働契約の3つの類型に分類される（20条）。労働契約に期間を設けることについての規制はなく、当事者が自由に上記の3つの類型の契約のいずれかを選択できた。

　また、「労働法」では、契約期間の長さやその更新回数に関する制限がなく、労働契約終了（雇止め）に関する制約もなかったことから、契約期間満了によって労働契約は当然に終了するものとされた。さらに「労働法」のもとでは、使用者が経済的補償金の支払い義務を負うのは解雇の場合に限られていたので、有期労働契約は期間の満了時には、経済的補償金の支払いも必要なかった。

　労働契約制度導入当初は、契約の期間は3年から5年とするものが多く、このような比較的短期の有期労働契約を締結することにより、広く雇用調整の手段として用いられてきた。これは解雇規制（後述）の抜け穴として機能しているともされ問題となっていた。「労働法」も、この問題に対処するには不十分な内容であり、労働紛争も増加の一途をたどったため、雇用の安定化や長期化

　　　　　放30年研究叢書『中国労働与社会保障体制改革30年研究』（経済管理出版社・2008）47-49頁、拙稿「有期労働契約に対する法規制のあり方に関する日本・中国・ドイツの比較法的分析——『契約の自由』はどこまで認められるべきか」神戸法学雑誌56巻4号（2007）164頁以下。
　4）　労働契約制度の導入は、政策的に多様な雇用形態が促進されたこと、および法規制が緩やかであることとあいまって、労働市場の柔軟化を図ることによって、深刻な失業問題を克服でき、社会の安定と経済発展に大きな役割を果たしたと評価されている。

を図る目的で、労働契約法が制定され、有期労働契約について前述のような出口規制が導入された。

(2) 更新回数等の制限

労働契約法では、労働契約の類型について、「労働法」上の規定と同じく、有期労働契約、無期労働契約および一定の事業の完成を期限とする労働契約があるとする（12条）。また、契約に期間を付するか否かは、契約締結当事者の自由決定に委ねられている。

ただし、労働契約法では、使用者が労働者との間で無期労働契約を締結しなければならない法定事由が規定され、労働者に無期労働契約の申込権を与えている（14条）。すなわち、①労働者が当該企業において満10年間勤務した場合、②当該企業において労働契約制度がはじめて導入される場合において、当該企業において満10年以上勤務し、かつ定年退職までの残存期間が10年未満の場合、③有期労働契約を連続して2回にわたり更新している労働者との間で引き続き労働契約を締結する場合には、労働者が無期労働契約の締結を申し出たときは、使用者はそれを拒否してはならない。これは有期労働契約の労働者に無期労働契約への転換権を認めたものといえる。

なお、当該労働者が、同法39条に規定する即時解雇事由に該当する場合、および同法40条に規定する30日前の予告を要する予告解雇（1号の私傷病の場合、2号の能力を欠く場合）に該当するときは、この限りでない。

14条の規定をめぐっては、次のようないくつかの解釈問題がある。

まず、「満10年以上の勤務」については、その解釈をめぐって様々な見解が展開されるなかで、労働契約法施行後9カ月経った2008年9月18日に労働契約法実施条例が公布され（同日施行）、次のような規定が設けられた。労働者が使用されはじめた日から起算され、労働契約法施行前の勤続年数も含まれる（同条例9条）。また、使用者の業務上の必要性に基づいて、労働者が、関係企業やグループ企業間に異動した場合（労働者側の事由による場合を除く）も、そ

---

5) 以上の他、労働者の労務提供日から満1年たっても書面による労働契約が締結されなかった場合は、期間の定めのない労働契約が締結されたものとみなされる（14条2項）。

の前後の勤続年数が通算される。ただし、労働者の異動に際し、使用者がすでに経済的補償金を支払った場合は、この限りでない（同条例10条）。

　次に、「同一の企業」の判断をめぐる問題である。会社合併または分割等の状況が発生した場合、従前の労働契約は引き続き有効であり、その権利および義務については、承継した会社が継続して履行する、と規定されている（34条）が、会社合併や分割に際し、勤続期間の通算の可否をめぐる法的紛争が多発している。そこで、裁判例において、会社分割、合併などの企業組織の変動の場合には「同一の企業」として扱い、労働者の勤続年数を通算しなければならないと判断されている。また、企業名称の変更、法定代表者の変更、投資家等の事項の変更の場合は、労働契約の履行には影響しないと規定されており（33条）、裁判実務上、これらの場合においては、労働者の勤続年数を通算しなければならないという判断基準が出されている。

　さらに、「連続 2 回の契約更新後の契約更新」とは、労働契約法施行後に締結される契約からカウントされ（97条）、3 回目の契約締結（更新）に際し、法所定の要件をみたす場合には無期転換となる。

　労働契約法制定後、企業においては、いったん退職手続を行って労働者のこれまでの勤続を清算した後、有期労働契約を締結して再雇用する（つまり、勤続年数ゼロからスタート）ことや、労働者派遣に切り替えるなど同法の適用を免れるための動きがあったため、それが社会的な問題となった。そこで、裁判例上、無期転換を定める労働契約法14条の規定を回避するための次の行為は無効とされ、労働者の勤続年数および有期契約の締結（更新）回数は通算される

6） 華泰聯合証券有限会社事件『中国法院2012年度案例』（中国法政出版・2012）58頁。
7） 広東省高等人民法院＝広東省労働争議仲裁委員会「関与適用『労働争議仲裁法』『労働合同法』若干問題的指導意見」（2008年 6 月23日）23条。
8） 上海市高等人民法院「関与適用『労働合同法』若干問題的意見」（2009年 3 月 3 日73号） 4 条。
9） 代表的なケースは、中国大手通信会社「華為公司」の事件である。つまり、同社は、2007年 9 月、社長を含む、社内での勤続年数が満 8 年以上の 7 千人あまりの従業員に対して、いったん自主的に退職手続を行うよう勧奨し、その後再び選考のうえ 1 ～ 3 年の有期労働契約で雇い直すという決定を発表した。結果的に、労働組合および労働行政の関与により、上記大規模な退職勧奨は中止されたが、マスコミで大きく取り上げられ、社会問題にまで発展した。同事件については、山下＝龔編・前掲注（1）20-21頁に詳しい。

という明確な基準が出された。具体的には、①労働者の勤続年数をゼロにする目的で、労働者との契約をいったん終了させ、新たな労働契約を締結したとき、②偽装解散を行い、労働者を偽装の新会社に採用したとき、③同一事業を営む別の名称の会社を設立し、従来の労働者と労働契約を締結し直したとき、④違法な労働者派遣を利用したとき、⑤その他、明らかな脱法行為を行ったときである。

(3) 契約期間中の解約

労働契約法においても、契約期間中の解雇については、特別な規定が置かれていない。つまり、解雇規制がそのまま適用される。他方、労働者からの解約については、有期労働契約であっても、労働者は30日前までに書面で予告することにより辞職することができる（37条）。そして、使用者は、特別教育訓練（海外留学や大学の社会人教育など）を受けた後の一定の服務期間と秘密保持・競業制限に関する特約に違反する場合を除いて、労働者に対して違約金を求めることはできない（25条）。

(4) 有期労働契約の終了

有期労働契約はその期間の満了によって終了する（44条1号）が、この場合には、解雇の場合と同様に、経済的補償金が支払われる。労働者が更新を拒絶した場合であっても、それが使用者から、労働条件を維持・改善する契約更新の申込みをしたにもかかわらず、労働者が拒否したという場合でない限り、使用者は経済的補償金を支払う義務を負う（46条5号参照）。

「労働法」においては、有期労働契約の終了時には、経済的補償金の支払いが義務づけられていなかったことからすると、規制が強化され、契約の終了の

---

10) 広東省高等人民法院＝広東省労働争議仲裁委員会・前掲注（7）「指導意見」22条、浙江省高等人民法院「関与審理労働争議案件若干問題的意見」（2009年4月16日）35条など。

11) なお、この25条の規定が有期労働契約にも適用されるかどうかは法文上明らかではない。ただし、同条をめぐる法的紛争は少なくない。これに対して、競業避止の特約の有効性やそれに違反した場合の違約責任については、有期契約と無期契約とで同じ枠組みや基準で判断することが妥当ではなく、雇用形態に即した法理の構築が必要であるという指摘がある。張丹「中国における退職後の競業避止特約」労旬1779号（2012）22頁以下。

場面において、無期労働契約と有期労働契約の取扱いの差が小さくなっているといえる。

3　解雇規制

(1)　はじめに

中国では、1995年に「労働法」が施行され、それまでの身分的な雇用関係とは決別して、労働契約制度が導入されることとなった。このことは、企業に対して、採用の自由と解雇の自由を与えることを意味するようにも思われる。

しかし、中国の労働法は、社会法的な規範が契約概念を取り込む形で形成されたという点で、日本など資本主義国の労働法とは異なる形成プロセスをとっている。たとえば、労働契約関係は、その従属関係という特殊性ゆえに、民法通則（1987年1月1日施行）および契約法（中国語では、合同法）（1999年10月1日施行）に規定する契約類型には含まれてこなかった。

こうした事情もあり、中国法では、もとから労働関係においては、「解約自由」の原則は存在せず、「労働法」では、使用者は、法定の解雇事由が生じた場合にのみ解雇できると規定されてきた。このことは、労働契約法の制定後も変わりがなく、解雇（即時解雇、予告解雇、整理解雇）は法所定の解雇事由に該当する場合にのみ許容されるものとされた（ただし、解雇事由等について、修正が行われている）。なお、法所定の解雇事由がある場合でも、労働者の業務上・業務外の傷病や、女性労働者の産前産後育児期間中などに対する解雇禁止規定に服さなければならない[13]（労働契約法42条）。

(2)　解雇事由

労働契約法において、解雇事由は次のように定められている。

まず、労働契約法39条では、即時解雇（中国語では、過失性解雇）について、

[12) 以下の記述は主に、王全興『労働法学〔第2版〕』（高等教育出版社・2009）189頁以下、山下昇「中国における労働契約の解約・終了の法規制」季労224号（2009）32頁以下を参照。

13) なお、これらの禁止事由は、有期労働契約の終了にあたっても適用される。つまり、当該事項に該当する場合には、その期間が終了するまで労働契約の終了時期が延長される。

試用期間中に採用条件をみたさないことが明らかになったとき、重大な就業規則違反があったとき、職務上の過失や私利を図った不正行為により使用者に重大な損害をもたらしたときなど6つの事由が列挙されている。

ここで、注目すべきなのは、同条2号に規定されている「重大な就業規則違反があったとき」という解雇事由である。労働契約法施行後、この規定を根拠として懲戒解雇が行われるケースが多くみられるようになっている[14]。つまり、職場規律は、就業規則の必要記載事項とされており、使用者は、何が「解雇事由」としての就業規則違反になるのか、そして、解雇を正当化しうる「重大な」違反とはどのような違反かについて、就業規則で定めることにより、解雇の根拠を得ることができた。さらに、就業規則の内容が法規定に違反せず、また、法に基づいて労働組合もしくは従業員代表との協議を経て作成され、かつ労働者に周知されていれば、その法的拘束力がほぼ確実に保障されることになり[15]、最高裁判所においても、裁判所の裁判根拠にすることができる、との見解が示されている[16]。実際この事由に基づいてなされた解雇については、労働紛争仲裁委員会や裁判所は、その有効性を緩やかに認める傾向にある。

次に、予告解雇（中国語では、無過失性解雇）は、①業務外の傷病等の場合や、②職務不適格の場合で、配置転換など一定の措置を講じてもなお職務を遂行できないとき、③労働契約締結の基礎になった客観的状況に重大な変化が生じ、労働契約を履行することができなくなり、当事者が協議しても、労働契約内容の変更について合意できないときは、使用者は30日前までに予告するか、1カ月分の賃金を支払うことにより解雇できる（40条）。なかでも③の「客観的状況の重大な変化」を理由とする解雇は事業譲渡や企業の経営悪化の場合に、よく

---

14) 労働契約法制定後、使用者において就業規則の整備が急がれた。「重大な就業規則違反があったとき」を根拠とした懲戒解雇について、拙稿「就業規則の法的意義と職場規律違反の労働者の法的責任」労旬1779号（2012）7頁以下を参照。

15) 学説においては、就業規則の法的性質について、契約説、法規範説、事実たる規範説、二分説など様々な見解が展開されているが、その法的効果についてはほぼ一致した見解が示されている。学説について、林嘉主編『労働合同法熱点問題講座』（中国法制出版社・2007）164頁以下、王全興・前掲注(12)249頁以下、彭光華「中国における懲戒権」季労224号（2009）30頁以下を参照。

16) 『民事審判指導与参考〔第4巻〕』（法律出版社・2000）。

用いられており、裁判例においても、その有効性が比較的広く認められている。

整理解雇とは、経営上の事由に基づく解雇であり、人数要件として、20人以上または20人未満ではあるが企業の全従業員数の10%以上の労働者を人員削減する場合を指す。整理解雇では、人選に関して、比較的長期間の有期労働契約を締結している労働者、無期労働契約を締結している労働者、世帯に他の就業者がおらず、高齢者または未成年者の扶養をする必要がある労働者については、解雇しないようすべきとされている。その他、手続要件として、使用者は、30日前までに労働組合または全従業員に対して状況を説明し、意見聴取をしたうえで、人員削減の計画・方法を労働行政部門に報告しなければならない（41条）。なお、同報告には人員削減の対象とされている者に関する情報も含まれると解されている。労働行政部門は、法律違反の有無、生じうる集団的な（大量な労働者にかかわる）紛争に対する対応措置の実施の有無などを中心に審査を行う。[17]

(3) 労働組合の異議申立権

解雇について、労働組合には異議申立権が与えられている。使用者が労働者を解雇する場合は、事前にその理由を労働組合に通知しなければならない（43条）。ただし、労働組合への通知や労働組合の異議を無視した場合の解雇の効力については明確ではない。裁判例のなかには、こうした解雇の効力を否定したものもある。[18]

(4) 経済的補償金

前述のように、使用者は、法定事由に基づいて解雇を行うにあたり、労働者に対して経済的補償金を支払う義務を負う（46条）。経済的補償金の金額は、勤続年数1年につき1カ月分の賃金相当額で、6カ月以上1年未満の期間については1年として算定する。高所得者に対しては、上限が設けられている[19]（47条）。

---

17) 江平他編『中華人民共和国労働合同法 精解』（中国政法大学出版社・2007）115頁。
18) 山下・前掲注(12)40頁参照。
19) なお、当該労働者の賃金が、同地域の平均賃金の3倍以上である場合には、経済的補償の算定基礎は、同地域の平均賃金の3倍相当額とされ、経済的補償金の上限は12カ月分までに限定される。

なお、経済的補償金を支払わなかった場合には、労働行政部門により50～100％増の経済的補償金に相当する額の賠償金の支払いが命じられる (85条)。[20]

他方、法所定の解雇事由がなく、労働者を解雇した場合、労働者は、労働契約の継続を求めることができる。労働者がそれを望まない場合あるいは労働契約の履行が不可能となっている場合には、使用者は、経済的補償金の2倍の額に相当する賠償金を支払わなければならない (48条、87条)。[21] ここでいう「労働契約の履行が不可能となった場合」とは、使用者の違法な解雇行為によって当事者間の信頼関係が失われ、労働契約の履行が不可能となっている場合も含まれると解されている。[22] 解雇をめぐる紛争は、経済的補償金の支払いに関するものが多い。

4 均等待遇に関する規制

中国法では、日本の労契法20条に規定する「期間の定めがあることによる不合理な労働条件の禁止」といった明文規定はみられない。ただし、法律上、均等待遇が保障されていないわけではない。雇用差別の禁止規定および同一労働同一賃金（中国語では、同工同酬）の原則が定められ、雇用形態、契約形態にかかわらずすべてカバーされている。[23]

「労働法」は、労働者の権利および法的利益の保護を目的とし（労働法1条）、労働者は、就業の平等および職業選択の権利、労働報酬を受ける権利、休憩・休暇の権利、労働安全衛生上の保護を受ける権利、職業技能訓練を受ける権利、社会保障および福利を享受する権利、労働紛争処理を求める権利ならびに法律

---

20) 労働契約法85条において、「賠償金」と呼ばれる金銭の支払いが定められている。賠償金は、本来、労働行政が命じる行政罰として位置づけられているものの、賠償金は労働者に対して支払われるものであり、民事的制裁罰としての性格も併せもっている。山下昇「中国における労働法違反に対する使用者への制裁」労旬1779号（2012）30頁。
21) なお、87条に規定する賠償金は、労働行政が命じるという形式をとっておらず、労働仲裁委員会や人民法院の民事訴訟を通じた民事的手続で使用者に支払いを命ずることもできる。山下・前掲注(20)30頁。
22) 江平・前掲注(17)135-136頁参照。
23) 実態はともかく、有期労働契約が典型的な雇用形態になっている雇用慣行の形成確立がその背景事情であろう。

に定めるその他の労働権利を享有する（同法3条）。これらの権利は、すべての労働者に平等に保障されるものであり、雇用形態が異なることによって差別されることはないと解されている[24]。

労働条件のうちもっとも重要な内容となる賃金については、労働に応じた分配および、同一労働同一賃金原則が規定されている[25]（同法46条）。同条はすべての労働者に適用される原則規定である。なお、近年派遣労働者に対する低処遇の問題が指摘され、労働契約法において、派遣先に対して同一労働同一賃金の原則に基づき、派遣労働者に対して当該企業での同様のポスト、業務に従事する労働者と同一の労働報酬分配方法を実施するよう義務づけている（63条参照。2012年改正）。

5　まとめにかえて

中国法では、解雇するには、原則として法所定の解雇事由の存在が求められ、かつ、経済的補償金の支払いが義務づけられている。また、違法な解雇がなされた場合には、法律上、原職復帰か一定の金銭を受け取って退職するかの選択肢が労働者に与えられており、日本法のように、解雇無効の場合、原職復帰が命じられるわけではない。

中国法は、解雇の事由が法定されている点では、解雇規制が厳格なようにみえるが、実際には金銭による解決が広く認められている。

労働契約法では、無期労働契約を原則とするまではしていないものの、雇用の安定化や長期化を図ることが強調されている。これは無期転換ルールがある

---

[24] 王少波『労働関係与労働法』（中国労働社会保障出版社・2011）109頁以下参照。
[25] 「同一労働同一賃金」について、「企業は、同じ仕事に従事し、同量の労働を付与しかつ同等の業績をあげた労働者に対して、同等の労働報酬を支払わなければならない」とされている。（元）労働部「関与『労働法』若干条文的説明」労発（1994）289号。
　　もっとも、「同一の労働」、「同一の賃金（報酬）」の意味、含まれる内容、判断基準等をめぐって、学説においては様々な議論がある。実際、成果主義的要素が強く、また、職務給が確立していない賃金制度のもとで、同規定の実効性の確保は難しいであろう。学説について、さしあたり、劉明輝『女性労働和社会保険権利研究』（中国労働社会出版社・2005）118頁以下を参照。

点にも現れているが、無期転換の要件が、3回目の更新または総利用期間がトータルで10年となっていることから、1回あたりの契約の期間ができるだけ長く設定されるように誘導する法政策がとられているとみることができる。これは、労働契約の期間が原則として上限3年とされている日本法とは対照的である。

また、有期労働契約と無期労働契約において、経済的な補償という点では勤続年数に補償額が比例するという点で差がないことも注目される。確かに無期労働契約では、法定の解雇事由をみたさない場合には原職復帰となるのが原則であるが、経済的補償金を選択すれば通常の場合の2倍となるという形で強いインセンティブが与えられている。その意味で、結局のところ、無期労働契約であれ、有期労働契約であれ、契約の終了の際に勤続年数を考慮した金銭が支払われるという点では共通性があるのである。

このことは、中国の使用者が、無期転換を避けて10年経過前に有期労働契約を打ち切ったとしても、労働者の保護が著しく薄くなるわけではないということを意味しているように思われる。逆に使用者からみると、有期労働契約は、それほど安価な労働力ではないことも意味している。このことにより、有期労働契約の利用によって、解雇規制を潜脱して雇用の調整を行うという労働契約法の制定前に見られた濫用事例は、今後減少していくことが予想された。

この予想は確かにあたっていたが、今度は、無期労働契約への転換規定の適用の回避や社会保障（保険）のコストの削減などを目的として、労働者派遣の利用が急速に増え、結局、労働条件の低下が生じたといわれている（中国では、「逆法」繁栄といわれている[26]）。そのため、2012年12月に労働契約法が改正され（2013年7月1日施行）、労働者派遣に対する規制がさらに強化された[27]。

---

[26] あらゆる業種、職種で労働者派遣が利用され、企業の従業員数の6割〜8割を占める例も見られた。

[27] 今回の法改正の主な内容は労働派遣に関する規定の変更であり、派遣会社設立要件の厳格化（57条）、同一労働同一賃金規定の強化（63条）、派遣労働における業務範囲の明確化（66条）、罰則規定の強化（92条）などがなされた。

第3節　アジアの有期労働契約法制ー〔2〕韓国

山川　和義

1　はじめに
2　期間制労働者に関する法規制
3　2006年期間制法による規制
4　期間制法の実務上の影響
5　韓国の有期労働契約法制の位置づけ

1　はじめに

　韓国は1997年経済危機以降、非正規職労働者（期間制労働者（有期契約労働者をさす）、短時間労働者、派遣労働者等）が増加し、全労働者の34.2%（2010年度）を占めている。また、非正規職労働者の半数以上（57.4%）が期間制労働者である。期間制労働者は正規職労働者とくらべ雇用が不安定であるうえ、賃金等の処遇にも大きな格差が存在し、この格差の是正が社会問題となっている。

---

1) 非正規職労働者の労働者全体に占める割合（韓国政府統計部調査）は、2001年27.3%、2004年37%、2007年35.9%、2009年34.9%と近年は35%あたりで推移している（小林譲二「韓国の非正規労働者保護法の実情と日本」季労237号（2012）53頁等参照）。
2) 2010年度の状況。韓国統計庁2011年8月調査による（文普玄「変化する韓国の労働市場」地研年報17号（2011）123-124頁参照）。
3) 経済危機への対応のため、韓国企業は正規職労働者の非正規職労働者への代替を進めてきたと指摘するものとして、黄秀慶（友岡有希訳）「韓国の賃金構造」大原社会問題研究所雑誌571号（2006）3頁。また、韓国の非正規労働者の動向の詳細については、呉学殊「韓国労働政策の動向と非正規労働者」社会政策1巻3号（2009）46頁を参照。
4) たとえば、賃金についてみると、韓国労働研究院の調査によれば、期間制労働者の2012年の平均賃金（月額）は、正規労働者の62.8%の水準とされている（労働政策研究・研修機構「海外労働情報」より（http://www.jil.go.jp/foreign/jihou/20133/korea01.htm））。
5) この格差が所得格差のみならず、あらゆる面（たとえば、収入の少なさから結婚を忌避するとか、結婚しても子供を産まないカップルが増えている）で副作用をもたらしていると指摘するものとして、李鋌「韓国の最近における労働立法の動向について」季労223号（2008）143-144頁を参照。

韓国政府は雇用が不安定かつ差別待遇を受けている非正規職労働者の保護を図るための立法として、2006年12月「期間制及び短時間勤労者保護等に関する法律」(以下、「期間制法」) を制定した[6]。その主な内容は、期間制労働者および短時間労働者に対する不合理な差別の是正と、期間制労働者の利用可能期間の制限である。いずれも従来の法制度に存在しない規制であったため、その影響が注目されている。

ここでは、韓国の有期契約労働者をめぐる法状況、期間制法が有期契約労働者の雇用のあり方に与えた影響を概観・整理する。そして、各国が様々に行う有期労働契約法制のうちの１つのモデルとして、韓国の有期労働契約法制の性格や特徴を整理したい。

2　期間制労働者に関する法規制

(1) 勤労基準法による期間の上限規制と削除

日本の労基法にあたる勤労基準法 (以下、「勤基法」) によれば、期間制労働契約を締結する事由を制限する規定は存在しない。他方、勤基法旧16条に、「労働契約は期間の定めのないものと、一定の事業の完了に必要な期間を定めたものを除いては、その期間は１年を超えることができない」との規定が置かれていたが、2006年期間制法制定によりこれは削除された。したがって、現在韓国には、労働契約の期間の長さについて上限規制は存在しないが、後述の期間制法によって、実質的には期間の上限は原則として２年といえる。

(2) 反復更新を規制する法理

労働契約の期間の長さの上限のほかに、期間制労働契約の更新回数やその通算期間の上限規制等の法規制は存在しなかった。そのため、韓国においても、期間制労働契約の更新拒絶の有効性についての争いが生じていた。

ところで、韓国の解雇規制は勤基法23条および24条による。勤基法23条１項は解雇に関する一般規定であり、「使用者は、労働者に対して、正当な理由な

---

6) 同時に行われた労働者派遣法改正とあわせて、非正規職労働者保護法と呼ばれる。

く、解雇、休職、停職、転職、減俸、その他の懲罰をすることができない」と定め、解雇に正当な理由を要求する。この正当な理由には一身上の事由（精神的・肉体的その他の適格性が著しく欠如し、労働の提供を行えない状態となったとき）と、形態上の事由（労働者の非違行為、他の同僚労働者との関係、経営内外および組織との関係から生じる事由等）とがある[7]。他方、勤基法24条は経営上の理由による解雇につき、①緊迫した経営上の必要[8]、②解雇回避努力、③合理的で公正な選定基準、④労働組合または労働者代表への50日前の通知・協議の4要件をそろえた解雇は、勤基法23条1項の正当な理由のある解雇とみなされる旨規定している。なお、解雇は書面で通知しなければ無効となる（勤基法27条）。解雇の救済として、勤基法は、公労使の委員から構成される労働委員会への不当解雇の救済申立てを認めており、使用者が救済命令に従わない場合、履行強制金の支払いが命じられる[9]。不当解雇の救済は、原職復帰が原則とされる。現在、労働委員会の申立て案件の多くが不当解雇事案であるとされている。また、労働者は直接地方裁判所に不当解雇の救済を求めて訴訟を提起できる。このように、韓国では、救済制度に違いがみられるものの、解雇は必ずしも自由に行われるのではなく、規制そのものは日本と類似の形で存在しているとみられる。

　正規職労働者に解雇規制が及ぶため、使用者は雇用の柔軟性を確保する等の目的で期間制労働契約を長期にわたり反復更新することがあり、その更新拒絶の有効性が争われてきた。韓国では、法律による制限はないものの、期間設定否認の法理と更新期待権の法理という2つの類型の判例法理によって更新拒絶が制限されている[10]。期間設定否認の法理は、期間の定めが形式にすぎない事情が認められる場合、その契約は事実上期間の定めのない労働契約を締結したものとみて解雇制限規定を適用し、正当な理由のない更新拒絶は無効となるとするものである。他方、更新期待権の法理は、期間の定めが形式といえなくても、

---

7) 李達烋「韓国の解雇法制の理解と課題」労旬1781号（2012）26頁以下参照。
8) なお、経営悪化を防止するための事業の譲渡・引受、合併は、緊迫した経営上の必要があるものとみなされる（同項）。
9) 不当解雇の救済のしくみと状況については、野田進「韓国における不当解雇等の労働委員会による救済」季労226号（2009）242頁を参照。
10) 趙淋永「韓国における非正規雇用の政策」労旬1767号（2012）18頁参照。

諸般の事情から継続雇用が期待できる場合には解雇制限規定を類推適用して、合理的な理由がなければ労働契約更新を拒否できないというものである。なお、期間制法の制定後も、これらの判例法理が維持されるかには議論がある。

有期契約労働者に関する規制は、以上のほかに期間制法による規制があるが、項を改めて概観したい。

3　2006年期間制法による規制[11]

(1)　趣旨・目的、適用対象

期間制法は非正規職労働者の雇用の安定を図り、また、非正規職労働者に対する不合理な差別を是正することで、正規職労働者との社会的格差の解消を図ることを目的とする。[12]

期間制法の適用対象は、常時5人以上の労働者を使用するすべての事業または事業場である。なお、4人以下の事業または事業場については、別途大統領令により一部規定が適用される[13]。また、国および地方自治体の機関は、常時使用する労働者の数にかかわらず適用対象となる。

(2)　期間制労働者の利用期間制限

期間制法4条1項は「使用者は2年を超えない範囲内で（期間制労働契約の反復更新等の場合には継続して労働した総期間が2年を超えない範囲内で）期間制労働者を使用することができる」とし、期間制労働契約の利用可能期間の上限を設定する。そして、2項は、利用可能期間を超えた場合の法的効果について、「2年を超えて、期間制労働者として使用する場合にはその期間制労働者は期

---

11) 期間制法の制定経緯および内容は、脇田滋「韓国非正規職保護法」龍谷法学40巻4号（2008）388頁、李・前掲注（5）139頁、崔碩桓「韓国における期間制（有期契約）・短時間労働者保護法の制定」日本労働研究雑誌571号（2008）53頁等を参照した。

12) 脇田・前掲注(11)402頁。期間制法は短時間労働者も保護の対象とするが、以下では期間制労働者に関する部分のみ整理・紹介する。

13) 期間制法の施行令（大統領令20093号）2条別表1によると、期間制労働者の利用期間制限の規定や差別禁止規定は適用されず、正規職労働者の新規採用の際、現に雇用している期間制労働者を優先雇用する努力義務（期間制法5条）が課されるにすぎない。

間の定めのない労働契約を締結した労働者とみなす」とし、1項違反の効果として無期労働契約が締結されたものとみなしている。これにより、韓国において期間制労働者の利用可能な期間は、1つの期間として設定されたとしても、反復更新された結果であるとしても、原則として2年を超えることはないものとなった。たとえば、3年の期間制労働契約は、最初の2年は期間制労働契約であるが、2年を超えたときに無期労働契約が締結されたとみなされると考えられる。

なお、期間制法4条1項但書各号には、期間制労働者の利用可能期間の上限が適用されない例外が定められている。①事業の完了または特定の業務の完成に必要な期間を定めた場合（1号）、②休職・派遣などで欠員が発生し、当該労働者が復帰するときまでその業務の代わりをする必要がある場合（2号）、③労働者が学業、職業訓練などを履修するのにともない、その履修に必要な期間を定めた場合（3号）、④高齢者雇用促進法2条1号の規定による高齢者（満55歳以上である者）と労働契約を締結する場合（4号）、⑤専門的知識・技術の活用が必要な場合と、政府の福祉政策・失業対策などによって雇用を提供する場合として大統領令が定める場合（5号）、⑥その他、以上の場合に準ずる合理的な理由がある場合として大統領令が定める場合である。このような期間制労働者

---

14) 勤基法旧16条の労働契約に設定できる期間の上限規制は撤廃されたため、制度上は、労働契約の期間の長さは自由に設定できると考えられるが、期間制法4条により、実質的にはその上限は2年となると解される（徐侖希「韓国における期間制勤労契約（有期労働契約）に関する法規制とその運用上の論点」労旬1783＝84号（2013）33頁参照）。なお、勤基法旧16条の期間の長さの上限規制の趣旨が長期間にわたる労働者の不当な拘束の排除であるならば、期間制法4条は必ずしもその趣旨をくみ取っていないため、4条1項但書の例外にあたる労働契約について不当な拘束のおそれが生じるかもしれない。もっとも、この問題があるとすれば、3年を超える契約期間を定める場合、3年を経過したときはいつでも契約解除でき、3カ月経過により解除の効力が発生するという規定（民法659条）で対応されると解される。

15) この効果については、2年を超えた日から無期労働契約を締結したものとみなされるとされている（宋剛直「韓国の非正規労働法」労旬1733号（2010）17頁参照）。

16) 期間制法施行令3条1項によれば、これは博士学位（外国で受けた博士学位を含む）を所持し、該当分野に従事する場合（1号）、「国家技術資格法」9条1項1号による技術士等級の国家技術資格を所持し該当分野に従事する場合（2号）、別表2で定めた専門資格（建築士、公認労務士、公認会計士、弁護士、医師、経営指導士等）をいう。

17) 期間制法施行令3条3項に定められる。他法令で別の定めがされる場合（1号）、高等教育法2条の学校の助教や兼任教員等（4号）等がある。

の利用可能期間制限が適用されない労働者の労働契約は、長期にわたり反復更新される可能性があるため、期間制法の保護の範囲を縮小させるとの批判もある[18]。

ところで、期間制法には4条にいう「2年」の計算に関する規定がない。すなわち、1つの期間制労働契約とその終了後に締結される次の期間制労働契約の間に空白期間がある場合の取扱いについて、規定が定められていない。この趣旨は、空白期間を設けると、空白期間が短いと使用者がその経過後に再び当該労働者を期間制労働者として雇用してしまうとか、空白期間が長いとその期間別の労働者を期間制で雇用し、空白期間終了後再び先の労働者を期間制で雇用するという、一種の脱法的な対応を生む危険性があると考えられたとの指摘がある[19]。なお、実際に空白期間のある期間制労働契約が期間制法4条1項の要件をみたすかどうかが問題となった例があるが、ここでは1カ月の空白期間がある前後の期間制労働契約は切断されず、継続したものとみなされた[20]。

また、期間制法4条には、無期転換後の労働条件に関する定めがない。行政解釈によれば、労働協約や就業規則、労働契約によると一般的な説明がされているが、実際はケースバイケースとなるため、無期転換後の期間制労働者の労働条件は必ずしも正規職労働者と同内容となるわけではない。そのため、無期転換後も正規職労働者とは異なる労働条件で就労する、いわゆる準正規職のような雇用形態（期間の定めはないが、正規職労働者と同様の待遇ではない）が生じており、新たな格差問題を生じさせている[21]。

(3) 差別禁止規制

期間制法8条1項は、「使用者は期間制労働者であることを理由に当該事業または事業場で同種または類似した業務に従事する期間の定めのない労働契約

---

18) 徐・前掲注(14)40頁。
19) 徐・前掲注(14)36頁。
20) 羅州市（保健所）事件—光州高等法院2011・4・15宣告2010ナ5334判決。契約内容、担当業務が同一であったこと、空白期間中代替者が雇用されていたわけではないこと、空白期間勤務しなかった理由が会社の予算上の制約と担当事業の休業期間であったこと等から、空白期間前後を別の期間ととらえるべきではないとされた（徐・前掲注(14)35-36頁参照）。
21) 徐・前掲注(14)41頁参照。

を締結した労働者と比べて差別的処遇をしてはならない」と規定している。そして、差別を受けた期間制労働者は、労働委員会に差別的処遇のあった日（継続した差別的処遇はその終了日）から6カ月以内に是正申請を行うことができる（期間制法9条以下）[22]。労働者が差別的処遇の存在を客観的に明示した場合、使用者はその処遇に合理的理由があったことを立証しなければならない。労働委員会は調査・審問を行う権限を有し、その過程で調停・仲裁を行うことができる。労働委員会は、調停・仲裁が成立しないまま調査・審問を終了した場合、必要であれば是正命令を発する。是正命令の内容は差別的行為の中止、賃金など労働条件の改善および適切な金銭補償などが含まれる。是正命令を履行しない使用者に対しては、過怠金の支払いを義務づけることで実効性を確保するが、是正命令は行政命令であるため、労働協約等を変更する効果まではもっていない[23]。なお、使用者が差別的処遇をした場合は、雇用労働部長官は、その是正を要求できる。使用者がこれに応じない場合は、雇用労働部長官はこれを労働委員会に通報しなければならず、労働委員会はこれを審理しなければならない（期間制法15条の2）。

　このほかの差別是正の方法として、国家人権委員会法19条に基づく救済[24]、不法行為等に基づく損害賠償を裁判所に提訴するなどの方法がある。

　ここにいう「同種または類似した業務」[25]とは「業務の内容、種類、当該業務の遂行方法、作業条件、難易度、相互代替可能性などを総合的に考慮して判断」される。より踏み込んだ判断例として、「主たる業務の内容に本質的な差

---

22) 差別是正手続の詳細については、李羅炅「韓国の非正規職勤労者に対する差別是正制度の現状と課題」労旬1762号（2012）38頁を参照。
23) 李・前掲注(22)47頁参照。
24) 改善・是正命令、合意の勧告、調停、救済措置の勧告、告発・懲戒勧告、緊急救済措置勧告、処理結果の公表等がその内容である（宋・前掲注(15)18頁参照）。
25) 差別是正手続における判断基準および内容の詳細については、鄭永薫「非正規労働者の差別是正制度の争点」労旬1767号（2012）7頁、塩見卓也「非正規職保護法施行後における韓国非正規雇用の実情」労旬1789号（2013）9頁を参照。ここでは行政の業務マニュアルが紹介されている（非正規職法令業務マニュアル（2007）、差別是正業務マニュアル（2009））。最近のマニュアルとして、「期間制法・派遣法」業務マニュアル（2010）、「雇用形態による差別改善のためのガイドライン」（2011）がある（「特集 韓国の非正規職保護法と社会的企業育成法」労旬1789号（2013）6頁の資料を参照）。

が存在しない場合には、採用手続や付随的な業務の内容等において差があったとしても同種・類似性が認められる」とした例がみられる。ただし、比較対象者が差別的処遇を受けたときに存在していなければならず、過去に比較対象者が確かにいたとしても、その場合は8条1項の適用対象外となる。

また、「差別的処遇」とは、「次の各目の事項について合理的理由なく不利に処遇すること」（期間制法2条3号）であり、勤基法2条1項5号に基づく賃金（同項カ）、定期賞与金、各節賞与金等定期的に支給される賃金（ナ）、経営成果に基づく成果金（タ）、その他勤労条件および福利厚生に関する事項（ヲ）が挙げられている。

労働者に対する不利な処遇に合理的理由があったかどうかの判断基準や要素は明確にされておらず、事例の積み重ねを待つところとなっている。具体的な例によれば、採用条件・基準・手続において、採用手続の差異を理由とする不利な処遇については、それが業務遂行と客観的な関連性を有していない場合には、不合理とされる。他方、業務の範囲・権限・責任が異なることを理由とする不利な処遇は、合理的理由があると認められる。ただし、通勤手当や昼食代などの業務の範囲・権限・責任の差異と無関係に一律に正規職労働者に支給されるものについての不利な処遇は不合理とされうる等がある。[26]

4　期間制法の実務上の影響

(1)　利用可能期間制限の影響

期間制法の実務上の影響を見ておきたい。まず、利用可能期間制限の影響について、期間制法4条の導入にともなって期間制労働者の大量解雇が起こるとの懸念も指摘されていたが、実際にはこの事態は起こらなかった。これは、期間制労働者の利用可能期間の例外が広範であったためとの指摘がある。[27] この導入にともなって企業は、1年11ヵ月で労働契約を終了させたり、期間制労働者の正規職化、労働条件はそのままでの無期契約化、期間制労働者の従事する仕

---

26) 鄭・前掲注(25)13頁。
27) 文・前掲注(2)128頁。

事の外注化等の対応を行ったといわれている。[28]

具体的には、2012年8月現在で期間満了となる勤続年数2年以上の期間制労働者(2,759人)の状況調査(雇用労働部調査)によると[29]、契約終了が43.4%(1,199人)、無期転換が33.6%(926人)、継続雇用(当事者間で明示的な無期転換が行われていないが、無期転換の効果発生要件をみたしている場合)が23.0%(634人)となっている。すなわち、期間制法4条による無期転換の対象となりうる期間制労働者の約4割は雇止めをされているが、約6割はなんらかの形で無期労働契約として雇用が継続している状況といえる。期間制法4条制定以前は、期間制労働者が無期契約労働者に転換する制度がなかったことを考えれば、雇用の安定に一定の寄与をしていると、一応の評価ができよう。[30]

なお、無期転換のなかには、労働条件を変えずに無期転換しただけのものや、既存の正規職労働者の下位に職級を新設し、そこに無期転換した労働者を編入するもの等、その労働条件は必ずしも正規職労働者に近づくものではなく、既存の正規職労働者との新たな格差問題を生じさせている。[31]

(2) 差別是正制度の利用状況

2007年7月以降の差別是正制度の年度ごとの利用状況をみると、地方労働委員会では、申請件数は2007年度(7月から)145件、2008年度1,897件(内1,300件は同一使用者)、2009年度80件、2010年度131件と、2008年度を除き、多くて150件程度となっている。そのうち是正命令が下されたのは2007年度55件(38%)、2008年度23件(1.2%)、2009年度10件(12.5%)、2010年度12件(9%)、棄却は2007年度15件(10%)、2008年度557件(29%)、2009年度5件(6%)、2010年度53件(40%)である。また、取下げが2007年度73件(50%)、2008年度

---

28) 呉・前掲注(3)55頁、小林・前掲注(1)52頁。
29) 徐・前掲注(14)40-41頁参照。
30) 2010年4月から12月までの平均は、契約終了が45.2%、無期転換が22.8%、継続雇用が30.9%、2011年の1年間では契約終了が49.6%、無期転換が23.8%、継続雇用が26.1%となっており、期間制法制定以降は雇止めされるものが期間制労働者の全体の5割前後、何らかの形で無期労働契約として雇用が継続するものも5割前後となる傾向にあるとみられる(塩見・前掲注(25)10頁参照)。
31) 徐・前掲注(14)40-41頁。

768件（40％）、2009年度48件（60％）、2010年度26件（20％）となっている。年度によって状況にばらつきはあるが、是正命令により解決される事案はかなり少ないように思われる。かといって、調停・仲裁が機能しているわけでもない。この少なさの評価は難しいが、差別是正の手続における判断基準の不明確性が影響しているとも考えられる。

　また、そもそも予想よりも利用が少ないという指摘がされている。その理由としては、差別是正を申請すると今後の労働契約が更新されないかもしれない等の不安、是正命令が出されても使用者が履行しない、是正申請に時間と費用がかかる等が挙げられている。差別是正制度の問題点としては、申請権者が労働者個人であるため報復人事への対抗手段がないこと、制度の制定当初は申請期間が3カ月と短かったため、事後的に発覚した差別の是正には制度そのものが無意味となるおそれがある等と指摘されていた。[32]

　なお、韓国の正規職労働者の賃金は年功賃金を中心とする一方で、非正規職労働者は年功賃金ではなく職務給の報酬体系によるとの分析がある。[33] このように賃金体系に違いがあるとすれば、正規職労働者と非正規職労働者の賃金格差の合理性判断は困難となるのではないかと思われる。

5　韓国の有期労働契約法制の位置づけ

　韓国の有期労働契約に関する課題は、不安定雇用と労働条件等待遇格差への対応であった。韓国はこれらの問題につき入口規制を採用せず、出口規制および内容規制を採用している。出口規制として、従前からあった雇止め制限法理は成文化されず、新たに無期転換規制を採用している。上限規制は無期転換規制の採用と同時に削除された。これらの実務上の影響については評価が困難であるが、以上からみてとれる特徴や問題点を整理しておきたい。

　まず、韓国の無期転換規制の性格を整理したい。韓国の無期転換規制は2年

---

32) 李・前掲注(22)45頁以下。なお、申請期間の6カ月への延長によって、差別是正制度の利用が今後促進されるかが注目される。
33) 黄・前掲注(3)3頁以下参照。

であり、これが機能すれば臨時的業務のための有期労働契約の長期間にわたる反復更新はなされず、有期労働契約の濫用の弊害は小さくなる。他方、無期転換規制の例外に該当する有期労働契約の反復更新による濫用の弊害が生じうるが、例外事由には2年の期間では短いが臨時的業務のためのもので終了が予定されている類型（事業の完了等、休職等の代替など）と、無期転換の例外とされるべきと考えられる類型（専門的知識・技術の活用など）が混在していると考えられる。このような無期転換規制は、臨時的業務のものは短期の有期労働契約のみ許容する、そうでないものについては無期転換規制から除外して雇止め制限規制で有期労働契約の濫用に対処するものである。韓国はこのような規制により、実質的には入口規制による濫用防止を行う必要性が相対的に低いものとなっていると考えられる。

　他方、差別是正制度の利用状況をみる限りでは、現在までのところ、内容規制は十分に機能していないように思われる。これは多様な理由によるものと思われるが、1つの要因としては、各判断基準の不明確さが影響していると思われる。さらに、この状況に加え、無期転換時に従来の正規職労働者の下位に位置づけられ、労働条件等が正規職労働者よりも低いまま固定化されるケースが増えていることに照らすと、有期労働契約の間も無期転換後も労働条件の格差に関する問題は容易に解決しない状況にあると思われる。

第4節 小　括

大内　伸哉

1　各国の法制度の概観
2　若干の分析

1　各国の法制度の概観

　本章において検討した各国の有期労働契約法制のポイントを簡単にまとめると次のようになる。

　まずヨーロッパ（EU）では、1999年6月28日の指令（1999/70/EC）により、反差別原則という形での内容規制の導入が義務づけられている。それによると、有期契約労働者は、正当な客観的事由なしに、有期契約であるだけで、比較可能な（comparable）無期契約労働者より不利に扱われてはならない。本章で検討したEU加盟国は、どの国でも、多少のバリエーションはあるものの、このような内容規制が導入されている。

　また、出口規制については、継続的に有期労働契約を利用することから生じる「濫用防止」という観点から、契約が継続した場合について、①有期労働契約の更新拒絶を正当化する客観的事由を定める、②有期労働契約の通算の利用期間の規制をする、③継続する有期労働契約の更新の回数を制限する、のいずれかの措置をとることが求められており、さらに、どのような場合に「継続的」といえるか、また、どのような場合に無期転換するかを、労使との協議のうえで定めることも義務づけられている[1]。

　その一方、EU指令では、有期労働契約の継続的利用を制限するだけであり、「継続」の前の段階での規制はしていない。これは要するに、入口規制の導入

1）　そのルールを定める場合における労使の関与も認められている。

は求められていないこと、さらに上限規制も求められていないことを意味する。

以上のようなEU指令の枠組みのなかで、各加盟国は、様々なタイプの出口規制を導入している。また、これに加えて、自主的に、入口規制を導入している国もある。

各国の法制を見ていくと、少なくとも法制面で最も規制が強いようにみえるのがフランスである。フランスでは、入口規制を設けているし、それに加えて、出口規制として、利用期間の上限を原則として18カ月、更新も原則として1回までとしている。期間の満了後に労働契約が継続されれば、無期転換となる。同一ポストでの期間満了後の再雇用については、一定の期間（当初の利用期間が14日以上であれば、その期間の3分の1、14日未満であれば、その半分）を置かなければ、無期労働契約となる。

なお、フランスでは、有期労働契約が無期労働契約に転換されない場合には、契約期間の総報酬の10％に相当する不安定手当の支払義務が使用者に課される。

フランスと比較的近い法制度をもつのがイタリアである。イタリアでも、フランスと同様に入口規制があったが、現在では、新規の12カ月以下の期間を定める有期労働契約については入口規制が外されている（ただし、労働協約によって、別段の定めが可能である）。更新は、当初の期間が3年未満の場合に、1回のみ、総利用期間が3年以下の範囲でしかも客観的な理由による場合のみ認められる。期間満了後、労働関係が一定期間（6カ月未満の期間の契約であれば30日、それ以外の場合には50日）以上継続されれば、その期間が経過した時点で無期転換する。さらに同一または同等の職務単位でみて利用期間が全体で3年を超えれば、その超えた時点から無期転換する（労働協約で別段の定めは可能である）。期間満了後の再雇用については、フランスと同様、一定の期間（当初の労働契約期間が6カ月以下の場合は10日、それを超える場合には20日）を置かなければ、無期転換する。

また、イタリアでは、同一使用者の下で6カ月を超えて勤務していた有期契約労働者は、期間満了後12カ月以内に、当該労働者が従事していた職務における無期労働契約での採用について、優先権をもつ（ただし、労働協約によって、別段の定めが可能である）。

なお、イタリアでは、有期雇用には、原則として、賃金の1.4％に相当する追加の社会保険料が使用者に課される。ただし、有期労働契約の満了後、6カ月以内に無期労働契約で採用した場合には、この追加社会保険料は返還される（返還額は、期間満了時から新しい無期労働契約締結までの期間に応じて比例的に減額される）。これは無期転換へのインセンティブとなっている。

このほか、本章では、詳しく紹介しなかったスペインでも、フランスとイタリアに比較的近い法制が設けられている。[2]

まずスペインでも入口規制があり、有期労働契約を締結できるのは、法律上、①特定の業務やプロジェクトを遂行するため、②生産状況の変動に対応するため、③復職権（労働ポスト保持権）をもつ労働者の代替のため、とされている。[3]

利用期間の規制は、②の事由は12カ月の期間内で最大6カ月とされている（ただし、この期間要件は、労働協約により、18カ月の期間内で最大12カ月に緩和できる）。また、2010年の法改正以後、①の事由の上限が、3年となっている（労働協約により4年に延長可能である）。以上の期間を超えれば無期転換となる。

また、30カ月の期間内に、有期労働契約の更新によって、トータルで24カ月以上雇用されていれば無期転換する。かつては、この年数要件は、同じ企業の同じポストを単位として算定されていたが、2010年の法改正により、同じグループ企業内において、異なったポストで働いていても通算されることになった。

有期労働契約の終了の際には、勤続年数に応じた手当が支払われる。客観的解雇の場合に、解雇の正当性いかんにかかわらず支払われる同様の手当との均衡を考慮した取扱いである。これは使用者が有期雇用を利用する経済的メリットを小さくする意味がある。

以上の国と比べて、入口規制が比較的緩い国がドイツである。判例により、解雇規制の潜脱を防止するために入口規制が導入され、それが法律に取り入れられた経緯があるが、現在では新規の有期労働契約については、当初の2年または更新回数3回までは入口規制が適用されない。それ以降の更新については、

 2） スペイン法については、Alicante大学のDavid Montoya Medina氏および東京大学大学院法学政治学研究科助教の高橋奈々さんから貴重な情報をいただいた。

 3） そのほか、訓練目的、退職前でパートタイムで勤務している労働者の代替、障害者の雇用についても、有期労働契約の締結が認められている。

一定の正当理由がなければ、期間を設定することはできない。これに反すれば、無期労働契約を締結したものとみなされる。ただし、この入口規制の例外は広く設定されている。また、高年齢者や新設企業の場合には、比較的緩やかな出口規制が定められている。

　入口規制を導入していない国もある。それがオランダとイギリスである。

　オランダは、出口規制として、利用期間が3年を超えるか、更新回数が3回を超える場合に無期転換するとされている。また、クーリング期間は3カ月とされている。

　イギリスには、2つのタイプの出口規制がある。第1に、雇止めに対して解雇と同じ規制（不公正解雇の禁止）を適用している。ただし、解雇規制がかかるのは勤続2年という要件があるため、最初の2年は出口規制がかからない。第2に、利用期間が4年を超えると無期転換する。2つの出口規制の年数要件には、いずれも1週間という短期のクーリング期間がある。

　以上のように、欧州の国々における有期労働契約法制の内容には多様性があるが、共通しているのは、有期労働契約を長期間継続利用することを濫用として防止しようとする考え方である。出口規制における無期転換は、そのような濫用に対する制裁として認められている。

　これに対して、アメリカでは、入口規制、出口規制、内容規制のいずれもなく、契約の自由に委ねられている。随意的雇用の国であるアメリカでは、有期労働契約は、その期間は雇用を安定化させるという意味で、労働者にとって有利な契約である。そのため、有期労働契約の利用は濫用とはいえないため、規制の必要性が乏しいこととなる。

　最後に、アジアの中国と韓国は、ともに入口規制を導入せず、出口規制と内容規制を導入している。中国の出口規制は、利用期間の上限が10年、更新回数の上限が2回となっているが、利用期間が長いことは労働者の保護に欠けるというより、それだけ雇用保障期間を長くする余地があるという評価が可能である。さらに有期労働契約の満了の際にも、解雇と同様、勤続年数に応じた経済的補償を認め、解雇の場合とのコストの差を縮めていることは、スペインと同様、有期雇用を用いる経済的メリットを小さくしている。

　韓国は、出口規制の年数要件は2年と厳格であるが、例外が比較的広く設定

されている。その内容をみると、欧州の入口規制のある国で例外とされている事由との類似性がみてとれる。

2 若干の分析

　では、以上の各国の有期労働契約法制から、どのような示唆を得ることができるだろうか。
　まず、有期労働契約に対する最も厳しい規制のタイプは、初回の締結から正当理由を求める入口規制である。入口規制の理念としては、かつてのドイツのように、解雇規制の潜脱を防止するというものがあるし、イタリアその他の国のように、単に有期雇用の濫用的な利用を防止するというものもある。今日のEU 指令では、後者の有期雇用の濫用的な利用の防止という目的が全面的に出されており、そこでいう「濫用」は初回の締結では認められず、継続的な利用から生じるものとされている。有期労働契約には、使用者と労働者双方のニーズに合致するという面もあるので、初回から強度な規制を課すのは行き過ぎということである。理論的には、入口規制を課して、その例外を広く設定していくという方法もあるが、これは過剰な規制となると考えられているのであろう。実際、各加盟国では、イタリアやドイツのように、かつては強度な入口規制があった国でも、初回の締結については（年数制限はあるが）規制を外すという形で、EU 指令に則した法制へと修正がなされてきている。
　入口規制のある国では、それに反した労働契約は、期間の設定が無効となり、初めから無期労働契約となるのが原則である。また、入口規制では同時に期間制限をともない、一定の期間を超えると無期転換となるのが原則である[4]。
　ただ、今回の比較法の対象国では、入口規制のない国のほうが多かった。そうした国でも、EU 指令で義務づけられている EU 加盟国はもちろん、中国や韓国でも出口規制はあった。出口規制も、それに違反した場合には、無期転換となるのが原則である。
　出口規制には様々なタイプがあるが、1つは、ドイツやイタリアにみられる

　4）　利用期間の制限という意味では、入口規制に随伴した出口規制と評価することができる。

ように、初回の有期労働契約については入口規制を設けないが、その後の更新には正当理由を必要とするというものである。正当理由なしに自由に有期労働契約を締結できる期間という意味での利用期間は、それぞれ2年と1年であり、その後は、正当理由なしでは更新できないという規制に転化する。なお、正当理由がある場合でも、イタリアでは、同一職務で利用期間が3年を超えれば、無期転換する。ドイツでは、正当理由があるかぎり、有期労働契約での継続は可能となる。

　出口規制の中で一番多いタイプは、更新について正当理由を求めず、利用期間のみ（あるいは利用期間と更新回数のみ）を制限する国である。その上限は、韓国は2年、オランダは3年、イギリスは4年、中国は10年となっている（オランダと中国は更新回数を2回までとする規制も併存する）。上限年数は短いほうが規制が強いようにも思えるが、例外の有無やクーリング期間がどこまで広く認められるかを考慮しなければ、真の意味での規制の強度の評価はできない。

　なお、フランスやイタリアでは、利用期間と関係なく、有期労働契約の終了から一定の待機期間を置かずに再雇用した場合には、無期労働契約とみなされる。これは入口規制の一種であるが、利用期間の制限の一形態（待機期間は一種のクーリング期間）とみることもできる。[5]

　このほか特に欧州の規制をみる場合に注意すべきは、労働協約による別段の定めが広く認められていることが多く、法律の規制だけを見ていては、実際、どの程度、有期労働契約の利用について規制がなされているかが明確でない点である。また、法律上の規制が設けられていても、その法律自体に例外が設定されていることがあり、その広さいかんでは、やはり規制がそれほど厳しくないと評価できる可能性もある。[6]

　さらに、入口、出口、上限、内容という4つの規制だけではなく、有期雇用の利用に伴う経済的な負担（契約終了時の金銭的な補償、社会保険料の追加負担など）に関する規定も、有期労働契約の締結に対して影響を与える規制となる。

---

 5) たとえば、フランスでは15日の有期労働契約は、さらに更新すると無期転換となり、その場合のクーリング期間は5日であるという規制とみることができる。これは、EU指令でいう「継続」に該当するかどうかの判断基準の1つを示したとみることもできる。
 6) ドイツの入口規制や韓国の出口規制の例外を参照。

この点は特に、第3章における経済分析との関係で重要な意味を持つことになる。

最後に、比較法的に見た場合、日本の現行の有期労働契約法制は、どのように評価できるかについても簡単に触れておきたい。日本では、労契法の2012年改正の前は、法律上は上限規制しかなく、また判例を見ても比較法的にほとんど例のない雇止め制限法理しかなく[7]、日本における有期労働契約の法的介入はアメリカほどではないにせよ、小さいものと評価することができた。しかし、2012年改正により、従来の上限規制を維持したうえで、利用期間5年による無期転換の導入と従来の雇止め制限法理の成文化がなされ、さらに内容規制が導入されたことからすると、比較法的にも、法的介入はかなり進んでいると評価することができよう。

また、利用期間が5年である点は比較的長いともいえるが、クーリング期間については6カ月（期間1年以上の有期労働契約）と比較的長期であり、労働協約などによる規制の弾力化が認められておらず、無期転換後の解雇規制は金銭解決制度が存在せず、かなり厳格なものであることを考慮すると、現在の日本の有期労働契約法制は、比較法的に見てもかなり厳格なものと評価することが可能であるように思われる。

7）日本の雇止め規制に比較的近いのがイギリス法かもしれない。イギリス法では、2年経過後であれば、雇止めは解雇と同視され、不公正かどうかの審査を受けることになる。ただし、不公正と判断された場合には、実際上は金銭解決となることが多いとされている。

第3章　経済学からみた有期労働契約

第3章　経済学からみた有期労働契約[1]

佐野　晋平
勇上　和史

　　1　はじめに
　　2　有期労働契約の理論と実証
　　3　有期労働契約法制と労働市場
　　4　日本の有期労働契約法制への示唆

1　はじめに

　過去数十年間の日本の労働市場が経験した大きな変化の1つに、雇用形態の多様化がある。職場において、パートタイマー、アルバイト、契約社員、嘱託社員あるいは派遣労働者などと呼ばれる、いわゆる非正規労働者が増加しており、2012年の総務省『就業構造基本調査』によれば、非正規の職員・従業員は約2,000万人に上る。これは、同年の役員を除く雇用者全体(約5,300万人)の約38％を占め、同調査の開始以来、最高の水準となっている。
　呼称上の非正規雇用の存在は、企業内部の労働市場の慣行、つまり職場における職務配置や処遇をはじめとする各企業の人的資源管理の実態に即したものと捉えられる一方、それを、企業や労働者といった労働市場の参加者の動機や、それを律する法制度のなかに位置づけるためには、より客観的な定義が必要となる。とりわけ、労働時間の長短や労働契約期間の有無といった労働契約の性質が、呼称上の非正規雇用とどのように関わるかは、近年増加する雇用機会の特質を明らかにするために重要であろう(神林 2013。詳細は本章末の参考文献を参照。以下同じ)。その際、特に重要な側面が、労働契約期間の有無が持つ意味で

---

[1]　本稿を執筆するにあたり小葉武史氏(神戸大学)より有益なコメントを得た。また、成尾恵一氏(神戸大学大学院)の研究補助を受けた。ここに記して感謝する。なお、本稿にあり得るべき誤りは筆者の責である。

ある。

　下図は、経済協力開発機構（OECD）の各国について、雇用者に占める有期雇用の割合を比較したものである（数値が得られないアメリカ、韓国、メキシコ、スウェーデンは除外）。ここで、日本については、『就業構造基本調査』の有業者のうち、有期と無期の合計に占める有期雇用の割合を示している。2012年の日本の有期雇用比率は約25％であり、西ヨーロッパのスペイン（約24％）やポルトガル（約21％）と同様に高い水準となっている。これらを含む一部の大陸ヨーロッパ諸国では、無期労働契約に対する厳格な解雇規制の一方、雇用調整の費用が低い有期雇用の利用制限の緩和が、有期雇用の拡大や無期雇用との処遇格差を通じて、労働市場の二極化を招いたとされており、近年、有期雇用のあり方をめぐって積極的な政策提言がなされている。他方、日本においては、2013年4月に施行された改正労契法により、有期労働契約の利用可能期間の上限と無期労働契約への転換が規定され、さらに有期雇用の処遇について不合理な差別が禁止されるなど、有期労働契約に対する雇用保護規制（Employment Protection Legislation）の厳格化へと法政策は変化しつつある（詳細は、第1章）。

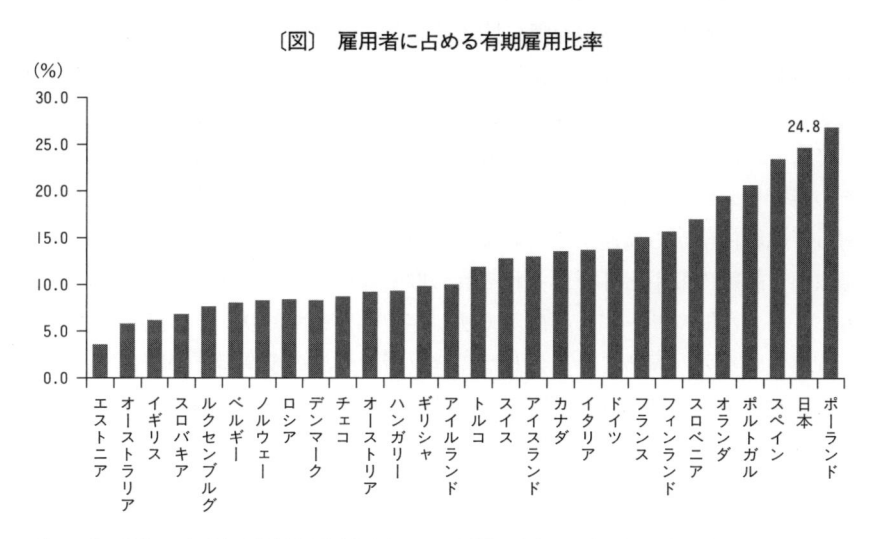

〔図〕　雇用者に占める有期雇用比率

注：日本の数値は、総務省『就業構造基本調査』における有期と無期の合計に占める有期雇用の比率。
出所：OECD. Statおよび総務省『平成24年　就業構造基本調査』より作成。

そこで、本章では、労働契約期間をめぐる経済学の視点と議論の整理を通じて、有期雇用の拡大、あるいは無期雇用と有期雇用の処遇格差について考察することを目的とする。さらに、日本における非正規雇用問題に関する研究と、近年の有期労働契約に関する規制強化の意義を踏まえて、日本における有期労働契約のあり方を検討するための論点を整理する。なお、有期雇用に対する政策については、問題の性質上、主にフランス、イタリア、スペインといった大陸ヨーロッパ諸国の知見を参照する。

以下、2において、労働契約期間の定めの有無に関する経済学の考え方と分析結果を整理したのち、3において、雇用保護規制の変更の帰結について、大陸ヨーロッパを中心とした実証的な知見を整理する。4では、ここまで検討した視点に基づいて、日本の非正規雇用問題に迫った近年の研究と法政策を検討し、日本における有期雇用のあり方を探るための論点を整理する。

2　有期労働契約の理論と実証

(1) 労働契約の特質と有期雇用

労働契約の期間の定めの有無に関する議論の出発点として、そもそもなぜ企業と労働者の間で労働契約が結ばれるかについて考えてみよう。そこには、労働サービスの取引に特有の性質が存在する。[2]

経営者が財やサービスを生産する場合、そのために必要な労働サービスを、その時々において業務委託などによって市場から調達するか、自社で労働者を雇って組織内部から調達するかの2つの方法がある。経済学ではそれぞれを市場取引、組織内取引と呼び、それぞれの取引費用が取引方法の選択を決める。もし、必要な財やサービスの生産方法が定型化されており、その品質や納期の不確実性がないか極めて小さければ、経営者は外部の事業者との間に業務内容や成果物の品質、納期等を明記した外部委託契約を締結し、業務を外注することが効率的である。しかし、実際には生産方法の定型化や労働の成果・品質に

---

[2] Vandenberghe (2009) は、従来の文献を渉猟し、労働契約の典型的特徴について詳細に論じている。また、この観点から、有期雇用（あるいは非正規雇用）と無期雇用の性質を論じた近年の文献に、阿部 (2011)、江口 (2010)、両角 = 神林 (2008) がある。

ついて客観的な評価が困難な業務は多い。また、将来は不確実であり、契約締結前にありうるすべての不測の事態を知り、その対応を特定化することは、極めてコストが高いか不可能である (Klein, 1980)。この場合、契約期間が長くなるほど、事前に契約事項の詳細を決められず、「供給者に期待される事項の細部は契約書に記載されずに、購入者によって後に決定される」(Coase, 1937, p. 392)。このように、契約において、そのすべての事項を第三者（具体的には裁判所）に立証可能な形で規定できないとき、契約は不完備 (incompleteness) となる。契約が不完備であれば、経営者は労働者を直接雇用し、組織内取引によって労働サービスの交換を行う。ただし、不完備契約としての労働契約では、契約の当事者（使用者と労働者）に、契約上の義務を保留したり変更したりする機会主義的な行動をとるインセンティブがあり、それを克服する何らかの工夫が必要となる。

　労働サービスには、それを提供する労働者自身と切り離せないという特有の性質があり、それは労働契約において、主に2つの側面で機会主義の問題を生じる (Rosen, 1988)。第1は関係特殊的な投資における機会主義である。使用者は、職場内外の訓練を通じて労働者に体化された知識や技能（人的資本）を高めることで、労働サービスの質を高めることができる。ここで、人的資本への訓練投資には、どの企業においても有用な一般的技能への投資と、訓練を受けた企業において最も有用な企業特殊的技能への投資がある。ただし、訓練の実施という投資費用の投下と、生産性の発揮という収益の回収には時間的なラグがあり、使用者や労働者には、費用に見合う収益を享受できなければ投資を行うインセンティブはない。一般的技能への投資については、労働移動が自由である限り、訓練後に労働者が離職してしまう可能性があるために使用者には訓練費用を負担するインセンティブはなく、訓練の費用と収益はすべて労働者が負担・享受する。他方、労働者が習得する知識や技能がその企業において最も役に立つ企業特殊的技能への投資の場合は、労使間に投資の費用と収益の分担問題が生じる。理論的には、労使が訓練の費用と収益を分担するような賃金契約を事前に結ぶことができれば、両者には企業特殊的技能への投資のインセンティブが生じる (Hashimoto, 1981)。しかし、生産性の評価が第三者に立証可能でなければ、企業は訓練後の再交渉を通じて事前の賃金契約の履行を破棄する

ことができるから、結果として望ましい水準の人的資本投資が行われない問題が生じる(ホールドアップ問題、Grout, 1984)。このとき、企業の評判効果が十分に機能して裏切りが抑制されるか、あるいはまた解雇規制を通じて雇用保障に関する労使の信頼が醸成されれば、関係特殊的な人的資本投資が促進される(中馬 1998)。

第2は、労働者の契約上の義務の履行における機会主義への対処である。労働者に求められる業務や成果の詳細を契約書に規定できない場合、労働サービスの質と量は労働者の働きぶりに依存する。使用者は賃金の見返りとして労働者に最善を尽くすことを求めるが、現実には、労働者の働きぶりを監視したり、評価したりするには多大なコストがかかるか、技術的に不可能な場合がある。たとえば、成果に基づく報酬システムには、成果の測定誤差、個人が担う複数の業務に関する評価方法、さらにはチーム労働における成果の定義などの技術的問題がある。使用者による労働者の監視や評価が困難な場合には、労働者のサボリを防ぎ、努力を引き出す工夫が必要となる。その1つの方法が、労働者の監視費用を節約しつつ、競争市場で決定される賃金より高い賃金を提示することである (Katz, 1986)。「効率賃金」と呼ばれるこの賃金の下では、サボリが発覚すると解雇されるおそれがあるため、労働者は業務に傾注して高い生産性を発揮する (Shapiro and Stiglitz, 1984)。さらに、賃金契約を「後払いの報酬契約」とすることによって労働者の努力を引き出すことも可能である (Lazear, 1979 ; 1981)。この契約では、初期には労働サービスの価値(生産性)以下の賃金とし、後に生産性より高い賃金に設定する。つまり、労働者は若い時期に企業に一種の保証金を預け、後にそれを取り返す形となるため、サボリのコストが労働者の努力を引き出すことになる。ただし、賃金が労働者の生産性を上回る契約の後期では、使用者には労働者を解雇する誘因が働く。したがってここでもまた、賃金契約の履行を担保するための評判効果が十分に機能すること、あるいは雇用保障に関する労使の信頼関係や法制度の存在が重要となる。[3]

---

[3] ただし解雇規制による雇用保障が、労働者の失職コストを低下させ、労働者のサボリを引き起こす可能性はある。たとえば、Ichino and Riphahn (2005) やScoppa (2010) は、イタリアのデータを用いて、無期雇用に対する雇用保護が、労働者の欠勤というモラルハザードを生むことを実証している。

このように、労働契約において、労働者の業務内容、遂行方法や成果の評価方法を第三者に立証可能な形で規定できない、あるいは働きぶりの監視コストが高い仕事については、労働契約の当事者の機会主義を抑制するために、労働者の努力を引き出す賃金契約や雇用保障に関する労使の信頼醸成などの契約上の工夫が重要となる。

では、労働契約の特殊性は、契約期間とどのように関わるのか。ここで、無期雇用とは契約の期間の定めはないが、労働契約の当事者の一方的な申出によっていつでも解約できる契約形態である。ただし、後にみるように、日本や欧州諸国では、使用者からの解約（つまり解雇）は解雇規制により一定の制限を受ける。一方、有期労働契約は、契約の期間の定めがある反面、契約期間内は双方の契約の当事者の一方的な申出による解約が厳しく制限されている契約形態である。この2つの契約形態がある下で、人的資本への投資を要する仕事、あるいはまた、労働者の働きぶりの監視や評価が困難な仕事について考える。このとき、労使の雇用関係の継続は、無期雇用または短期の有期雇用の反復更新のいずれによっても実現可能である。しかし、有期契約は、更新時には契約事項に関する労使の再交渉が不可避である。新しい契約を締結する際、過去の契約の履行はすでに終わったこと（サンクしている）であり、それは次の契約内容の交渉の材料とはなり得ない。契約の更新時に、過去の成果や人的資本への投資がご破算となるリスクがあれば、労働者には最初の契約から訓練の費用負担や後払い賃金契約を結ぶインセンティブはない。したがって、契約の更新時に使用者の機会主義的な行動が起こりやすい有期労働契約は、人的資本投資を要する仕事や長期に亘るインセンティブ契約には向かない[4]。結局、有期雇用の特徴は、労使ともに契約期間内は一方的な申出によって解約が制限されているという点にこそあり、企業にとっては一定の期間、確実に労働力を確保できることが、労働者にとってもその間の雇用と賃金が保障されることがメリットといえる。

以上のように、契約期間の有無は労働契約の特殊性と密接に関連しており、

---

4) 実証研究においても、短期の有期雇用では、技能向上のための人的資本への投資が乏しいことが明らかにされている（Arulampalam and Booth, 1998; Booth, Francesconi and Frank, 2002; Segal and Sullivan 1997）。

企業特殊的な技能が重要な仕事や、労働者の働きぶりが観察しにくい仕事には無期雇用が、職務の内容や範囲が特定化され、短期間の仕事については有期雇用が適していることになる。

(2) 雇用調整費用の差異

不完備契約論が、労働者が担当する仕事の性質の観点から労働契約期間の特徴を説明するのに対して、もう1つの立場は、労働契約形態の間の労働費用の差異を強調する。

労働サービスの使用にかかる費用には、単位時間あたりの賃金率のほか、社会保険や付加的給付などの必ずしも労働時間に依らない準固定的な費用がある。先に見たように、企業特殊訓練やインセンティブ賃金が適用される無期雇用は、有期雇用に比べてこれらの費用が高くなる傾向がある。加えて、労働契約形態間ではその雇用調整費用の差が大きい (Goux, Maurin and Pauchet, 2001; Dhyne and Mahy, 2009)。企業が最適な労働需要に応じて雇用量を増やすには、労働者一人ひとりについて採用や訓練の費用がかかる。さらに大陸ヨーロッパ諸国や日本においては、無期労働契約について、使用者による正当事由のない解雇を規制し、また解雇の手続や退職金等を法律で定めている場合が多く、これらが無期雇用の雇用調整費用を高めているとされる (OECD, 2004)。他方で、有期労働契約は、原則として期間満了時の契約解消（雇止め）が可能であり、これは雇用調整費用を相対的に低くする。

もちろん、賃金が伸縮的であれば、生産物需要の減少に直面した企業は賃金を引き下げることによって、低下した労働生産性とバランスさせることができる。しかし、無期雇用の賃金は企業特殊訓練や後払い契約などの長期的な観点から設定されている。効率賃金仮説においても、市場賃金より高い賃金水準を維持することで労働者に失職コストを課している。このように賃金が硬直的であるとき、無期雇用と有期雇用の間の雇用調整費用の差は、有期雇用に対する企業の労働需要に2つの性格を与える (Jahn, Riphahn and Schnabel, 2012)。

第1は、景気変動のバッファーストックとしての柔軟な雇用である。たとえば、Garibaldi (2006) は、景気変動に伴う生産性の不確実性に直面している企業にとって、雇用調整が困難な無期雇用と容易な有期雇用の最適な組み合わせ

を分析している。その結果、利潤最大化をめざす企業は、雇用調整が困難な無期雇用のストックを最も労働需要が低い不況期の最適な労働需要にとどめて、好況期には無期雇用に加えて有期雇用をバッファーとして需要し、景気変動に対応することで最善を達成する⁵⁾。また、Berton and Garibaldi (2012) は、摩擦のある労働市場において、企業が有期雇用と無期雇用が利用できる状態で生産物需要の不安定性に対して雇用調整をするとき、無期雇用の充足率が有期雇用のそれよりも高い限りにおいて無期雇用に対する需要が存在するため、均衡において無期雇用と有期雇用が共存することを示している。さらに、バッファーとしての有期雇用は賃金決定にも関連する。既存労働者が組織する労働組合の交渉力に注目するインサイダー・アウトサイダー理論 (Blanchard and Summers, 1986; Lindbeck and Snower, 1988) のアイデアを敷衍した Bentolila and Dolado (1994) は、無期雇用労働者が中心の労働組合が賃金交渉を行う場合、バッファーとしての有期雇用の存在は、賃金上昇が雇用に与える負の効果を緩和するために、組合の交渉力を高めることになり、有期雇用のシェアが高いほど無期雇用の賃金が高くなることを示唆している。

　実証分析の多くは、生産変動のバッファーストックとしての有期雇用の利用拡大を支持している。このうち有期雇用を含む非典型雇用に対する企業の需要動機については、事業所調査に基づいて、生産物需要の変動に対する柔軟性の確保を示唆する結果が報告されている (Houseman, 2001)。定量的分析においても、非典型雇用の利用は、生産の季節性が高い事業所ほど多く (Vidal and Tigges, 2009)、減産が予測される事業所や生産量の不確実性が高い事業所ほど多いことが明らかにされている (Ono and Sullivan, 2013)。さらに、雇用保護規制の変化の効果については、近年、大陸ヨーロッパを中心に各国で相次いだ労働市場の改革をめぐる実証研究が蓄積されており、総じて、有期雇用と無期雇用の雇用保護規制のギャップが、有期雇用の趨勢に影響を及ぼすことを見いだ

---

5) Garibaldi (2006) は、無期雇用に対する金銭的補償による解雇や、有期雇用の高い離職率と欠員の充足率の不確実性という、より現実的な雇用調整費用の想定の下で、生産性の変動や解雇費用がなければ無期雇用が選好されること、他方、有期雇用の欠員の充足に不確実性がなければ有期雇用が選好されることなど、無期雇用と有期雇用に対する企業の需要の選好を簡潔に示唆している。

している。これらは極めて政策的な論点であるため、3において詳論する。

　無期雇用の解雇費用が高い下での有期雇用に対する需要のもう1つの特性は、無期雇用のスクリーニングとしての利用である。採用時に労働者と仕事のマッチの生産性が事前に観察できない場合、ジョブマッチの質は時間の経過、つまり労働者の勤続とともに判明する一種の「経験財」としてみなせる（Jovanovic, 1979）。もとより各国の労働法制では、無期雇用について試用期間が定められているものの、概してそれは有期雇用の法定の上限期間より短く、有期雇用には相対的に長い期間に亘ってジョブマッチに関する情報を蓄積できるメリットがある。さらに有期労働者にとっても、たとえ賃金水準が無期雇用を下回っている場合でも、将来の無期転換の可能性が労働のインセンティブとして機能する側面がある（Guell, 2000; Engellandt and Riphahn, 2005）。ただし、他に良好な就職機会の可能性（アウトサイドオプション）を持つ有期雇用労働者には離職動機も存在する。結局、企業内における有期雇用の無期雇用への移行は、有期雇用労働者のアウトサイドオプションと、（関連規制がある場合は）法定雇用期間の上限に依存する（Guell and Petrongolo, 2007）。労働者の個票データを用いた実証分析によると、スペインの有期雇用から無期雇用への移行は、有期労働契約の開始から1年目と法定雇用期間の3年目にスパイクがあり、特に1年目のスパイクはアウトサイドオプションを保持する高学歴者のみに観察されることなど、理論に整合的な結果を得ている。Portugal and Varejão（2009）は、同様に有期雇用の上限が3年に規制されているポルトガルについて、有期雇用から無期雇用への移行は1年目や2年目に高いことから、有期雇用法制そのものよりは、使用者の採用戦略に依存して無期雇用への移行が行われていると解釈している。[6]

　もっとも、有期雇用から無期雇用への移行の評価は、同一企業内の転換に限られるものではない。失業状態にある者にとって、有期雇用での就業経験が潜在的な使用者に対する労働者の能力のシグナルとして機能し、あるいは一般的技能の蓄積を伴うものであれば、少なくとも一部の労働者にとって、有期雇用が無期雇用への「踏み石」として機能する可能性がある。しかし、現時点では、

6）　Autor（2001）は、アメリカにおいて、人材派遣会社による派遣社員への人的資本投資を通じた能力の選別が、派遣先企業の無期雇用のスクリーニングとして機能していることを示している。

踏み石効果については相反する分析結果が併存しており、明確な結論は得られていない。デンマークの個人データを用いた De Graaf-Zijl, van den Berg and Heyma (2011) は、失業者にとって有期雇用を含む非典型雇用への就業は明確に失業期間を短縮させるものの、無期雇用の就職までの期間は失業を継続した場合と差がないこと、しかし同時に有期雇用を通じて得た無期雇用ほど賃金が高いことを見いだしている。同じくデンマークに関して、Jahn and Rosholm (2010) は、派遣労働の効果について検証し、失業者にとって派遣労働が無期雇用への移行と賃金の両面について踏み石として機能しているとする。また、これらデンマークにおける知見の共通点として、非典型雇用の踏み石効果は、移民や低学歴労働者といった労働市場から排除されやすい労働者ほど高いという点が興味深い。一方、Autor and Houseman (2010) は、アメリカにおける不熟練労働者に対する雇用施策に採用された実験データを利用し、直接雇用に割り当てられた労働者はその後の雇用や収入に正の効果がみられる一方、派遣労働に割り当てられた労働者のパフォーマンスは低く、踏み石効果の存在が確認されていない。

元来、二重労働市場の概念は、労働条件が良好な第一次部門とそれらが劣る第二次部門に労働市場が二分されており、二次部門から一次部門への移動が困難であると定義される (Dickens and Lang, 1985; Doeringer and Piore, 1971)。有期雇用の拡大が有期と無期の二重労働市場を形成するか否かは、有期雇用が無期雇用への踏み石として機能するかどうかに依存しており、今後も研究の蓄積が必要とされている。

(3) 賃金格差と処遇

有期雇用から無期雇用への移行とならんで、両者の処遇の格差は重要な政策課題となっている。従来、有期雇用は無期雇用よりも平均的な賃金が低いことが報告されているが (OECD, 2002; Segal and Sullivan, 1997)、その一部は、労働者の性別や年齢、学歴といった観察可能な個人属性が両者の間で異なっていることによる。しかし、観察可能な属性や職務が全く同じであっても、2つの雇用形態間に賃金格差が生じる可能性がある。

すでにみたように、無期労働契約には人的資本に対する企業と労働者の共同

投資が行われる一方、契約期間が短く、更新時の離職や雇止めのリスクが高い契約形態では、これらのインセンティブはなく、事実、短期雇用者では人的資本投資が乏しいことが報告されている（Arulampalam and Booth, 1998; Booth, Francesconi and Frank, 2002; Segal and Sullivan, 1997）[7]。さらに、企業特殊訓練の有無は、生産性の成長の違いを通じて無期雇用と有期雇用の間の長期的な賃金格差を拡大させる。これは、無期雇用について後払いの報酬契約が適用される場合も同様である。ただしこのとき、雇用形態間で訓練費用や供託金などを控除した正味の賃金が均等化しており、有期と無期が同程度に魅力的であれば、労働者の離職性向に応じた自発的な選別が生じる可能性がある。つまり、学業や家計の事情を抱えた若者や女性、高齢者といった離職性向の高い労働者は有期雇用を、その他の離職性向の低い労働者が無期雇用を選択すると考えられる（Booth Francesconi and Frank 2002）。

　一方で、無期雇用に比べて雇用保障が弱い有期雇用には、多かれ少なかれ企業のバッファー・ストックとしての性質があり、期間満了時の雇止めと失業のリスクという雇用の不安定性がつきまとう。一般に、労働者が賃金だけでなく働き方や職場環境を含めた処遇全体から効用を得るとき、仕事に付随する負の特性は高賃金によって補償される（Rosen, 1986）。こうした補償賃金仮説の考え方にたてば、労働者が仕事から得られる賃金のみならず雇用の安定性を重視する場合、契約期間以外の特性に差がない無期雇用と有期雇用が同程度に魅力的であるためには、不安定な仕事にはそれを補う高賃金が提示され、有期雇用に正の賃金プレミアムが観察される可能性がある。ただし、有期労働契約の終了の客観的なリスクと、有期契約労働者が主観的に雇用不安を感じているかどうかは区別する必要がある。この点について、Clark and Postel-Vinay (2009) によれば、労働者の雇用の安定性の認識は、公共部門の無期契約労働者が最も安定的とする反面、有期雇用が最も不安定であり（民間部門の無期雇用は中間的）、確かに雇用形態によって雇用の安定性の認識は異なることがわかる。し

---

7) Guadalupe (2003) は、有期雇用は、無期雇用に比べて、短期雇用ゆえに安全衛生に関する企業特殊的人的資本への投資のインセンティブが弱いこと、それと同時に、再雇用の確率を高めるために仕事への努力投入が高くなるというそれぞれのインセンティブが、結果として職場の労働災害の発生を高めることを実証的に明らかにしている。

かし一方で、Origo and Pagani (2009) は、雇用保障の認識は雇用形態に依存しないこと、さらに失業保険が寛容であるほど、雇用保障の認識について有期雇用と無期雇用の差がないという興味深い結果を報告している。雇用の安定性をめぐる労働者の認識は、失業時のセーフティーネットまで含めた広範な雇用（所得）保障策にも依存するといえる。

以上のように、観察可能な属性や職務が同一である場合でも、理論的には有期雇用と無期雇用の賃金格差は不確定である。そのため多くの実証研究が、賃金水準と満足度の2つの側面から雇用形態間の格差を検証している。賃金格差に関する従来の研究は、観察可能な属性を一定としても有期雇用者の賃金が無期雇用者のそれより低いことを報告している (Booth, Francesconi and Frank, 2002; Brown and Session, 2005; Jimeno and Tharia, 1993; OECD, 2002)。一方、無期雇用と比べた有期雇用の満足度について、共通の結果は得られていない。Clark and Oswald (1996) は、他の条件を一定として、雇用終了の可能性が低い無期雇用労働者は非典型雇用の労働者に比べて仕事満足度が高いことを示す一方、D'Addio, Eriksson and Frijters (2007) は、パネルデータの利点を活かして性格等の観察不可能な個人の異質性が仕事満足度に及ぼす効果を制御したうえで、賃金や職場訓練などの状況が同じであれば、雇用形態間の満足度の差はないことを明らかにしている。

より明示的に、失業リスクに関する補償賃金を検証する研究として、Del Bono and Weber (2008) は、オーストリアの社会保険データを用いて、個人の異質性と失業の内生性をコントロールした結果、季節労働に伴う失業に対して正の賃金プレミアムを確認している。Bockerman, Ilmakunnas and Johansson (2011) もまた、フィンランドのパネルデータを用いて個人の異質性を制御し、事業所の離職率で図った雇用の不確実性が賃金および満足度に及ぼす効果を検証している。その結果、雇用の不確実性は賃金と正の関係にあること、そのため、（賃金で補償された）雇用の不確実性自体は仕事満足度に何ら影響を与えないことを確認し、補償賃金仮説を支持する結果を得ている。

雇用の不安定性に対する正の賃金プレミアムが示唆される一方で、なお有期雇用と無期雇用の間の賃金格差が存在する。しかし、雇用形態は必ずしも仕事から得られる効用に影響を及ぼしているわけではない。このことは、依然とし

て、データ上は観察不可能な職務の内容や技能レベル、あるいは賃金契約の差異が、雇用形態間の賃金格差に反映されていることを示唆している。

3　有期労働契約法制と労働市場

(1) 雇用保護規制と有期雇用

　有期労働契約法制と労働市場の関係を分析する視点として、雇用保護規制と労働市場の関係を分析した一連の研究が参考になる。雇用保護規制の変化は、離職や入職といったジョブフローを通じて、ストックとしての雇用量や失業、あるいは生産性など、その影響は労働市場全体に及ぶ。ただし、雇用保護規制と労働市場の関係を分析した研究は膨大であるため、本節では一連の研究のうち、有期雇用と無期雇用の雇用保護規制の非対称性に着目した研究、ならびにそれが雇用に与えた効果を検証した近年の実証研究を中心に整理する。[8]

　一般的に、雇用保護規制の変化はジョブフローに影響を与える。雇用保護規制の強化はジョブフローに相反する効果を生むため、結果として労働市場全体の雇用量・失業にいかなる影響を及ぼすかは理論的には必ずしも明確ではない。理論的には、雇用保護の程度を高めることは、一方で、現在雇用されている労働者の解雇が減るために離職は減少するが、他方で、追加的な雇用の際のコストの増加と見なすことができるために新規に雇用される量が減る。労働市場全体の雇用量は、雇用保護規制の強化による新規雇用者の減少と解雇の抑制による雇用の維持の大小関係で決まるため、雇用保護規制の強化と労働市場全体の雇用量あるいは失業者数に与える影響は必ずしも明確ではない。摩擦のある労働市場において求職者と求人が出会うサーチマッチング理論に立脚した場合でも、規制の強化は雇用喪失を減少させる一方で、雇用創出を抑制するため、全体として雇用量・失業への影響は不明確である。

　雇用保護規制の労働市場への影響の経路として生産性への影響があるが、その影響も理論的には必ずしも明確ではない。雇用保護規制の強化が、衰退産業

---

8)　たとえば、このテーマのサーベイとして、Kugler (2007)、Bentolila et al. (2008)、Boeri (2011)、黒田 (2004)、今井 (2008) がある。

から成長産業への労働移動を妨げてしまえば、生産性を引き下げる可能性がある。雇用保護規制の強化は、解雇を抑制することで労働者がさぼってしまい、生産性を引き下げる可能性がある。一方、雇用保護規制の強化により企業特殊的人的資本を蓄積することで、生産性が上昇する可能性もある。

大陸ヨーロッパ諸国を中心に、高い失業率、硬直的な労働市場の解決策として1980年代以降に採用された政策は、無期雇用に対する規制はそのままにして、有期労働契約の利用を緩和するものであった。雇用保護規制に関する近年の研究では、この種の「部分的な改革」に対する評価のために、無期雇用と有期雇用の両者の雇用保護規制を考慮に入れた分析が進んでいる。

このうち、Blanchard and Landier（2002）は、企業は労働者をまず有期雇用として雇い、そののち労働者が企業の求める生産性に達していれば無期雇用に転換し、そうでなければ雇止めするモデルを構築し、有期雇用の規制緩和は、企業が無期雇用に求める生産性を上昇させるため、生産性の低い職が増加すると同時に離職も増え、失業期間が長期化し、経済厚生が悪化する可能性を示した。Cahuc and Postel-Vinay（2002）もまた、マッチングモデルによって無期雇用の雇用調整費用が高い下での、有期雇用の導入の影響を分析し、有期雇用の雇用保護規制の緩和は、確かに雇用創出を増加させるものの、それは離職の増加によって相殺されることを示しており、無期雇用の解雇規制に手を付けない雇用の柔軟化は、経済全体の経済厚生や失業問題の解消の視点から、非効率であることを指摘している。さらに、これらのモデルを拡張した Bentolila et al.（2012）では、無期雇用と有期雇用の雇用保護規制のギャップについて、フランスとスペインを比較している。理論モデルに基づくシミュレーションの結果、有期雇用の利用の制限が緩く、雇用保護規制が弱いスペインでは、フランスに比べて有期雇用と無期雇用の規制のギャップが大きいことが、金融危機以後の両国の失業率の上昇の差を生じさせたことを指摘している。

一方、Boeri and Garibaldi（2007）は、規制の変更が時間を通じた労働需要の変動に与える効果に着目し、不確実性がある下での動学的労働需要モデルに基づいて分析している。モデルの含意として、有期雇用の規制緩和によって企業は有期雇用労働者をバッファーとして雇用しながら、無期雇用の自然減に応じて有期雇用に緩やかに置き換えるために、全体の雇用が増加する効果（ハネ

ムーン効果)があることを指摘し、1995年から2000年のイタリアの企業パネルデータに基づく実証分析によって、規制緩和が全体の雇用量を増加させたことを確認している。

最後に、規制手法に関する研究として、Nunziata and Staffolani (2007) がある。彼らは、動学的労働需要モデルに基づき、①有期雇用の費用を変化させる政策、②無期雇用の調整費用を変化させる政策、および③無期・有期の比率の割当てといった3種の規制手法が雇用に与える影響を分析した。それによると、有期雇用の規制が強化されると有期雇用が減少し無期雇用が増えるが、総雇用量に与える影響は不明確である、さらに、無期・有期比率の規制の強化、すなわち有期の量的規制は、無期雇用を増加させる一方、有期雇用を減少させ、結果として総雇用量も減少させることが示されている。

(2) 国際比較による規制改革の効果の検証

無期雇用と有期雇用の雇用保護規制のギャップや、それぞれの規制の強化が労働市場全体の雇用量あるいは失業者数に与える影響は、ジョブフローへの影響や、有期雇用から無期雇用への移行の程度によって変動するため、理論的に必ずしも明確ではなく、実証的な課題となる。実証分析では、規制の変化が労働市場に与える影響を識別するために、規制の程度が国ごとに異なることを利用したクロスカントリー分析と、特定の国について規制の変化が適用されるグループと適用されないグループの影響を比較する自然実験アプローチによるものがある。まず、前者の結果を紹介する。

Booth, Dolado and Frank (2002) は、OECDのデータを用いて、各国における有期雇用の比率は、無期雇用に対する規制の強さ、および有期雇用に対する規制の強さとそれぞれ正の相関を持つが、その相関は無期雇用に対する規制のほうが強いことを示した。また、Kahn (2007) は、国際比較可能な個人データを用い、各国の雇用保護規制の強さが雇用に与える影響を分析している。推計結果によると、無期雇用に対する雇用保護規制が厳格であるほど、あるいは有期雇用の雇用保護規制が強いほど、働き盛りの労働者が無期雇用になる確率が高いことが示されており、その効果は、やはり無期雇用の規制の方が大きいことを明らかにしている。さらに Kahn (2010) は、各国における雇用保護規

制の変化に着目し、EU 9 か国の個人パネルデータを用いて、雇用形態の選択に影響を及ぼすような個人の観察されない固定効果や地域の失業率などの要因を制御した分析をしている。推計結果によると、有期雇用に関する雇用保護規制の緩和は、有期雇用を増やすが雇用全体は増やさないこと、失業率が高い地域ほど有期雇用、無期雇用いずれの規制の強化も、有期雇用を増やすが、結果として総雇用を増やす結果は得られないとしている。

有期雇用の規制に関する各国の規制について、直接雇用の有期雇用労働者と間接雇用の派遣労働者に対する規制を分けて分析した研究もある。Nunziata and Staffolani（2007）は、1983年から1999年のEUの国別パネルデータを用い、無期雇用は、無期雇用の雇用保護規制と直接雇用の有期雇用の規制とは負の相関関係にある一方、派遣労働に対する規制との間には正の相関関係があることを示した。このことは、派遣労働は無期雇用の代替を促す一方で、有期労働契約が無期雇用への踏み石になっている可能性を示唆している。

(3) 各国における解雇規制改革の効果

クロスカントリー分析の欠点は、規制の変化による労働市場に与える影響が、その規制そのものの効果と識別することができない点である。たとえば、規制の程度が異なる国家間の比較を行ったとしても、マクロ経済の違い、他の制度（充実した社会保障や高い最低賃金）による効果を十分制御した効果とはいえない可能性がある。規制の純粋な影響を検出する方法の1つは、同一国内において、無作為に規制の影響を受けるグループと、影響を受けないグループを割り当て、その成果を比較する実験を行うことである。そのような実験は通常実施できないが、規制の適用範囲が異なることにより、意図せざる結果として実験的な状況が生まれる場合がある。このような偶然生じた実験的な状況を利用した分析は自然実験アプローチと呼ばれ、近年自然実験アプローチにより雇用保護規制の影響を分析した研究が蓄積されている。

雇用保護規制が雇用・失業に与える影響を自然実験アプローチで検証する方法として、代表的な手法は「差の差法（Difference-in-Differences；以下DD法）」である。DD法とは、制度変更の影響を受けたグループ（処置グループ）の雇用量・失業者数の変化と、制度変更の影響を受けないグループ（制御グル

ープ）の雇用量・失業者数の変化を比較することで、制度変更の純粋な影響を抽出する方法である。近年はこの手法を用い、雇用保護規制の変化が労働市場に与える影響の検証が進んでいるが、本小節では、無期雇用あるいは有期雇用に対する規制の変化に着目した、近年の実証結果を紹介する。

　無期雇用の解雇規制の効果について、Kan and Lin (2011) は、台湾における雇用保護規制の変更が、産業や事業所の規模によって異なることを利用し、制度変更が離職に与える影響を分析している。1983〜1995年の事業所レベルの月次データの分析によると、不当解雇規制の強化によって中規模・大規模の事業所の労働者の離職は減ったが、規制の影響を受けなかった小規模事業所の離職は変化していないことを示した。また、Marinescu (2009) は、1999年にイギリスで実施された勤続1〜2年の労働者の雇用保障を高める改革の影響を分析した。推計結果によると、勤続2〜4年の労働者と比べて、勤続1〜2年の労働者の解雇確率は26％低下したこと、勤続0〜1年の労働者の解雇確率も19％低下したことを示した。これは企業がセレクションを強化することによって労働者と仕事のマッチングの質が上がったことを示唆するものである。さらに、Kugler and Pica (2008) は、イタリアにおいて無期雇用の不当解雇時の金銭補償を導入した1990年の改革が、15人未満の企業のみに影響を与えたことを利用し、企業と労働者をマッチさせたパネルデータを用いた分析を行っている。推計結果によると、小企業における解雇費用の上昇は労働者の新規採用と離職をともに引き下げること、特に、雇用の変動が大きいセクターでは雇用の純増がほとんどなく、企業の参入や雇用調整は減るが、企業の倒産確率には影響を与えないことを示した。イタリアにおいて、同様の手法に基づいたその他の研究においても、従業員数15名の閾値前後では有期雇用の雇止め確率と無期雇用の解雇確率が逆転すること (Boeri and Jimeno, 2005)、また、閾値近傍の企業では雇用成長率が低くなることが明らかにされている (Boeri and Jimeno, 2005; Schivardi and Torrini, 2008)。これらは総じて、無期雇用の厳格な解雇規制が、離職とともに入職を抑制することを示唆している。

　雇用保護規制の改革が有期雇用に与える影響についてはどうか。Kugler,

　9）DD法の詳細はAngrist and Pischke 2008を参照のこと。

Jimeno and Hernanz (2002) は、1997年にスペインで導入された、不当解雇時の金銭補償が通常より大幅に減額された「雇用促進契約」(Centrato de Fomento de la Contratación Indefinida) の効果を検証するため、その適用範囲が30〜45歳以外の労働者に適用されることを利用した DD 推計を行った。推計結果によると、雇用調整費用の低い「雇用促進契約」の導入は若年の無期雇用率を上昇させるが、高齢者への影響は観察されないこと、若年・高齢者ともに失業あるいは有期雇用から無期雇用への移行確率は上昇すること、男性高齢者の無期雇用から非雇用(自営的就労)の移行確率が上昇したことなどが示された。同様に、Dolado, García-Serrano and Jimeno (2002) は、「雇用促進契約」の導入は、限定的ながら有期雇用を減少させる効果があったとしている。

より直接的に有期雇用の雇用保護規制の改革の帰結を検証した研究として、Yoo and Kang (2012) は、2007年に韓国において導入された、有期雇用労働者を2年で無期雇用に転換するルールを分析している。彼らは、55歳以上の労働者について無期転換ルールが適用されないことに着目し、55歳をわずかに上回るグループを制御グループ、55歳をわずかに下回るグループを処置グループとした DD 推計により、有期雇用の規制強化が労働市場に与える影響を分析した。実証結果によると、制度変更後の有期雇用の時系列的な変化はU字型であり、改革直後に短期的に減少し、その後は回復傾向を見せること、また、無期雇用はわずかに増加するが、労働者全体では、やはりU字型の影響があることを発見した。

これらの実証研究より、有期労働法制と労働市場の関係について考えると、以下のようにまとめられる。有期の規制強化は総雇用に対して負の影響を及ぼす可能性が高いと考えられる。ポイントは有期雇用から無期雇用への転換になるが、無期雇用の規制が強い下では転換が進まない可能性が高い。日本のケースとして参考になるのは韓国について分析した Yoo and Kang (2012) だが、彼らの結果によると、無期転換ルールは、一時的に無期雇用を増やすが、有期雇用を減らす可能性が示唆される。ただし、以上の結果は、各国の労働市場を決定づけるその他の要因の影響を受けている可能性があることは否定できない。日本においても、自然実験アプローチを利用した実証研究により厳密に評価されるべき問題である。

4 日本の有期労働契約法制への示唆

(1) 日本における有期雇用

　日本の経済学研究では、これまで、有期雇用の課題は、より広く非正規労働者の増大やその処遇の問題として注目されてきた。その背景には、正規雇用との処遇格差が、パートタイム労働者、契約・嘱託社員ならびに派遣労働者といった、呼称上の非正規雇用との間に大きく存在するという問題がある。そして、正規雇用がほぼ無期雇用と同義であるという実態に照らして、担当する業務の性質や雇用調整費用の視点から、正規雇用とそれ以外の雇用形態について、主に企業の労働需要サイドの検証が進められてきた。

　たとえば、　砂田＝樋口＝阿部（2004）は、非正規労働者の増大の要因として、情報化による業務の定型化の進展に注目し、企業別パネルデータを用いて情報通信技術の導入が正規雇用比率に及ぼす影響を検証している。その結果、多くの産業において、情報化の進展は正規労働節約的な技術変化と解釈され、技術変化が既存の職務内容を変質させることを通じて、非正規雇用（ここではパート）を拡大する可能性を示唆している。一方、森川（2010a）は、生産物需要の変動が非正規雇用の需要に与える効果を検証している。企業パネルデータに基づき、1990年代半ばから約10年間における売上高成長率の標準偏差で測った企業業績の不安定性は、非正規雇用比率を高める要因であること、特に派遣労働者や臨時・日雇労働者への依存度を高める傾向があることを見いだしている。これらの研究を踏まえて、浅野＝伊藤＝川口（2011）は、企業をとりまく外生的な要因の変化の効果を総合的に検証している。彼らは、1980年代半ば以降、約20年間の非正規労働比率の上昇について、産業構造や労働力人口構成の変化で説明できる部分は1/4程度にとどまることを確認した上で、企業の労働需要の変化の要因を分析している。1990年代後半から2000年代の企業パネルデータを用いて、売上高の不確実性と情報通信技術の導入が非正規（ここではパート）比率に与える効果を検証した結果、非正規雇用は、売上げの変動に伴う雇用調整のバッファーストックとして機能しており、また情報通信技術の導入は、非正規雇用比率を上昇させるとの結果を得ている。

他方、阿部（2011）は、人事労務管理に関する事業所調査に基づき、企業が行う人的資本投資が企業特殊的であるほど、直接雇用の労働者に占めるパート・アルバイトや契約社員等の非正規雇用比率が高いこと、また非正規を対象とした雇用管理制度がある企業ほど非正規雇用比率が高いことを示し、非正規雇用に対する企業の需要として正規雇用へのスクリーニング仮説が支持されると解釈している。つまり、正規雇用の高い雇用調整費用の存在は、非正規雇用を単なるバッファーストックとしてだけでなく、正規雇用のスクリーニングとして、一部の企業の採用戦略に影響を及ぼしているとされる。事実、個人の職歴が識別できるデータを用いたいくつかの研究は、企業内部における非正規から正規への移行を確認している。たとえば、四方（2011）は、同一企業内における移行を含めた非正規から正規への移行確率を分析した結果、日本の非正規雇用から正規雇用への移行は諸外国に比べて低いものの、その主な経路は同一企業内の移行であること、ただし男女差が顕著であり、移行は主に男性にみられると報告している。同様に、個人の回顧データから過去の非正規から正規雇用への移行を検証した小杉（2010）は、同一企業内の移行が男性や高学歴者に多いことを確認したうえで、非正規雇用期間中の職場外訓練（Off-JT）の受講や自己啓発が移行を高めること、正規雇用並みの労働時間の勤務者が正規雇用に登用される確率が高いことを明らかにしている。なお、転職による非正規から正規への移行について、玄田(2008a)は、非正規雇用としての前職経験が2〜5年程度の場合に最も正規雇用に移行しやすいとしている。また、Esteban-Pretel, Nakajima and Tanaka（2011）は、初職の非正規雇用経験は、短期的には学卒後の無業よりは正規への移行を高めるが、長期的な正規雇用比率では無業と差がないことを示しており、学卒後の非正規雇用経験は、正規雇用への架け橋でも行き止まりでもないとしている。日本の非正規雇用については、平均的にはその踏み石効果がクリアに現れていないものの、一部の労働者については、非正規雇用経験が企業内外を通じて正規雇用への移行を高める可能性があるといえよう。

　日本の研究に見られる正規と非正規という2つの雇用類型の強調は、確かに、呼称上の非正規雇用が拡大を続ける日本の文脈において重要である。しかし、そこには理論的にも実証的にも2つの問題がありうる。

第1は、労働契約期間との関係である。この点について、神林 (2010) ならびに Kambayashi and Kato (2012) は、政府統計の個票データを基に、呼称上の非正規労働者と契約上の非正規労働者（有期労働者）を区別した場合、1990年代後半以降、統計上の「常用・非正規」、つまり労働契約上は非正規ではない呼称上の非正規労働者が急増したことを明らかにしている。また、雇用の安定性や賃金、教育訓練機会といった雇用の質についても、他の条件を一定として、労働契約形態よりは呼称上の差異が強い影響を及ぼすとしている。このことは、呼称上の雇用類型と労働契約期間を前提とした理論とは、一義的には対応しないことを示唆している。

　第2に、呼称上の雇用類型についてみても、二分法の強調には、近年多様化する非正規（あるいはまた正規）内部の雇用区分への視点が欠落するうらみがある（玄田 2008b、守島 2011、小倉 2013）。たとえば、正規労働者に対する日本企業の解雇回避慣行の形成と変容を論じた仁田 (2008) は、戦前の臨時工・人夫問題から戦後の非正規雇用に至る問題を、リスク回避とコスト削減を目的とする多様な就業形態の量的管理を概念化した「雇用ポートフォリオ・システム」の観点から整理している。そこでは、企業の就業者構成における労働者の技能と雇用リスクの組み合わせが強調され、特に、1990年代以降の企業の雇用ポートフォリオにおいて、より基幹的な業務を担当する非正規社員としての契約社員（と製造請負社員）の雇用拡大が指摘されている。同様に、平野 (2009) は、「人材ポートフォリオ」の考え方に基づき、人的資本の特殊性と（業務評価の観点に基づく）業務の不確実性の2つの測定尺度を用いて、内部労働市場における雇用区分を検証している。大阪府下の事業所調査を用いた実証分析の結果、契約社員ならびに一部のパートタイム労働者は、正規とその他の非正規との「ハイブリッド」であることを示している。これらは、必ずしも労働契約期間の有無を識別したものではないものの、契約が反復更新された長期雇用の「質的に基幹化された非正規」の存在を示唆するものといえる。

　以上をまとめると、日本における非正規雇用の労働需要の内実に迫った近年の研究によれば、雇用形態間の非対称な雇用保護規制の下で、企業の生産物需要の不確実性の増大がバッファーストックとしての非正規雇用を拡大させたこと、さらに、技術革新による業務の標準化が正規雇用需要節約的に作用したこ

とが指摘される。一方で、非正規雇用の経験は、一部（たとえば男性）の労働者については、正規雇用への移行の踏み石として機能している可能性があることも示唆されている。ただし、これまでの研究は、労働契約形態上の雇用類型と呼称上の雇用類型が区別されることが乏しく、労働契約形態に対応した労働法制の影響は必ずしも自明ではないといえる。

(2) 労契法の改正の趣旨

　以上で確認された非正規雇用に対する需要の特性を踏まえて、2013年4月に施行された改正労契法の改正の趣旨を検討する。今般の改正法の柱として、有期労働契約に関する、①期間の定めのない労働契約への転換、②雇止め法理の法定化、③不合理な労働条件の禁止の3つが挙げられる。このうち、①と②は有期労働契約の出口の規制として、③は有期労働契約の内容の規制としての性格を有する。

　2012年8月に成立した改正法の趣旨は、その前年の労働政策審議会による厚生労働大臣に対する建議（2011年12月26日）に示されている。建議では、有期労働契約のあり方に関する労働条件分科会の報告として、「有期労働契約が雇用の確保や業務量の変動への対応に一定の役割を果たす一方で、労働者の継続的な能力形成や処遇の改善における課題も指摘されている」という現状認識を提示している。そのうえで、前記①について、現状の「有期労働契約の長期にわたる反復・継続への対応」として、「有期契約労働者の雇用の安定や有期労働契約の濫用的利用の抑制のため」に、有期労働契約が5年を超えて反復更新された場合は、有期契約労働者の申込みにより無期労働契約に転換させる仕組みの導入が適当であると指摘し、これは労契法18条に反映されることとなった。[10]

　したがって、反復更新による5年を超える有期労働契約の禁止が、使用者による「有期労働契約の濫用的利用を抑制」し、「雇用の安定」をもたらすかどうかがポイントとなる。これは、現実の有期労働契約に対する需要の性質に深くかかわる。すなわち、有期労働契約に関する出口規制の導入の影響は、契約

---

10) ただし、2013年12月に成立した改正研究開発力強化法により、大学や研究機関などで科学技術の研究に携わっている有期契約労働者については、特例として10年に延長されることとなった。

の反復更新という分科会報告が指摘する「濫用」の実態が、無期雇用の代替なのか、あるいは定型的・短期的な業務に関する労働契約が結果的に長期化したものにすぎないのかに依存する。もし有期雇用と無期雇用が生産性において同質的で解雇あるいは雇止めの雇用調整費用のみに差があれば、企業は有期雇用をバッファーストックとして需要する。このとき、有期労働契約の利用可能期間に関する規制は、規制導入前より短期間で有期労働者が離職する事態を招来し、その欠員の充足には不確実性が生じる。有期雇用の利用には、将来の景気拡大期の欠員未充足というコストが生じるため、企業は無期雇用を増加させて不況期にも抱え込む一方、好況期の有期雇用の需要を減少させる可能性がある(Garibaldi, 2006)。では、同一の使用者の下での契約の反復更新の実態が、定型的・短期的な業務の労働契約が結果的に長期化したものにすぎない場合はどうか。このとき、出口規制の導入は、有期雇用の利用可能期間未満の雇止めと欠員の繰り返しのオファーを引き起こす一方、無期雇用の需要には影響を及ぼさないと考えられる。[11] さらに、今回の改正法では、前記②のように、従来、判例として確立していた「雇止め法理」が法定化された。この法理では、契約が反復更新されて雇用関係の継続が労使間で期待される状況については、無期雇用と同じようにみなす解雇権濫用法理が類推適用される。この判例上のルールが、より認識可能性の高い制定法に盛り込まれたことから、有期労働契約の長期の利用について、企業の雇用リスクが明確化されたといえる。その結果、本来的に定型的かつ短期の業務については、直接雇用に関する規制回避の観点から、派遣や業務処理請負への代替が進行することもありうる。[12] 事実、先に取りあげたYoo and Kang (2012) は、2007年に韓国で実施された有期労働契約の2年までの利用期間規制の導入が、無期雇用を増加させる一方、有期雇用は約2年に亘って減少した後に回復することを発見し、後者の解釈として、法改正後の

---

11) 分科会報告では、この点について「利用可能期間到達前の雇止めの抑制策の在り方については労使を含め十分に検討することが望まれる」とされ、将来の実態を踏まえて無期転換の仕組みを検討することが付言されている。

12) 奥平ほか (2011) は、パート・アルバイトといった直接雇用に比べて派遣労働者から正規雇用への移行が低いことを発見し、その理由として、派遣労働は、企業にとって直接雇用に関する雇止め法理を回避し、純粋なバッファーとして需要されたためであると解釈している。

有期雇用に対する負の効果が喧伝されたことによる使用者の「過剰反応仮説」とともに、直接雇用の有期労働契約から派遣や業務処理請負等の外部雇用への切り替え（「回避仮説」）の可能性が提示されている。翻って日本についてみると、前述の平野（2009）は、非正規雇用のなかでも契約社員はその担当業務の質的側面において正規雇用に近いとする。つまり、有期雇用が無期雇用の代替であれば、新たな規制は有期雇用を減少させ、無期雇用を増加させる可能性がある。もとより、その影響を見極めるためには、反復更新された長期雇用の有期契約労働者について、さらにその内実に迫る必要がある。

　有期雇用から無期雇用への転換もまた、有期労働契約に対する需要の性質に依存する。そのうえで、5年目以降の無期転換権の発生が無期への移行に資するかどうかは、労働者のスクリーニング期間の実態によるところが大きい。2でみたように、おおむね3年の法定雇用期間が定められている南欧諸国においても、スペインでは法定雇用期間の上限における移行が目立つ一方（Guell and Petrongolo, 2007)、ポルトガルでは1年目や2年目の移行が高く、移行期間は法定雇用期間よりは使用者の採用戦略に依存するとされる（Portugal and Varejão, 2009)。他方、更新回数の制限が存在しなかった日本においては、雇用期間の影響は必ずしも明確ではない。先に挙げた小杉（2010）および四方（2011）によれば、同一企業内の非正規雇用から正規雇用への移行は、勤続1年目が最も高い可能性が示唆されるが、推計誤差が大きく、その影響は統計的に有意ではない。ただし、非正規の属性別の移行に関して、四方（2011）では、男性、若年層、30人未満の小企業勤続者あるいは正規雇用を望む者が、小杉（2010）によれば、男性、若年者、高学歴者の企業内の移行が相対的に高い。残念ながらサンプルサイズの制約もあり、労働者の属性別に勤続期間の影響が異なるかどうかは明らかにされていない。もしこれらの労働者のスクリーニング期間が1年程度のごく短期間にとどまるものであれば、利用可能期間の設定は正規雇用への転換の実態に大きな影響を及ぼさないとも考えられる。無期転換に関する期間の設定がどのような有期雇用の移行に実効性を持つのかについては、今後、属性別の検証を進める必要がある。

　最後に、内容の規制（不合理な労働条件の禁止）について検討する。改正労契法では、その20条において、有期労働契約の労働条件が、同一の使用者の下で

の無期労働契約の労働条件と相違する場合は、業務内容・責任の程度といった職務の内容と、職務内容・配置の変更の範囲とその他の事情を考慮して不合理であってはならないと定められた。ここでいう労働条件には、労働契約の内容である災害補償、服務規律、教育訓練、付随義務、福利厚生などの一切の待遇が含まれており、合理性が問われる対象は狭義の労働条件である賃金・労働時間にとどまらない点で広範囲に及ぶ。しかし同時に、「職務内容や配置」といった企業の人事管理上の有期と無期の相違、あるいは「その他の事情」として労使の合理的慣行を考慮することが想定されており[13]、雇用形態別の人事管理への配慮がなされている。先にみたように、有期雇用と無期雇用は関係特殊的投資の有無、効率賃金や後払い賃金の有無という点で、その職務配分や賃金決定メカニズムは異なる可能性がある。具体的には、無期雇用の正社員は、職能資格制度の下での定期昇給と昇進・昇格、査定等によるインセンティブが適用され、その賃金は必ずしも担当職務の生産性に一致しないだろう。それに対して、短期の有期雇用には労使ともに関係特殊的投資のインセンティブは乏しく、その賃金は職務の生産性に応じた競争的賃金が設定される傾向が強い。事実、浅尾（2010）によれば、年齢、学歴、職種といった属性調整済みの正社員と契約社員あるいは派遣労働者との格差は、若年層では低く（正社員100に対して、約92～113）、加齢とともに拡大する傾向にあり、正社員について、長期にわたる雇用関係におけるインセンティブを論じた前記の理論とも整合的である。

　他方、労働法上の観点からみると、強い解雇回避努力が求められる無期雇用について、使用者にはその職務や配置に関する強力な人事権が認められていることから、労使ともに、無期と有期の雇用契約の選択には、雇用保障の程度と職務内容・配置の変更可能性のトレードオフ関係が存在する。近年、いくつかの研究が、アンケートによる仮想的質問によって、雇用形態に付随する（労働者にとっての）負の仕事特性の補償賃金を直接的に調べている。具体的には、他の条件を一定とした場合に、正規雇用に対する非正規雇用の「雇用の不安定性」と、非正規雇用に対する正規雇用の「制約・拘束」（望まない転勤や異動の受け入れ）といった負の仕事特性が考察の対象となる。その結果、これらの仕

---

[13] 厚生労働省『労働契約法のあらまし』（2012年12月）39頁。

事特性に対する賃金の上乗せ分は、非正規雇用労働者の回答では雇用の不安定性が約20％、異動・転勤は約27％（鶴ほか 2013）とされ、労働者全体ではともに10〜20％程度（森川 2010b）と報告されている。

このようにみると、正規と非正規のそれぞれには、労働契約上のインセンティブや、金銭的に補償されるべき負の仕事特性が付随しており、それらはすべて、中長期的な観点を含む雇用形態間の仕事や役割の相違に根ざしているともいえる。したがって、企業横断的な職務の概念やその評価システムが整備されていない現在の日本の労働市場においては、有期雇用と無期雇用の間に実際に観察される処遇の格差がどの程度不合理であるかの判断は、にわかには困難であるといえる。しかし同時に、企業の非正規雇用の活用が進むなかでも、その処遇の根拠となるべき人事考課や等級制度等の各種の雇用管理制度が整備されている企業は、全体の半数以下にとどまるとの報告もある（有賀＝神林＝佐野 2008; 85頁表4）。したがって、改正法は、福利厚生や安全管理といった、人事管理上も相違を設けることが合理的とは認め難い処遇格差について規制するとともに、ただちに不合理とは認められない処遇の相違についても、各企業における雇用形態別の能力開発や処遇、評価、賃金制度といった人事管理制度の明確化を促すことで、まずは、内部労働市場の合理性に配慮した処遇ルールの整備を促す効果があるといえよう。[14]

(3) 有期労働契約のあり方の検討に向けて

以上のように、有期雇用の経済分析は、諸外国では無期雇用と対比する形で、日本では正規雇用に対する非正規雇用問題の文脈のなかでそれぞれ論じられてきた。なかでも、一部の大陸ヨーロッパ諸国では、1980年代以降、無期雇用の規制を手つかずにしたままで有期雇用の規制を緩和するという、雇用保護規制の「部分的な改革」（Blanchard and Landier, 2002）あるいは「マージナルな改革」（Boeri and Garibaldi, 2007）を実施した。そして改革は、労働市場において保護された部門と保護されない部門の二重化を生み、同時に、失業給付による所得

---

14) これはすでに短時間労働者に関する均衡処遇について、指摘されてきた点でもある（たとえば土田 2004）。

補助が受けられる失職者の範囲が縮小することで、失業保険が持つ雇用の安定化機能に負の影響を与えたとされる（Boeri, 2011）。

大陸ヨーロッパの中でも、深刻な労働市場の二重化を経験したスペインやイタリア、フランスといった地中海沿岸諸国では、近年、二重化の根源とされる無期雇用と有期雇用の雇用保護規制のギャップの解消に向けた最終的な解答として、「単一労働契約」が提言されている（Blanchard and Tirole, 2003; Bentolila, Dolado and Jimeno, 2008; Cahuc and Kramarz, 2005; García Pérez and Osuna, 2012）。それは主に2つの施策からなる。[15] 第1に、労働契約期間の区別を解消し、企業による雇用の解消（解雇、雇止め）に際して勤続比例の退職金を義務づける形で労働契約を一本化することで雇用調整費用の非対称性を解消し、さらに、裁判所の役割を解雇に係る事前に定められた手続の妥当性のみをチェックする形に限定することで、無期雇用の解雇に係るコストと不確実性を低減する。理論モデルによるシミュレーションによれば、これらは企業の雇用消失を低下させ、失業率を改善することが示されている（García Pérez and Osuna 2012）。第2に、企業による雇用の解消（解雇、雇止め）に課税（layoff tax）することで、その限界費用を上昇させてマクロ的に非効率な雇用の解消を抑制するとともに、失業保険制度を企業負担によって運用するというものである。つまり、無期雇用を主な対象とした従来型の企業内における雇用保障ではなく、外部労働市場の機能を強化することによって、すべての労働者の「職業的社会保障」（Cahuc and Karamarz 2005）を図るとされる。

こうした経済学による解答を受けて、これらの諸国では、実際に二重構造の解消に向けた様々な施策の導入が試みられている。たとえば、フランスでは、2005年に一定期間は解雇が制限されない無期の「新雇用契約」（CNE）が導入され、同種の契約は、若年者を対象とした「初回雇用契約」（CPE）として導入が試みられた。ただし、いずれも短期間で廃止されている。一方、1990年代初めに欧州最大の有期雇用大国となったスペインでは、90年代半ば以降、雇用保護規制の非対称性を緩和する試みが現在に至るまで継続されている。有期労

---

15) 具体的な制度設計については、Blanchard and Tirole（2003）、pp. 36-39 および Cahuc and Kramarz（2005）、pp. 143-159 を参照。

働契約の利用の制限（1994年）、無期雇用について、不当解雇時の金銭補償が通常より大幅に減額された「雇用促進契約」の導入（1997年）とその適用範囲の拡大、「雇用促進契約」あるいは有期雇用から無期雇用への転換に対する社会保険料の減額、有期雇用の雇止め時の金銭補償の導入（2001～2002年）とその増額などである（Bentolila, Dolado and Jimeno, 2008）。さらに、2010年6月に政府が承認した新たな労働規制改革では、「雇用促進契約」の金銭補償の規定が無期雇用全般に適用されることとなり、その一方で、有期雇用については契約の更新や期間の規制を強化し、退職時の金銭補償の漸進的な増額が図られている。

　翻って日本についてみれば、果たして有期と無期の雇用調整費用の非対称性がどの程度の大きさなのかは、議論の余地がある。とりわけ、無期雇用に対する雇用保護規制については、その厳格さに関する指標の取り方の問題がかねてより指摘されており（黒田 2004）、先進国でも解雇規制が厳しい国とされる場合もあれば（OECD, 2004）、アメリカやイギリスといったアングロサクソン諸国に次いで解雇が容易とされる場合もある（Boeri, 2011）。したがって、日本において、無期雇用に対する雇用保護規制が、どの程度、非正規雇用の拡大に寄与したのかについてはさらなる検討が必要である。

　他方、従来の有期労働法制については、契約期間に関する消極的な内容の規制にとどまっており、その雇用保護規制が緩やかであることは衆目の一致するところであろう。その意味で、今回の労契法の改正は、不合理な労働条件の禁止によって有期労働契約の内容の規制に踏み込み、さらに利用可能期間の上限の設定と雇止め法理の明文化によって出口規制を設けたという点で、欧州型の規制の強化を図ったものとも解される。しかし、5年という比較的長い利用可能期間の規定は、企業による有期労働契約の利用を短期にとどめることで、無期雇用の代替利用の防止には資すると思われる一方、雇止めに際して金銭的な補償は義務づけられていないため、有期雇用の雇用調整費用にはほとんど影響を及ぼさないと考えられる。雇用調整費用の非対称性の緩和、ならびに有期労働契約に付随する雇用の不安定性の補償の観点からは、勤続比例等による退職手当の法定化を検討する考え方もあるであろう（鶴 2011）。さらに、5年目以降の無期労働契約への転換の規定が、改正法が意図する労働者の雇用の安定に

資するかどうかは、企業の有期雇用の活用実態に依存する。すでにみたように、非正規労働者のなかでも、一部のパートタイム労働者や契約社員は、正社員につぐ基幹的な業務の担い手として（仁田 2008）、あるいは非正規と正規のハイブリッド（平野 2009）としての特徴が指摘されている。近年、無期雇用の正社員のなかでも、仕事内容やキャリアパスについて明確に区別した「多様な正社員」施策をとる企業がみられており（守島 2011）、企業の多様な雇用管理施策に対応した法制度の整備もまた、有期雇用から無期雇用への転換を促進するために必要であろう。

ただし、以上の政策を考える上でも、さらなる実態の把握が必要である。日本の有期雇用については、本格的な統計データの整備は比較的最近のことであり、その実態を明らかにしつつ、労働法制の影響について分析を深める必要がある。

◆参考文献◆

Angrist, Joshua D. and Pischke, Jörn-Steffen (2008) *Mostly Harmless Econometrics*, Princeton Univ. Press

Arulampalam, Wiji and Booth, Alison L. (1998) "Training and Labour Market Flexibility: Is There a Trade-off?" *British Journal of Industrial Relations* Vol. 36, No. 4, pp. 521-536

Autor, David H. (2001) "Why do Temporary Help Firms Provide Free General Skills Training?" The *Quarterly Journal of Economics*, Vol. 116, No. 4, pp. 1409-1448

Autor, David H. (2003) "The Contribution of Unjust Dismissal Doctrine to the Growth of Employment Outsourcing" *Journal of Labor Economics*, Vol. 21, No. 1, pp. 1-42

Autor, David H., Donohue III, John J. and Schwab Stewart J. (2006) "The Costs of Wrongful-Discharge Laws" *The Review of Economics and Statistics*, Vol. 88, No. 2, pp. 211-231

Autor, David H. and Houseman, Susan N. (2010) "Do Temporary-Help Jobs Improve Labor Market Outcomes for Low-Skilled Workers? Evidence from "Work First"" *American Economic Journal: Applied Economics*, Vol. 2, No. 3, pp. 96-128

Bentolila, Samuel, Cahuc, Pierre, Dolado, Juan J. and Le Barbanchon, Thomas (2012) "Two-Tire Labour Markets in the Great Recession: France Versus Spain" *The Economic Journal*, Vol. 122, pp. F155-F187

Bentolila, Samuel, Dolado, Juan J., Franz, Wolfgang, and Pissarides, Christopher (1994)

"Labour Flexibility and Wages: Lessons from Spain" *Economic Policy*, Vol. 9, No. 18, pp. 53-99

Bentolila, Samuel, Dolado, Juan J. and Jimeno, Juan F. (2008) "Two-Tire Employment Protection Reforms: The Spanish Experience" *CESifo DICE Report*, Vol. 6, No. 4, pp. 49-56

Berton, Fabio and Garibaldi, Pietro (2012) "Workers and Firms Sorting into Temporary Jobs" *The Economic Journal*, Vol. 122, pp. F125-F154

Blanchard, Olivier and Landier, Augustin (2002) "The Perverse Effects of Partial Labour Market Reforms: Fixed-Term Contracts in France" *The Economic Journal*, Vol. 122, pp. F214-F244

Blanchard, Olivier and Summers, Lawrence H. (1986) "Hysteresis and The European Unemployment Problem" in Stanley Fischer, editor, *NBER Macroeconomics Annual 1986*, Vol. 1 MIT Press, pp. 15-78

Blanchard, Olivier and Tirole, Jean (2003) "Contours of Employment protection reform" *Working Paper Series* 03-35, Massachusetts Institute of Technology Department of Economics

Bockerman, Petri, Ilmakunnas, Pekka and Johansson, Edvard (2011) "Job Security and Employee Well-Being: Evidence from Matched Survey and Register Data" *Labour Economics*, Vol. 18, No. 4, pp. 547-554

Boeri, Tito (2011) "Institutional Reforms and Dualism in European Labor Markets" Orley Ashenfelter and David Card eds. *Handbook of Labor Economics*, Vol. 4b, Elsevier B.V., Ch. 13, pp. 1173-1236

Boeri, Tito and Garibaldi, Pietro (2007) "Two Tier Reform of Employment: A Honeymoon Effect?" *The Economic Journal*, Vol. 117, pp. F357-F385

Boeri, Tito and Jimeno, Juan F. (2005) "The Effects of Employment Protection: Learning from Variable Enforcement", *European Economic Review*, Vol. 49, No. 8, pp. 2057-2077

Booth, Alison L., Dolado, Juan J. and Frank, Jeff (2002) "Symposium on Temporary Work: Introduction" *The Economic Journal*, Vol. 112, pp. F181-F188

Booth, Alison L., Francesconi, Marco and Frank, Jeff (2000) "Temporary Jobs: Who Gets Them, What Are They Worth, and Do They Lead Anywhere?" *ISER Working Paper Series*, 13

Booth, Alison. L., Francesconi, Marco and Frank, Jeff (2002) "Temporary Jobs: Stepping-stones or Dead Ends?" *The Economic Journal*, Vol. 112, pp. F189-F215

Booth, Alison. L., Francesconi, Marco and Frank, Jeff (2003) "Labour as a Buffer: Do Temporary Workers Suffer?" *IZA Discussion Paper Series*, No. 673

Brown, Sarah and Sessions, John G. (2005) "Employee Attitudes, Earnings and Fixed-term Contracts: International Evidence" *Review of World Economics*, Vol. 141, No. 2, pp. 296-317

Cahuc, Pierre and Kramarz, Francis (2005) De la précarité à la mobilité : vers une sécurité sociale professionnelle, Rapport au minister de L'Economie, des Finances et de l'industrie et au minstre de l'Emploi, du Travail et de la Cohesion sociale

Cahuc, Pierre and Postel-Vinay, Fabien (2002) "Temporary Jobs, Employment Protection and Labor Market Performance", *Labour Economics*, Vol. 9, No. 1, pp. 63-91

Clark, Andrew E. and Oswald, Andrew J. (1996) "Satisfaction and Comparison Income" *Journal of Public Economics*, Vol. 61, No. 3, pp. 359-381

Clark, Andrew and Postel-Vinay, Fabien (2009) "Job Security and Job Protection" *Oxford Economic Papers*, Vol. 61, No. 2, pp. 207-239

Coase, Ronald H. (1937) "The Nature of the Firm," *Economica*, Vol. 4, No. 16, pp. 386-405

D'Addio, Anna Cristina, Eriksson, Tor and Frijters, Paul (2007) "An Analysis of the Determinants of Job Satisfaction When Individuals' Baseline Satisfaction Levels May Differ" *Applied Economics*, Vol. 39, pp. 2413-2423

De Graaf-Ziji, Marloes,. van den Berg, Gerad J. and Heyma, Arjan (2011) "Stepping Stones for the Unemployed: the Effect of Temporary Jobs on the Duration until (Regular) Work" *Journal of Population Economics*, Vol. 24, No. 1, pp. 107-139

Del Bono, Emilia and Weber, Andrea (2008) "Do Wages Compensate for Anticipated Working Time Restrictions? Evidence from Seasonal Employment in Austria" *Journal of Labor Economics*, Vol. 26, No. 1, pp. 181-221

Dickens, William T. and Lang, Kevin. (1985) "A Test of Dual Labor Market Theory," *American Economic Review*, Vol. 75, No. 4, pp. 792-805

Dhyne, Emmanuel and Mahy, Benoit (2009) "The Use of Fixed-term Contracts and the Labour Adjustment in Belgium," *Working Paper Research* No. 169, National Bank of Belgium

Doeringer, Peter B. and Piore, Michael J. (1971) *Internal Labor Markets and Manpower Analysis*, Lexington Books

Dolado, Juan J., García-Serrano, Carlos and Jimeno Juan F. (2002) "Drawing Lessons from the Boom of Temporary Jobs in Spain", *The Economic Journal*, Vol. 112, pp. F270-F295

Engellandt, Axel and Riphahn, Regina T. (2005) "Temporary Contracts and Employee Effort" *Labour Economics*, Vol. 12, No. 3, pp. 281-299

Esteban-Pretel, Julen, Nakajima, Ryo and Tanaka, Ryuichi (2011) "Are Contingent

Jobs Dead Ends or Stepping Stones to Regular Jobs? Evidence from a Structural Estimation", *Labour Economics*, Vol. 18, No. 4, pp. 513-526

García Pérez, J. Ignacio and Osuna, Victoria (2012) "The Effects of Introducing a Single Open-Ended Contract in the Spanish labour market", *IZA conference paper*

Garibaldi, Pietro (2006) *Personnel Economics in Imperfect Labour Market*, Oxford Press

Goux, Dominique, Maurin, Victoria and Pauchet, Marianne (2001) "Fixed-Term Contracts and the Dynamics of Labour Demand", *European Economic Review* Vol. 45, No. 3, pp. 533-552

Grout, Paul A. (1984) "Investment and Wages in the Absence of Bonding Contracts: A Nash Bargaining Approach," *Econometrica*, Vol. 52, No. 2, pp. 449-460

Guadalupe, Maria (2003) "The Hidden Costs of Fixed Term Contracts: the Impact on Work Accidents", *Labour Economics*, Vol. 10, No. 3, pp. 339-357

Guell, Maia (2000) "Fixed-term Contracts and Unemployment: An Efficiency Wage Analysis", *Princeton University IRS Working Paper* No. 433

Guell, Maia and Petrongolo, Barbara. (2007) "How Binding are Legal Limits? Transitions from Temporary to Permanent Work in Spain," *Labour Economics*, Vol. 14, No. 2, pp. 153-183

Hashimoto, Masanori (1981) "Specific Human Capital as a Shared Investment", *American Economic Review*, Vol. 71, No. 3, pp. 476-482

Housman, Susan N. (2001) "Why Employers Use Flexible Staffing Arrangements: Evidence from an Establishment Survey" *Industrial and Labor Relations Review*, Vol. 55, No. 1, pp. 149-170

Ichino, Andrea and Riphahn, Regina T. (2005) "The Effect of Employment Protection on Worker Effort: Absenteeism During and After Probation" *Journal of the European Economic Association*, Vol. 3, No. 1, pp. 120-143

Jahn, Elke J., Riphahn, Regina T. and Schnabel, Claus (2012) "Flexible Forms of Employment: Boon and Bane," *The Economic Journal*, Vol. 122, pp. F115-124

Jahn Elke J. and Rosholm, Michael (2010) "Looking Beyond the Bridge: How Temporary Agency Employment Affects Labor Market Outcomes" *IZA Discussion Paper*, No. 4973

Jimeno, Juan F. and Tohara Luis, (1993) "The Effects of Fixed-Term Employment on Wages: Theory and Evidence from Spain" *Investigaciones Economicas.*, Vol. XVII, pp. 475-494

Jovanovic, Boyan (1979) "Job Matching and the Theory of Turnover" *Journal of Political Economy*, Vol. 87, No. 5, Part 1, pp. 972-990

Kahn, Lawrence M. (2007) "The Impact of Employment Protection Mandates on

Demographic Temporary Employment Patterns: International Microeconomic Evidence" *The Economic Journal*, Vol. 117, pp. F333-F356

Kahn, Lawrence M. (2010) "Employment Protection Reforms, Employment and the Influence of Temporary Jobs in Europe: 1996-2001" *Labour Economics*, Vol. 17, No. 1, pp. 1-15

Kambayashi, Ryo and Kato, Takao (2012) "Good Jobs, Bad Jobs, and the Great Recession: Lessons from Japan's Lost Decade" *IZA Discussion Paper*, No. 6666

Kan, Kamhon and Lin, Yen-Ling (2011) "The Effects of Employment Protection on Labor Turnover: Empirical Evidence from Taiwan" *Economic Inquiry*, Vol. 49, No. 2, pp. 398-433

Katz, Lawrence F. (1986) "Efficiency Wage Theories: A Partial Evaluation" *NBER Macroeconomics Annual 1986*, Vol. 1, pp. 235-290

Klein, Benjamin (1980) "Transaction Costs Determinants of "Unfair" Contractual Arrangement" *American Economic Review Papers and Proceedings*, Vol. 70, No. 2, pp. 356-362

Kugler, Adriana D. (2007) "The Effects of Employment Protection in Europe and the USA" *Els Opuscles del CREI*, No. 18

Kugler, Adriana, Jimeno, Juan F. and Hermanz, Virginia (2002) "Employment Consequences of Restrictive Permanent Contracts: Evidence from Spanish Labor Market Reforms" *IZA Discussion Paper*, No. 657

Kugler, Adriana, and Pica, Giovanni (2008) "Effects of Employment Protection on Worker and Job Flows: Evidence from the1990 Italian Reform" *Labour Economics*, Vol. 15, No. 1, pp. 78-95

Lazear, Edward P. (1979) "Why Is There Mandatory Retirement?", *Journal of Political Economy*, Vol. 87, No. 6, pp. 1261-1284

Lazear, Edward P. (1981) "Agency, Earnings Profiles, Productivity, and Hours Restrictions", *American Economic Review*, Vol. 71, No. 4, pp. 606-620

Lindbeck, Assar and Snower, Dennis J. (1988) *The Insider-Outsider Theory of Employment and Unemployment*, The MIT Press

Marinescu, Ioana (2009) "Job Security Legislation and Job Duration: Evidence from the United Kingdom" *Journal of Labor Economics*, Vol. 27, No. 3, pp. 465-486

Nunziata, Luca and Staffolani, Stefano (2007) "Short-Term Contracts Regulations and Dynamic Labour Demand: Theory and Evidence" *Scottish Journal of Political Economy*, Vol. 54, No. 1, pp. 72-104

OECD (2002, 2004) *Employment Outlook*, Organization for Economic Co-operation and Development

Ono, Yukako and Sullivan, Daniel (2013) "Manufacturing Plants'Use of Temporary Workers: An Analysis Using Census Microdata" *Industrial Relations*, Vol. 52, No. 2, pp. 419-443

Origo, Federica and Pagani, Laura (2009) "Flexicurity and Job Satisfaction in Europe: The Importance of Perceived and Actual Job Stability for Well-being at Work" *Labour Economics*, Vol. 16, No. 5, pp. 547-555

Portugal, Pedro and Varejão, José (2009) "Why Do Firms Use Fixed-Term Contract?" *IZA Discussion Paper*, No. 4380

Rosen, Sherwin (1986) "The Theory of Equalizing Differences" in Orley Ashenfelter and Richard Layard eds. *Handbook of Labor Economics*, Vol. 1, Elsevier B. V., Ch. 12, pp. 641-692

Rosen, Sherwin (1988) "Transactions Costs and Internal Labor Markets" *Journal of Law, Economics, & Organization*, Vol. 4, No. 1, pp. 49-64

Schivardi, Fabiano and Torrini, Roberto (2008) "Identifying the Effects of Firing Restrictions through Size-contingent Differences in Regulation", *Labour Economics*, Vol. 15, No. 3, pp. 482-511

Scoppa, Vincenzo (2010) "Shirking and Employment Protection Legislation: Evidence from a Natural Experiment" *Economics Letters*, Vol. 107, No. 2, pp. 276-280

Segal, Lewis M. and Sullivan, Daniel G. (1997) "The Growth of Temporary Services Work" *Journal of Economic Perspectives*, Vol. 11, No. 2, pp. 117-136

Shapiro, Carl and Stiglitz, Joseph E (1984) "Equilibrium Unemployment as a Worker Discipline Device", *American Economic Review*, Vol. 74, No. 3, pp. 433-444

Vandenberghe, Ann-Sophie (2009) "Employment Controcts", Kenneth G. Dau-Schmidt, Seth D. Harris and Orly Lobel eds. *Labor and Employment Law and Economics*, Edward Elgar, ch. 2, pp. 61-95

Vidal, Matt and Tigges, Leann M. (2009) "Temporary Employment and Strategic Staffing in the Manufacturing Sector" *Industrial Relations*, Vol. 48, No. 1, pp. 55-72

Yoo, Gyeongjoon and Kang Changhui (2012) "The Effect of Protection of Temporary Workers on Employment Levels: Evidence from the 2007 Reform of South Korea" *Industrial and Labor Relations Review*, Vol. 65, No. 3, pp. 578-606

浅尾裕(2010)「非正規雇用をめぐる政策的論点分析」労働政策研究・研修機構『雇用の多様化の変遷II:2003~2007——厚生労働省「多様化調査」の特別集計より』労働政策研究報告書115号第5章112-228頁

浅野博勝=伊藤高弘=川口大司(2011)「非正規労働者はなぜ増えたか」RIETIディスカッションペーパーシリーズ 11-J-051

阿部正浩（2011）「雇用ポートフォリオの規定要因」日本労働研究雑誌610号14-27頁

有賀健＝神林龍＝佐野嘉秀（2008）「非正社員の活用方針と雇用管理施策の効果」日本労働研究雑誌577号78-97頁

今井亮一（2008）「解雇規制のマクロ分析」神林龍編『解雇規制の法と経済』日本評論社291-313頁

江口匡太（2010）『キャリア・リスクの経済学』生産性出版

奥平寛子＝大竹文雄＝久米功一＝鶴光太郎（2011）「派遣労働は正社員への踏み石か、それとも不安定雇用への入り口か」RIETIディスカッションペーパーシリーズ 11-J-055

小倉一哉（2013）『「正社員」の研究』日本経済新聞出版社

神林龍（2010）「常用・非正規労働者の諸相」Global COE Hi-Stat Discussion Paper Series No. 120. 一橋大学

神林龍（2013）「非正規労働者」日本労働研究雑誌633号26-29頁

黒田祥子（2004）「解雇規制の経済効果」大竹文雄＝大内伸哉＝山川隆一編『解雇法制を考える――法学と経済学の視点〔増補版〕』勁草書房　第7章173-197頁

玄田有史（2008a）「前職が非正社員だった離職者の正社員への移行について」日本労働研究雑誌580号61-77頁

玄田有史（2008b）「内部労働市場下位層としての非正規」経済研究59巻4号340-356頁

小杉礼子（2010）「非正規雇用からのキャリア形成――登用を含めた正社員への移行の規定要因分析から」日本労働研究雑誌602号50-59頁

四方理人（2011）「非正規雇用は『行き止まり』か？――労働市場の規制と正規雇用への移行」日本労働研究雑誌608号88-102頁

砂田充＝樋口美雄＝阿部正浩（2004）「情報化が正規労働比率へ与える影響」RIETIディスカッションペーパーシリーズ 04-J-043

中馬宏之（1998）「『解雇権濫用法理』の経済分析――雇用契約理論の視点から」三輪芳朗＝神田秀樹＝柳川範之編（1998）『会社法の経済学』東京大学出版会　425-451頁

土田道夫（2004）「非典型雇用とキャリア形成」日本労働研究雑誌534号43-51頁

鶴光太郎（2011）「有期雇用改革――格差問題対応の視点から」社會科學研究62巻3・4合併号99-123頁

鶴光太郎＝久米功一＝大竹文雄＝奥平寛子（2013）「非正規労働者からみた補償賃金――不安定雇用、暗黙的な正社員拘束と賃金プレミアムの分析」RIETIディスカッションペーパーシリーズ 13-J-003

仁田道夫（2008）「雇用の量的管理」仁田道夫＝久本憲夫編『日本的雇用システム』ナカニシヤ出版　第1章27-71頁

森川正之（2010a）「企業業績の不安定性と非正規労働――企業パネルデータによる分析」RIETIディスカッションペーパーシリーズ 10-J-023

森川正之（2010b）「雇用保障とワーク・ライフ・バランス――補償賃金格差の視点から」

RIETIディスカッションペーパーシリーズ 10-J-042
平野光俊（2009）「内部労働市場における雇用区分の多様化と転換の合理性――人材ポートフォリオ・システムからの考察」日本労働研究雑誌586号5-19頁
守島基博（2011）「『多様な正社員』と非正規雇用」RIETIディスカッションペーパーシリーズ 11-J-057
両角道代＝神林龍（2008）「有期雇用の法規制」荒木尚志＝大内伸哉=大竹文雄=神林龍編『雇用社会の法と経済』有斐閣　第6章135-167頁
労働政策審議会「有期労働契約の在り方について（建議）」2011年12月26日労審発第641号

第4章　考　察

第4章 考　察

大内　伸哉

1　本書での検討結果
2　求められる政策
3　総　括

1　本書での検討結果

(1) 日本法（労働法）

第1章では、日本法の状況について、労働法と社会保障法に分けて分析を行った。

(a) 雇止め

まず、第1節〔1〕では、雇止め制限をめぐる判例と学説を検討し、さらに、これまでの雇止め制限法理を成文化した労契法19条に関する解釈論的検討を行った。

雇止め制限法理のエッセンスは、(1)期間の定めのある雇用契約があたかも期間の定めのない契約と実質的に異ならない状態で存在している場合、または、(2)労働者においてその期間満了後も雇用関係が継続されるものと期待することに合理性が認められる場合に、客観的に合理的な理由を欠き社会通念上相当であると認められないときには雇止めは許されず、従来の雇用契約が更新される、というものである。これは要するに、(1)または(2)の場合において、有期労働契約の雇止め（更新拒絶）に、解雇に関する法理（現在では労契法16条）が適用（ないし類推適用）されることを意味するが、いかなる法理論的根拠に基づき、こ

1）　パナソニックプラズマディスプレイ（パスコ）事件判決（最2小判平成21・12・18民集63巻10号2754頁）も参照。

うした適用(ないし類推適用)がなされるかについては、判例上も、学説上も、十分に解明されていない。

とはいえ、この法理は、純然たる有期労働契約(臨時的な業務や単純労働に短期的に従事する非正社員)と無期労働契約(正社員)の中間にある、継続的な有期労働契約で働く労働者(「内部化」された非正社員)に対して、契約締結時点での事情やその後の契約関係の展開状況などに即した要保護性(雇用継続の合理的期待の保護など)に応じた出口規制を行うものであって、その意義は積極的に認めることができる。

もっとも、この法理は実際に解釈、適用するにあたって、その不明確性ゆえ、当事者双方にとって予測可能性が欠如しているという深刻な難点があることもまた事実である。労契法の2012年改正によって、この法理が法律の条文に取り込まれた後も、この難点は依然として残されている。明確性を高めるためには、立法論としては、規制の手法を入口規制にシフトさせ、入口規制の例外として有期労働契約の締結が認められる事由を特定していくという方法がある(ただし、後述のように、この方法でも、特定された事由に該当するかどうかをめぐり紛争が起こりうる)。一方、解釈論としては、予測可能性の面で最も問題となる雇用継続の合理的期待の有無について、更新回数の上限を定める条項や不更新条項等のような当事者間の契約が、合理的期待にどのように影響するかを明確にする作業が、予測可能性を高める上で重要な意味をもつことになる。

(b) 無期転換ルール

次に、第1節〔2〕では、労契法の2012年改正によって新たに導入された無期転換ルール(18条)について検討を行った。有期労働契約が通算5年を超えると、労働者に無期転換申込権が認められるという無期転換ルールは、雇止め制限法理とは異なり、これまでに十分な議論の蓄積がなかったものである。そのため、この無期転換ルールが、有期労働契約の労働者および使用者に対して、どのような影響を及ぼすかは、法改正の当初から高い関心を集めている。

労契法18条は、有期労働契約の濫用的な利用を抑制し労働者の雇用の安定を図ることを目的とする規定である。問題は、この規定が、この目的を達成するのに適したものであるかどうかである。最も懸念されるのは、5年という年数

要件に到達する前の雇止めを誘発しないかである。雇止め制限法理（労契法19条）があるので、安易な雇止めは防止できる可能性はあるが、それで十分であるかは、前述のように同法理には不明確性があることから、なお疑問の余地がある。

このほか、実際に5年の年数要件を充足したとしても、労働者が無期転換申込権を行使することを逡巡しないかという懸念もある。というのは、無期転換後の労働条件が、原則として従前と同一とされているので、無期転換により、従前の有期労働契約のときの低い労働条件が固定化されるおそれがあるからである。本来、これは有期労働契約のときの労働条件を合理的なものとすることを目的とする労契法20条で対処すべき問題ともいえるが、同条が有期労働者の労働条件の引上げにどこまで役立つかは未知数のところがある。

(c) 均等・均衡処遇

第1節〔3〕では、有期労働契約と無期労働契約との間の均等・均衡処遇をめぐる判例および学説、ならびに労契法の2012年改正によって新たに導入された20条について検討を行った。ここでは、正社員と非正社員との間の待遇格差について、これを是正する根拠と待遇格差を是正する法理の適用範囲に分けて検討を行った。

是正の根拠論については、多様な学説が主張されているが、大きく分けると、人権保障に関わる差別的取扱い禁止法理等の普遍的な法理と結びつけて論じるものと、端的に非正社員の待遇改善という政策論と結びつけて論じるものとがあった。両者は截然と区別することが困難ではあるものの、労契法20条は後者の系譜に属するものといえる。

一方、法理の適用範囲については、正社員と同様の働き方をする内部化された非正社員の待遇格差是正を求めることについては、学説上のコンセンサスがあるものの、非正社員一般を射程にして待遇改善を図ることまで射程に入れるかどうかについては争いがある。

有期であることによる不合理な労働条件の禁止を定めた労契法20条についても、これまでの学説の議論状況を反映して、その規範内容の解明については論争が続くと予想されるが、少なくとも2012年改正で一定期間後の有期雇用から

無期雇用への転換を誘導するという政策的方向性が示されていることを考慮すれば、教育訓練等において有期契約労働者を不利益に扱うことを違法とする解釈は十分可能であろう。

(2) 日本法（社会保障法）

第2節では、社会保障法の分野、特に雇用保険と社会保険（医療・年金）の有期契約労働者への適用関係について検討を行った。社会保険については、有期労働契約に固有の問題は比較的少なく、むしろ短時間労働者に対する適用の拡大が検討されてきた（ただし、有期契約労働者と短時間労働者は重なることが多いであろう）。

一方、雇用保険については、加入要件や支給要件において、雇用期間が関係するし、雇用終了において期間満了という事由をどう評価するかが関係するので、有期労働契約に固有の問題が生じてくる。

2009年と2010年の法改正により、雇用保険は雇用見込み期間が31日以上の労働者にも適用されることとなり、適用範囲が以前より大幅に拡大された。また、有期労働契約の雇止めの場合については、雇用保険の支給要件が緩和され、離職の日以前1年間に、被保険者期間が通算6カ月以上であれば支給されることになった。これらの改正により、有期契約労働者でも、雇用保険の適用を受けやすくなっている。

(3) 比較法分析

第2章の外国法の状況については、ヨーロッパ、アメリカ、アジアに分けて検討した。詳細は、第2章第4節の小括にゆずり、ここでは、ポイントとなるところだけを述べるにとどめる。

ヨーロッパでは、EU指令に基づき、出口規制についてはどの国も導入しているが、入口規制については導入している国（フランス、スペインなど）とそうでない国に分かれ、導入している国でも規制緩和傾向にある（ドイツ、イタリア）。アメリカは入口規制も出口規制もない。アジアの中国と韓国は、入口規制はなく、出口規制だけである。有期労働契約の法制は、国ごとに、かなりバラエティに富んでいることが確認できた。

日本は、労契法の2012年改正前は、上限規制と判例の雇止め規制だけであったが、同改正により、雇止め規制が成文化されるだけでなく、利用期間規制と内容規制が追加され、比較法的にみても、規制が強い法制をもつことになった。特に出口規制における無期転換は、ヨーロッパでは転換後の雇用保障について金銭解決の道があり、それほど硬直的でないことも踏まえておく必要がある。ただし、多くの国でみられた更新回数規制は、日本にはない。

このほか、日本の法制のように、利用期間規制だけでなく、上限規制と雇止め規制が同時に存在している例は、他国にはないことにも注意する必要がある。日本でこれらの規制が併存しているのは、それぞれが異なった経緯で導入されてきたこととも関係している(民法・労基法上の上限規制、判例の雇止め規制、労契法の利用期間規制)。それぞれの規制には独自の意味があるものの、それらが併存することの問題点がないかなどの検証は必要であろう。

(4) 経済学からの分析

第3章では、経済学の立場から、有期労働契約法制について分析を行った。

(a) 有期労働契約の理論と実証

まず経済学の観点から見た有期労働契約の特徴は、次のように説明される。

労働契約は、契約において、そのすべての事項を第三者(具体的には裁判所)に立証可能な形で規定できないという意味で不完備契約であり、こうした契約では、契約当事者に、契約上の義務をきちんと履行しない機会主義的な行動をとるインセンティブがある。使用者の機会主義的行動の可能性があることは、関係特殊熟練の場合に起こりうる「ホールドアップ問題」を引き起こし、労働者の機会主義的行動は、働きぶりの監視コストが高い仕事において「サボリ」を引き起こす。こうした機会主義的行動の弊害を回避するためには、雇用保障に関する信頼醸成をもたらす仕組みや労働者の努力を引き出す賃金体系などの仕組みを契約で設けることが重要となる。ところが、有期労働契約であれば、こうした契約上の仕組みを設けることが困難である。このため、有期労働契約に適しているのは、機会主義的行動の問題が発生しにくいタイプの職務、すなわち労働者の働きぶりが観察しやすい職務(職務内容や範囲が特定されているも

第4章　考　察　289

の）や、企業特殊的な技能が重要な意味をもたない短期間の職務に労働者を従事させる場合となる。

　有期労働契約の特徴についてのもう1つの説明は、有期労働契約は、期間の満了により雇用が終了するので、解雇規制が付着している無期労働契約よりも、雇用調整費用が小さいために需要があるという点である。つまり、有期労働契約は、景気変動の調整弁（バッファーストック）としての利用価値がある。実証分析においても、こうした利用がされていることが確認されている。

　この点と関係して、有期労働契約には、無期労働契約への転換のためのスクリーニングとしての機能があるという考え方もある。労働者からすると、有期労働契約を踏み石（ステッピングストーン）にして、無期労働契約のチャンスをつかむということである。ただし、このようなスクリーニング＋ステッピングストーンが認められるかどうかは、実証分析では確認できていない。

　次に、有期雇用と無期雇用との間に存在している賃金格差については、経済学の立場からは、その一部は、観察可能な労働者の属性（性別、年齢、学歴）で説明がつくが、それ以外の要因も指摘できる。有期労働契約は雇用が不安定であり、労働者にマイナスとなるので、補償賃金仮説からすると、無期労働契約よりも賃金が高くなるはずである。しかし、現実にそうなっていないのは、雇用の不安定性が、労働者の行動に影響していないのか、有期労働契約であっても仕事への満足度が変わらないので賃金プレミアムが生じないのか、さらに性格など観察できない要因が作用しているのか等の様々な仮説が出てくる。これらの点に関する実証分析はこれからの課題である。

(b)　**有期労働契約法制と労働市場**

　一般的に、EPL（雇用保護規制）が、雇用量、失業者数、生産性にどのように影響するかについては明確になっていない。また有期労働契約に対する規制緩和については、これを1980年代以降進めてきたヨーロッパでの実証研究によると、雇用を創出したものの、離職も増加して、その効果は相殺され、結局、経済厚生が低下するという非効率が生じたとされる。

　このほか、無期労働契約の規制を緩和すると、限定的ながら無期雇用が増え、有期雇用は減少し、有期労働契約の規制を強化すると、有期雇用は減少して、

無期雇用が増え、総雇用は減少するという実証研究の結果が出ている。

(c) 日本の有期労働契約法制への示唆

これまでの日本の研究によると、いわゆる非正規雇用が拡大してきた要因には、生産物需要の不確実性の増大と技術革新による業務の標準化があげられる。非正規雇用の「踏み石」効果については、一部（たとえば男性）の労働者について、その可能性があるとの結果が出ている。

こうした現状もふまえて、労契法の2012年改正をみると、雇止め制限法理の成文化（労契法19条）や無期転換ルール（労契法18条）の導入が労働市場にどのような影響を及ぼすかは、長期勤続の有期雇用の実態に依存することになる。それがバッファーストックとしての有期雇用である場合（無期雇用の代替の場合）には、法改正によって、短期間で有期契約労働者が離職する事態を招来し、その欠員充足には不確実性があり、将来の景気拡大期の欠員未充足というコストが生じるため、企業は無期雇用を増加させて不況期にも保蔵する一方、好況期の有期雇用の需要を減少させる可能性がある。つまり、無期雇用が増え、有期雇用が減少する。

一方、長期勤続の有期雇用が、定型的・短期的な業務の労働契約が結果的に長期化したにすぎない場合には、法改正により、利用可能期間前の雇止めと欠員補充のオファーが繰り返され、無期労働契約の需要には影響を及ぼさない。つまり、有期雇用のフローが増加し、無期雇用には影響を及ぼさない。このタイプの有期雇用は、労働者派遣等の間接雇用に代替される可能性もある。

また、法改正の影響がどこまであるかは、労働者のスクリーニング期間の実態にも左右される。短期間の雇用でも無期雇用に登用されているとすれば、法改正の影響はないことになる。

(d) 有期労働契約法制のあり方

経済学の立場からみた有期労働契約法制のあり方については、地中海沿岸諸国で論じられている「単一労働契約論」が注目される。これは、労働市場の二重構造の解消をめざすための理論であり、具体的には、次の2つのパターンがある。

1つは、無期雇用と有期雇用の間での雇用調整費用の非対称性を解消することを目的として、勤続期間比例の退職手当（severance payment）を法定化するパターンである。もう1つは、労働者の雇用保障を労働市場全体で図るために、使用者に「解雇税」を課し、失業保険制度を運用するパターンである。

2　求められる政策

(1)　有期労働契約利用の4つの類型

本書における以上の検討から、有期労働契約法制のあり方について、どのような結論を導き出すことができるだろうか。

序章（2(2)）では、使用者がいかなる目的で有期労働契約を利用するかについて、次の4つに類型化していた。

第1に、臨時的な業務なので、長期的に雇用するに適さない場合（臨時業務型）、第2に、臨時的な業務ではないが、単純労働に従事させるので、正社員としての熟練を要しない場合（単純労働型）、第3に、臨時的な業務ではないし、必ずしも単純労働ではないが、景気変動の調整弁としてキープしたい場合（バッファーストック型）、第4に、労働者の技能が高度なために稀少であるので、一定期間の拘束をしたいという場合（高技能型）である。

このうち、最後の高技能型については、労働者の拘束期間をどこまで認めるかという上限規制が問題となる。一定の交渉力を確認することができれば、原則3年、特例5年という現行法（労基法14条1項）の年数の引上げや、集団的ないし個別的な derogation の導入も検討に値するであろう。労契法18条の5年という年数要件についても、同様の規制の弾力化や緩和の議論がある（後述）。

高技能型では、有期労働契約の拘束機能が問題となるのに対して、他の3類型（臨時業務型、単純労働型、バッファーストック型）では、有期労働契約の終了機能が問題となる。高技能型は、労働者にも一定の交渉力があることが多い

---

2)　derogation については、序章1(3)も参照。なお、derogation の理論的な研究については、桑村裕美子「労働条件決定における国家と労使の役割――労使合意に基づく労働条件規制柔軟化の可能性と限界(1)～(6・完)」法協125巻5号（2008）881頁以下、6号（同）1251頁以下、7号（同）1597頁以下、8号（同）1683頁以下、9号（同）1991頁以下、10号（同）2217頁以下も参照。

ので、労働者保護の観点からより深刻なのは、他の3類型のほうである。

　現行法では、入口規制がないので、臨時業務型、単純労働型、バッファーストック型のいずれであっても、有期労働契約の締結は可能である。法規制がない以上、契約の自由が原則となる。もっとも、こうした考え方には、異論がないわけではない。たとえば学説のなかには、解雇制限規定（労契法16条）の脱法行為を規制するという観点から、有期労働契約の締結には「客観的に合理的な理由」が必要であると主張するものがある[3]。少なくとも、現行法の立場は、2012年改正前から存在している労契法17条2項では、有期労働契約の利用目的自体を規制するのではなく、期間の長さの設定において濫用がないようにすることを求めるにとどまっている。しかもこの規定は直接的に私法上の効力をもたない配慮義務規定である[4]。

　とはいえ、立法論として、入口規制の導入を検討することは考えられるので、以下、具体的な使用者の有期労働契約の利用目的（臨時業務型、単純労働型、バッファーストック型）に即して、入口規制の適否について検討を加えることとしたい。

(2) 有期労働契約の正当な利用目的

　まず、第1の臨時業務型については、有期労働契約を利用することに法的な正当性があり、規制を加える必要が特に見当たらないことは、ここまでの分析でも裏付けられたと思われる。

　まず第2章における外国法の検討結果をみると、入口規制がある国であっても、概ね次の場合には、有期労働契約の利用が認められている。

①一定の理由によって、休業など勤務から離れている労働者の代替の場合
②業務が一時的に増加したときに対応する場合
③季節的な業務など、その性質上臨時的な業務に従事させる場合

である。これは、臨時業務型が、比較法的にみても、有期労働契約を利用する

---

[3]　川田知子「有期労働契約法の新たな構想――正規・非正規の新たな公序に向けて」日本労働法学会誌107号（2006）60頁など。

[4]　荒木尚志＝菅野和夫＝山川隆一『詳説 労働契約法』（弘文堂・2008）157頁を参照。

正当理由となることを意味している。

　また、第3章の経済学の分析において、有期労働契約に適している職務として、企業特殊的な技能が重要な意味をもたない短期間の仕事とされていたことは、臨時業務型の有期労働契約が、経済学的にみても合理性があることを示している。

　以上から、臨時業務型での利用は、有期労働契約の正当な利用方法と評価することができる。

　これに対して、単純労働型とバッファーストック型は、少なくとも入口規制を設けている国では、有期労働契約の正当な利用方法とは認められていなかった。もっとも第3章の経済学からの分析においては、労働者の働きぶりを観察しやすく、内容や範囲が特定されている職務は有期労働契約に適しているとされていることは、単純労働型が有期労働契約の正当な利用方法となりうることを示唆しているし、また雇用調整費用の観点から、解雇規制がある場合には有期労働契約に経済的合理性があるとされていることは、バッファーストック型の有期労働契約の法的評価の際にも参考になろう。

　さらに外国法でも、入口規制を設けていない国では、単純労働型やバッファーストック型の有期労働契約の利用は制限されていない。そこでは、これらの有期労働契約の利用から生じうる労働者の地位の不安定性などの問題は、出口規制で対処されている。

　ただ、子細に見ると、出口規制があるから、入口規制が不要とされているというだけではない。仮に単純労働型とバッファーストック型の利用であったとしても、雇用政策的な観点から有期労働契約を利用するという方向性があることは見逃すことができない。たとえば、入口規制がある国であっても、雇用対策の観点から、一定の労働市場の弱者層に対しては、理由を問わずに有期労働契約の締結が認められている（たとえば、フランス、スペイン、ドイツ）。こうした方向性は、たとえ無期労働契約が望ましいという価値判断に立ったとしても、現実にはいきなり無期労働契約を締結することが難しい労働者層には、経過的であれば、有期労働契約の利用を認めてもよいという考え方により正当化される。このように有期労働契約を「踏み石」として無期労働契約に移行していくことが望ましいという発想に立つと、有期労働契約の「入口」は必ずしも狭く

する必要はなく、むしろいかにして、いったん「入った」有期労働契約から無期労働契約への移行を推進できるかが重要な政策課題となる。

　日本の労契法の2012年改正において、入口規制が見送られた背景には、有期労働契約の締結事由の該当性をめぐる紛争が起きやすくなるという問題もあったが、それだけでなく、無期転換ルール（労契法18条）の導入などにより、有期雇用から無期雇用への移行を誘導していくという発想があった[5]。つまり、現在の日本の労契法のスタンスは、入口規制を進めていくのではなく、入口規制をしないまま、有期労働契約を「踏み石」として活用する方向にあるとみることができる。これは外国（特にヨーロッパ）の法制度の動向と軌を一にするものといえよう（第2章第1節〔1〕7）。

(3) 有期労働契約の「踏み石」効果を支える政策

　ただ、単純労働型の有期労働契約で働いている労働者が、技能を向上させ無期労働契約で採用されるというシナリオがどこまで現実的かは疑問もある。使用者が、単純労働型の有期労働契約で労働者を採用するのは、そこに無期労働契約の正社員のような人材育成をしないという姿勢が示されているからである。その対策としては、たとえば入口規制を課して、単純労働型を原則禁止としたうえで、例外的に教育目的の場合のみ適法化するというアプローチも考えられるが、例外要件を充たしているかどうかのチェックは容易ではなかろう。そこで、労契法20条を根拠として、使用者に対して、短時間労働者法10条と類似の、教育訓練における正社員との均等や均衡を求めるというアプローチも考えられる[6]（第1章第1節〔3〕）。あるいは、現在の有期労働契約法制と切り離して、教育訓練目的の「有期実習契約」を設けて、使用者に一定の助成措置を与えながら、政府が訓練の効果をチェックし、「踏み石」効果を強化するというアプローチもあり得よう[7]。

---

[5]　荒木尚志「有期労働契約規制の立法政策」菅野和夫先生古稀記念論集『労働法学の展望』（有斐閣・2013）179頁以下。

[6]　労契法20条は、有期契約労働者に対して教育訓練などの人事管理をきちんとすべきであるという要請を含んでいると解すこともできる（第3章4）。

[7]　現行制度においても、「有期実習型訓練」などのような、雇用しながら訓練をする事業主への助成措置はある。

他方、単純労働型と区別される、バッファーストック型の有期労働契約で働いている労働者は、正社員で雇われるだけの能力がありながら、解雇規制があるため正社員の採用枠が限定されているために、有期労働契約で働いているというタイプの労働者が想定されている。このタイプの労働者における「踏み石」効果については、まず使用者がバッファーストックを必要とする理由が、解雇規制の厳格性にあることからすると、解雇規制を緩和すれば、無期労働契約に移行していく可能性がある。もちろん、バッファーストック型を規制するという方法もあり、それによって、ある程度は同じ効果が期待できるかもしれない。しかし、解雇規制を維持したままでバッファーストック型を規制すると、総雇用量が減少し、失業が増えるという副作用が想定されるので、望ましい政策とはいえないだろう。

　また、バッファーストック型の有期労働者であっても、優秀であることがわかれば、使用者の経営環境いかんで、無期労働契約の正社員に登用されることは十分にありうる。この場合には、有期労働契約にスクリーニング機能があることになる。逆にいうと、有期労働契約のスクリーニング機能が高まると、無期労働契約への移行が起こりやすくなる。スクリーニング機能を強化するためには、有期労働契約が「試用」的な意味を持つほうがよい。外国法をみても、「試用」目的の場合には、入口規制がある国でも、有期労働契約を締結してよいとされている（ドイツなど）[8]。序章でも述べたように（2(1)）、判例上、試用目的の有期労働契約は、無期労働契約の試用期間と解されるため、労働契約を打ち切る場合には解雇規制がかかってくる[9]。これではスクリーニングの機能を果たせなくなる。スクリーニングには、「登用」と「排除」がともに可能でなければならないからである。判例を見直して、労働契約の期間が労働者の適性を評価・判断するためのものであっても、それを試用期間ではなく、労働契約の

---

[8] 　無期労働契約であっても、試用期間中は、解雇規制の適用除外となる場合には、その試用期間は、実質的には、試用目的の有期労働契約と同じ機能をはたす。日本では、本文で述べたように、試用期間であっても解雇規制の適用除外とならないので、特に試用目的の有期労働契約を論じる実益が出てくる。

[9] 　これは試用目的の有期労働契約を認めずに無期転換してしまうという点では、判例による（ネガティブリスト的な）入口規制（違反の場合の無期転換というサンクション付き）の1つとみることができる。

存続期間(つまり有期労働契約)とする解釈を確立すべきであろう。もしくは、かつて議論されたような「試用雇用契約」の導入を、再度検討することが必要であろう。

(4) 出口規制とスクリーニング機能

有期労働契約の「踏み石」効果に着目すると、前述のように入口規制を入れないほうがよいが、それでは出口規制はどうであろうか。

実は、出口規制は「踏み石」効果にマイナスの影響を及ぼすおそれがある。5年での無期転換ルールがあるとき、スクリーニングに要する期間が5年を超えるならば、早めに有期労働契約を打ち切るか、そもそも有期労働契約を締結しないことになる可能性が高く、そうするといずれにせよ無期転換は起こらなくなる。実際にこれでは困る大学の研究者等については、特別の法律で、無期転換のための5年要件を10年要件に引き上げる改正がなされた[10]。他の業種や職種でも、同様のニーズがある可能性があるので、5年要件のderogation等の検討が必要であろう。ただ多くの業種や職種では、スクリーニングには5年も要しないであろうから、その意味では、5年の無期転換ルールは、「踏み石」効果には大きな影響がないかもしれない。

むしろ「踏み石」効果に影響がありそうなのは、労契法19条の雇止め制限である。同条は、どのような場合に適用されるか明確でないので(同条1号および2号)、使用者はじっくり労働者をスクリーニングすることが困難となる。このため、使用者は、19条により契約更新が強制される結果となるリスクを回避するため、早めに契約を打ち切ろうとするおそれがある。有期労働契約の期間がスクリーニングに要する期間として十分に活用されるようにするためには、労契法18条の改正だけでは不十分で、19条についても見直しが必要である。外国法にも例のなかった労契法19条を、18条(こちらは外国法でもスタンダードな

---

[10] 研究開発システムの改革の推進等による研究開発能力の強化及び研究開発等の効率的推進等に関する法律(研究開発力強化法)15条の2、大学の教員等の任期に関する法律7条。さらに、国家戦略特別区域法附則2条によれば、高度の専門的な知識、技術、経験を要する業務に就く高い年収が見込まれる労働者を対象として、5年要件の見直しの検討がなされることになっている。

規制である）と併存して置いておくことの適切性も含めて、今後十分検討する必要がある。

(5) 出口規制と基幹的非正社員

　有期労働契約については、前述のような利用目的から行う分類だけではなく、企業への貢献度に応じて「基幹的非正社員」と「伝統的非正社員」とに分類することもできる。[11] 前者の多くは単純労働型であろうが、労働契約を反復更新して長期的に勤務を継続し、その事業所において不可欠な労働力となっていることも少なくない。こうした労働者は、「内部化された非正社員」として、法的にも雇止め制限法理（労契法19条）により雇止めから保護されたり、処遇格差が是正されるべき対象として学説上も認められてきた（第1章第1節〔3〕）。こうした労働者が正社員に登用されないのは、勤務地限定など通常の正社員としての働き方を希望しない者が多かったからであり、[12] 使用者としても、勤務地限定の非正社員に対して正社員と同様の広範な雇用保障を認めることはできないと考えていたからである。その意味では、非正社員であることについて労働者と使用者の双方のニーズの合致があるとみてよかった。

　労契法18条の無期転換ルールによって、より大きな影響を受けるのは、この「基幹的非正社員」と考えられる。というのは、使用者としては、これまでも雇止め制限法理（現在の労契法19条）があるとはいえ、有期労働契約のままであれば、それが長年にわたり反復更新されたとしても、真に雇止めが必要な経済的な事情（事業所の閉鎖など）が生じれば雇止めが認められる可能性が高いし、仮に認められなくても、その結果は有期労働契約が更新されるだけであり、つまり、将来的に再度雇止めを試みることが可能であった。ところが、労契法18条が適用されると、通算5年を超えた有期労働契約は無期労働契約に転換可能となるので、こうした雇用調整の可能性が封じられてしまう。それを回避しよ

---

11) この分類については、守島基博＝大内伸哉『人事と法の対話——新たな融合を目指して』（有斐閣・2013）290頁以下を参照。
12) 短時間労働者法12条では、事業主に対して、短時間労働者（非正社員）から通常の労働者（正社員）への転換を講じる措置を義務付けている（2007年の法改正により導入された）が、実際にはこうした転換があまり進まなかったとされている。そのことは、正社員としての働き方をあえて望んでいない非正社員が多いことを示している。

うとする使用者は、5年を経過する前に雇止めを試みるであろう。労働者のほうでは有期労働契約のままでよいと考えていたとしても、使用者のほうで労働者が無期転換申込権を行使するかもしれないという不安があると、やはり使用者は同様の行動をとるであろう。これは、労働者、使用者双方にとって望ましくない結果となる。

この事態を回避するためには、いくつかの方法が考えられる。第1の方法は、労働者が労契法18条の無期転換申込権を行使しないつもりであるならば、そのことを使用者に信用させるために、事前にその権利を放棄することを認めることである。こうした権利放棄を無効とする行政解釈がある（第1章第1節〔2〕）が、労働者が真に自由な意思に基づき意思表示をしている場合には、その効力を認めるべきであろう（序章1(3)も参照）。

第2の方法は、労契法19条に関するものである。仮に無期転換申込権の放棄が認められたとしても、なお労基法19条の適用の可能性はある。有期労働契約の終了可能性を明確化できるようにするためには、不更新条項等の有効要件をめぐる解釈論的な作業を継続することも必要である（第1章第1節〔1〕）。これも使用者が有期労働契約を安心して反復更新できるようにすることにより、結果として労働者が有期労働契約のままできるだけ長く働くという希望を実現することに資するものである。

第3に、たとえ無期転換されたとしても、厳格な解雇規制が及ばないという解釈論を確立できれば（あるいは、そのような内容の立法がなされれば）、使用者は労働者からの無期転換申込権の行使を回避する必要がなくなり、安心して有期労働契約の反復更新ができることになる。[13] 実際には、無期転換されても労働条件は原則として同一であり、職種や勤務地が限定されたものである可能性があるので、そうなると、職種や勤務地が限定されていない通常の正社員より、現在の解雇ルールの下でも、解雇は認められやすくなろう。[14]

---

[13] 使用者が自ら無期労働契約として採用した労働者と法律によって強制的に無期労働契約に転換された労働者との間で、雇用保障の程度は異なるべきであるという考え方もある（大内伸哉「雇用強制についての法理論的検討――採用の自由の制約をめぐる考察」菅野和夫先生古稀記念論集『労働法学の展望』（有斐閣・2013）113頁以下。

[14] 荒木・前掲注(5)175頁は、労働条件が改善されないので、使用者にとっての無期化の障害

3 総　括

(1) 本書の結論

　最後に、本書のここまでの検討から導き出される、日本の有期労働契約法制に関する政策の方向性をまとめると次のようになる。

　有期労働契約に対する規制については、入口規制、出口規制、上限規制、内容規制に分けることができるが、このうち、有期労働契約の拘束機能に関する上限規制は、その規制の弾力化（derogation や上限年数の見直し）が、また処遇格差の是正に関する内容規制は、短時間労働者法との整序や規範内容の明確化[15]が課題となる。

　他方、入口規制と出口規制については、有期労働契約の終了機能という最も議論のある論点に関わるもので、その規制の方向性についてはいくつもの選択肢がある。アメリカのように、解雇が自由であり、有期労働契約はむしろ労働者に有利となっているような国では、契約の自由に委ねられてよく、規制は不要となろうが、日本を含め多くの国では解雇規制があるので、それとの関係をふまえて有期労働契約の規制を考えていく必要がある。

　そうした中で、まず基本となる視点は、日本において有期労働契約をどのように法的に位置づけるかである。これについては、有期労働契約をいわば原理的に望ましくない契約形態であるので規制すべきとする立場（禁圧型）と、有期労働契約は契約形態としては無期労働契約との優劣関係はないが、有期労働契約が継続的に利用されて濫用とみられるときには規制すべきであるとする立場（濫用防止型）がある[16]。

　禁圧型の政策は、その基本的理念を、無期労働契約が原則であり、有期労働契約は例外にすぎない（無期雇用原則主義）、あるいは、有期労働契約の利用を

　　　が小さくなっているとする。一方、逆にこのような事情があるために、労働者は、無期転換申込権を行使しないおそれもある（第 1 章第 1 節[2]）。
15)　「不合理性」という抽象的な文言をいかに解釈していくかという問題があり、それは格差是正の理念的根拠に立ち返りながら行わなければならない難問である（第 1 章 1 [3]）。
16)　荒木・前掲注(5)168頁（EU 諸国は、禁止規制から濫用規制に展開したとされる）。

解雇規制（労契法16条）の潜脱であるとみており、そうした観点から入口規制が必要であると主張する。

しかし、労契法の2012年改正は、入口規制を意識的に導入せず、利用期間の上限を設定するという出口規制を新たに導入したのであり、これは濫用防止型の立場にあると評価することができる。

本書の結論は、こうした濫用防止型の規制が基本的には適切であるというものである。それは、これからの雇用情勢を考えると、有期労働契約の「踏み石」効果（安定雇用への移行の基礎となる効果）に着目すべきだからである。有期労働契約は、禁圧型の規制を求める論者とは異なり、「踏み石」効果が十分に発揮されれば、望ましい契約形態になりうる可能性があるとするのが、本書の評価である。

有期労働契約が、その「踏み石」効果を十分に発揮できるようにするためには、いくつかの政策的な介入が必要である。本書における検討結果から、さしあたり次の3つの点を指摘しておきたい。

第1に、労働者が有期雇用で働きながら技能を向上させることができるように、教育訓練政策をいっそう充実させることである。

第2に、使用者のスクリーニング機能が十分に発揮されるようにすることである。そのためには、試用目的の有期労働契約を正面から認めていくことが効果的である。

また、労契法18条の定める利用期間の制限について、10年への引上げ論があるが、仮にそれが実現しなくても、利用可能期間について derogation などの弾力化を検討することが必要である。大学研究者等についてはすでに法改正がなされたが、スクリーニングに要する期間は業種や職種によって変わりうることからすると、たとえば個々の事業場において過半数代表との協定等により決めるというような規制の弾力化を検討すべきである。

第3に、労契法18条の見直しがなされたとしても、労契法19条のもつ不明確性が残れば、スクリーニング機能にマイナスの影響が残ることから、労契法19条のあり方を検討することが必要である。

以上の、有期労働契約の「踏み石」効果に関する政策とは別に、多くの論者が有期労働契約の出口規制の「副作用」として懸念してきた雇用期間の短期化

という問題について、本書では、これを「基幹的非正社員」に一番大きな不利益が生じるとみて、その対策も必要と考えている。そのポイントは、現在の職場が存続する限りは雇用を継続させたいという労働者・使用者双方のニーズが満たされるような法的ルールを整えることである。それは具体的には、労契法18条に関して、無期転換申込権の放棄に関するルールを検討することであり、また労契法19条に関して、規定の不明確性を取り除くことができるような契約的ルール（不更新条項等に関するルール）を検討することである。このほか、労契法18条によって無期転換した場合の雇用保障（解雇規制）を緩和するルールを検討することも、この問題の解決に役立つ。

(2) 関連する課題

以上は有期労働契約に関する直接的な規制をめぐる検討であるが、その他に、有期労働契約法制のあり方を考える際に無視することができない関連する課題がある。

その第1が、すでに言及したように解雇規制のあり方である。解雇規制については、様々な政策論議がなされている[17]が、仮に金銭解決制度が導入されれば、解雇規制の硬直性は緩和することになり、労契法18条による無期転換のインパクトは弱まるし、さらにバッファーストックとして有期労働契約を利用する必要性も弱まる。そうなると、本書における議論の前提が大きく変わることになる。

また金銭解決制度は、その制度設計次第では、無期労働契約と有期労働契約との間の格差の解消をめざす「単一労働契約論」（第3章4(3)）への道筋を作ることにもなる。これを進めていくと、解雇と有期労働契約を統合する、新たなタイプの法制が構築されることになろう。

第2に、将来において、職種限定型の正社員が増えていくとどうなるかである。日本において有期労働契約と無期労働契約の処遇に格差があるのは、有期労働契約が職種限定で、教育訓練の対象から外される非正社員であることと関係している。日本の正社員は、無期労働契約の下、様々な職種を経験し、教育

---

17) たとえば、大内伸哉『解雇改革』（中央経済社・2013）。

訓練を受けながら、処遇を高めていく。このため非正社員と正社員との間には格差が生じることになる。ただ今後、正社員の多くが職種限定型となり、処遇も職種ベースで、従来のようなジェネラリストを養成する教育訓練の対象から外されることになれば、正社員と非正社員の差はなくなっていくだろう。

　ヨーロッパやアメリカでは、有期労働契約と無期労働契約の違いは、主として期間の有無の違いがあるということにすぎず、日本のような非正社員と正社員という身分的な格差が存在していないのが一般的である。日本もこのような欧米型の雇用システムに変わっていけば、有期労働契約をめぐる問題状況は根本的に変わることとなろう。

　第3に、有期労働契約のもつ雇用の不安定性は、セーフティーネットがどれだけ充実しているかによって、その深刻度は大きく変わる。この面では、とりわけ雇用保険制度が重要である。最近の法改正で、有期契約労働者のカバリッジの拡大や支給要件の緩和等が進められているが、なお制度の不知や意図的な未加入といった問題（これは社会保険についても起こっている）があり、その対策も強化する必要がある。

　いずれにせよ有期労働者へのセーフティーネットが充実すると、有期労働契約の雇用終了機能に政策的に対応する必要性は弱まる。またスクリーニングにおける「排除」の部分が問題とならず、その「登用」の機能を十分に発揮できるようになり、有期労働契約の「踏み石」効果が高まることになるであろう。

事項索引

●あ行

後払いの報酬契約　250
一般的技能　249
EU指令　237
入口規制　6, 292

●か行

解雇規制　295, 301
解雇権濫用法理の類推適用　30
解雇予告手当　26
外部労働市場　272
過半数代表　7, 300
関係特殊熟練　288
関係特殊的投資　270
機会主義　249
機会主義的行動　288
基幹的非正社員　297
企業特殊的技能　249
求職者支援　94
教育訓練　287
京都市女性協会事件判決　76
金銭解決（解雇等の）　288, 301
均等待遇原則　75
クーリング　66
契約の自由　2
更新拒絶　24
更新申込権の放棄　61
神戸弘陵学園事件最高裁判決　32
効率賃金　250
雇用継続に対する合理的な期待　30, 41
雇用形態を理由とする不利益取扱禁止原則　86
雇用調整費用　252
雇用保険　92, 287, 302
雇用保護規制　247, 248

●さ行

最賃法　3, 20
差別的取扱い禁止原則　86
私的自治　75, 88
社会保障と税の一体改革　97, 100
若年者失業　11
試用期間　295
上限規制（労働契約期間の）　14
試用雇用契約　11, 296
職種限定型正社員　301
人的資本　249
人的資本投資　250
スクリーニング　254, 289, 290, 295, 296
ステッピングストーン → 踏み石
正社員　10
整理解雇法理　33
セーフティーネット　257, 302

●た行

脱法行為　49, 53
単一労働契約　272, 290, 301
短時間労働者　93, 96
短時間労働者法　3, 19
　──8条　74, 89
賃金格差　289
出口規制　17, 52
derogation　7, 291, 300
同一義務同一賃金原則説　88
同一労働同一賃金原則　75, 78
東芝柳町工場事件最高裁判決　28, 39
特定受給資格者　93
特定理由離職者　93
取引費用　248

●な行

内部労働市場　266
二重労働市場　255
日本郵便逓送事件判決　77

●は行

バッファーストック　252, 289, 290, 295, 301
パナソニックプラズマディスプレイ
　　（パスコ）事件最高裁判決　54
反差別原則　237
非正社員（非正規労働者）　2
日立メディコ事件最高裁判決　28
評判効果　250
不完備契約　249, 288
不更新条項　45
踏み石　10, 254, 289, 290, 294, 296
不利益取扱い禁止　84
法定更新　30, 53
ホールドアップ問題　250, 288
補償賃金仮説　256, 289

●ま行

丸子警報器事件判決　76, 82

無期転換申込権の放棄　7, 61, 68, 298
無期転換ルール　6, 55, 65, 285

●や行

雇止め　24
雇止め制限法理（雇止め法理）　3, 29, 284, 286, 297
有期労働契約の締結、更新及び雇止めに
　　関する基準　17
有期労働契約の反復更新に関する調査研
　　究会報告　36

●ら行

龍神タクシー事件　31
臨時工　26
労契法18条　64-
　　──の「同一の労働条件」　66, 70
労契法19条　54-
　　──の「遅滞なく」　57
　　──の「同一の労働条件」　59
労契法20条　89-
労働市場の二重化　272

●執筆者紹介●

【編者】
大内 伸哉（おおうち・しんや）
　神戸大学大学院法学研究科教授　専攻：労働法

【著者】（五十音順）
天野 晋介（あまの・しんすけ）
　首都大学東京都市教養学部法学系准教授　専攻：労働法

大木 正俊（おおき・まさとし）
　姫路獨協大学法学部准教授　専攻：労働法

烏蘭格日楽（オランゲレル）
　追手門学院大学非常勤講師　専攻：労働法

櫻庭 涼子（さくらば・りょうこ）
　神戸大学大学院法学研究科准教授　専攻：労働法

佐野 晋平（さの・しんぺい）
　千葉大学法政経学部経済学科准教授　専攻：労働経済学

篠原 信貴（しのはら・のぶたか）
　関西外国語大学准教授　専攻：労働法

関根 由紀（せきね・ゆき）
　神戸大学大学院法学研究科教授　専攻：社会保障法

本庄 淳志（ほんじょう・あつし）
　静岡大学人文社会科学部法学科准教授　専攻：労働法

山川 和義（やまかわ・かずよし）
　三重短期大学法経科准教授　専攻：労働法

勇上 和史（ゆうがみ・かずふみ）
　神戸大学大学院経済学研究科准教授　専攻：労働経済学

【編者】
大内　伸哉　神戸大学大学院法学研究科教授

有期労働契約の法理と政策
――法と経済・比較法の知見をいかして

2014（平成26）年3月30日　初版1刷発行

編　者　大内　伸哉
発行者　鯉渕　友南
発行所　株式会社　弘文堂　101-0062 東京都千代田区神田駿河台1の7
　　　　　　　　　　　　　　TEL 03(3294)4801　振替 00120-6-53909
　　　　　　　　　　　　　　　　　　http://www.koubundou.co.jp

装　丁　松村　大輔
印　刷　港北出版印刷
製　本　牧製本印刷

Ⓒ 2014 Shinya Ouchi. Printed in Japan

JCOPY 〈(社)出版者著作権管理機構　委託出版物〉
本書の無断複写は著作権法上での例外を除き禁じられています。複写される場合は、そのつど事前に、(社)出版者著作権管理機構（電話 03-3513-6969、FAX 03-3513-6979、e-mail:info@jcopy.or.jp）の許諾を得てください。
また本書を代行業者等の第三者に依頼してスキャンやデジタル化することは、たとえ個人や家庭内での利用であっても一切認められておりません。

ISBN978-4-335-35594-3